AF154321

Intelligenz

Elsbeth Stern | Aljoscha Neubauer

INTELLIGENZ
Große Unterschiede
und ihre Folgen

Deutsche Verlags-Anstalt

Penguin Random House Verlagsgruppe FSC® N001967

3. Auflage
Copyright © 2013 Deutsche Verlags-Anstalt, München,
in der Penguin Random House Verlagsgruppe GmbH
Alle Rechte vorbehalten
Typografie und Satz: DVA/Brigitte Müller
Druck und Bindung: GGP Media GmbH, Pößneck
Printed in Germany
ISBN 978-3-421-04533-1

www.dva.de

Für Alissa, Ralph und Tatjana

Inhalt

Vorwort

»Es gibt nichts Ungleicheres als die gleiche Behandlung von ungleichen Menschen.«
Thomas Jefferson

Unter Psychologen ist unbestritten, dass die Gauß'sche Glockenkurve die Verteilung der geistigen Begabung am besten abbildet. 70 % der Menschen liegen nicht weit vom Mittelwert entfernt, 15 % zeigen deutlich unterdurchschnittliche und 15 % klar überdurchschnittliche Leistungen in Intelligenztests. Entgegen der immer wieder vorgebrachten Kritik sind Intelligenztests alles andere als Artefakte, die im realen Leben keine Rolle spielen, sondern können Lebenserfolg auf breiter Ebene vorhersagen. Eine hohe Intelligenz ist uneingeschränkt positiv zu bewerten. Unbestritten ist auch, dass überdurchschnittliche Leistungen nicht einfach nur das Ergebnis besserer Umweltbedingungen sind, sondern dass es genetisch bedingte Unterschiede in der geistigen Leistungsfähigkeit gibt. Diese Anlagen können sich aber nur unter förderlichen Umweltbedingungen entfalten. Wer keine entsprechenden Anlagen mitbringt, kann selbst unter optimalen Bedingungen keine Spitzenwerte erreichen.

In der Intelligenzforschung hat man sich sehr ausgiebig mit den Extremen an beiden Enden beschäftigt. Dank umfangreicher Erforschung von geistiger Behinderung wissen wir inzwischen mehr über die Möglichkeiten dieser Menschen und können ihre Lebensbedingungen besser gestalten. Sehr gut untersucht sind auch die sogenannten Hochbegabten, also die 2 % Besten mit einem IQ von 130 oder höher. Wir wissen, dass diese Menschen sehr gute Erfolgschancen in Ausbildung und Beruf haben, und wir wissen auch, dass die angeblich größeren sozialen und lebensweltlichen Probleme dieser Gruppe ein Mythos sind. Hochbegabte unterscheiden sich lediglich in der Intelligenz von ihren etwas weniger begabten Zeitgenossen. Allerdings hat sich die Abgrenzung der Hochbegabten als schwierig und fehleranfällig herausgestellt. Psychologische Tests sind im oberen Bereich ungenauer als im mittleren. So ist es möglich, dass ein als hochbegabt klassifizierter Mensch in Wahrheit nur einen Platz im oberen Viertel einnimmt, während eine Spitzenbegabung übersehen wird, weil die Testsituation nicht optimal war. Tatsächlich wäre eine moderne Wissens- und Informationsgesellschaft aber schlecht beraten, wenn sie ihre Bildungsressourcen bevorzugt auf die oberen 2 % konzentriert. Denn moderne Gesellschaften brauchen einen großen Pool von Menschen, die geistig flexibel und bereit sind, Verantwortung zu tragen und Risiken der Innovation auf sich zu nehmen. Eine überdurchschnittliche Intelligenz ist dafür eine notwendige, wenn auch nicht hinreichende Voraussetzung. Damit überdurchschnittlich intelligente Menschen zum Wohle der Gesellschaft in die Lage versetzt werden, verantwortungsvolle Positionen zu übernehmen, müssen sie die Gelegenheit bekommen, ihre Intelligenz in inhaltliche Kompetenzen zu investieren.

Ein Merkmal von Intelligenz ist die Flexibilität im Denken. Diese bedeutet aber nicht, dass man sich zu jedem Zeitpunkt seines Lebens neu orientieren kann. Auch für intelligente Menschen ist der Erwerb von Kompetenzen ein aufwendiges Unterfangen, das viel Zeit in Anspruch nimmt. Eine zentrale Frage, die sich jede Gesellschaft deshalb stellen muss, ist, wie sie Menschen mit guten geistigen Voraussetzungen erkennt und so fördert, dass sie ab dem Erwachsenenalter verantwortungsvolle Aufgaben übernehmen können. Nur eine Gesellschaft, die ihre Talente nutzt, kann auf Dauer erfolgreich sein. Intelligenz und Begabung können als ein Startkapital verstanden werden, in das man investieren muss. Sie sind eine individuelle Ressource, die sich nur in der Gemeinschaft entwickeln kann. Die biologischen Voraussetzungen der Intelligenz im Genom und im Gehirn treffen auf Angebote in Elternhaus, Schule und Gesellschaft. Wie dieses Zusammentreffen für alle optimal aussehen könnte und wodurch es beeinträchtigt werden kann, werden wir in diesem Buch zeigen.

Dass wir trotz der üblichen universitären Belastungen die Zeit gefunden haben, dieses Buch zu schreiben, verdanken wir vor allem unserem funktionierenden wissenschaftlichen Umfeld. Wir konnten jederzeit auf die kompetente Hilfe unserer Mitarbeiter zählen. Stellvertretend seien hier Mathias Benedek, Claudia Boschung, Peter Greutmann, Sylvia Opriessnig und Jürgen Pretsch genannt. Ganz besonderen Dank schulden wir Christiane Naumann von der Deutschen Verlags-Anstalt, die das Buchprojekt von Anfang an begleitet hat und dank ihrer kritisch-konstruktiven Rückmeldung Wesentliches zur Lesbarkeit beigetragen hat.

Graz und Zürich
Aljoscha Neubauer und Elsbeth Stern

1 Wozu brauchen wir Intelligenz?

*»Psychologen sind sich inzwischen einig darin,
dass Intelligenz das Produkt der Schule ist und gleichzeitig deren wichtigstes Rohmaterial.«*
Richard Snow, 1982

Stellen wir uns 60 acht- bis neunjährige Kinder vor, die auf drei
Grundschulklassen der dritten Jahrgangsstufe derselben Schule
verteilt sind. Jeweils 20 Kinder gehen zusammen in eine Klasse.
Die Kinder sollen mathematische Textaufgaben lösen, die sie in
der Form noch nicht durchgenommen haben, z. B.:
• Beate hat 4 Kekse. Andreas hat 3 Kekse. Wie viele Kekse haben
  Beate und Andreas zusammen?
Welche Voraussetzungen muss ein Kind mit Deutsch als Muttersprache dafür mitbringen? Es muss offensichtlich lesen können
und arithmetische Grundoperationen im kleinen Zahlenbereich
beherrschen. Wir gehen davon aus, dass alle Kinder in den ersten Schuljahren dazu genügend Gelegenheiten erhalten haben.
Tatsächlich zeigen Untersuchungen, dass so gut wie alle Kinder
im dritten Schuljahr die genannte Aufgabe lösen können (Stern,
1997). Sie müssen sich dazu aus dem ersten Satz die Zahl 4 merken, aus dem zweiten die 3, und nachdem sie die Aufgabenstellung gelesen haben, muss den Kindern klar sein, dass man die
beiden addieren muss. Wer bis dahin die Zahlen vergessen hat,
die es zusammenzuzählen gilt, liest die Aufgabe einfach noch
mal von vorn.

Obwohl diese Aufgabe sehr einfach ist, erfordert sie doch
eine ganz bestimmte Kompetenz, nämlich die Fähigkeit zum
schlussfolgernden Denken, genauer genommen zum deduktiven Denken. Mathematische Textaufgaben gehören zu dem Typ
Aufgaben, bei dem es darum geht, aus vorgegebener Informa-

tion neue zu erschließen, ohne dass weiterer Input von außen erforderlich ist. Alle Angaben, die man zur Lösung der Aufgabe braucht, sind im Text enthalten, der Rest muss im Kopf konstruiert werden. Was genau im Gehirn dabei vor sich geht, kann man zwar nicht beobachten, aber man kann sich anhand von wissenschaftlichen Modellen recht genaue Vorstellungen davon machen. So wissen wir beispielsweise, dass Menschen ein abstraktes Teil-Ganzes-Schema in ihrem Gedächtnis repräsentiert haben, aus dem sie ableiten können, dass man durch das Zusammenfügen kleinerer Mengen eine größere Menge herstellen und umgekehrt größere Mengen in kleinere aufteilen kann. Es gibt Belege dafür, dass schon sehr kleine Kinder über ein solches Schema in ihrem Wissensrepertoire verfügen. Wird dieses Wissen mit den in der Schule erworbenen Kompetenzen im Lesen und Rechnen kombiniert, ist ein Kind imstande, die obige Textaufgabe zu lösen. Allerdings ist eine solche Neukombination von verschiedenen Wissenskomponenten keine Selbstverständlichkeit; sie erfordert eine Art von Intelligenz, wie sie, nach allem was wir wissen, dem Menschen vorbehalten ist. Dennoch würden wir ein achtjähriges Kind, das die oben genannte Textaufgabe lösen kann, nicht als besonders intelligent bezeichnen. Den Begriff Intelligenz verwenden wir im Alltag wie in der Wissenschaft, um die Unterschiede in der geistigen Leistungsfähigkeit von Menschen zu betonen. Mit einer Aufgabe, die fast alle Menschen einer Altersgruppe lösen können, lässt sich Intelligenz in diesem Sinne also nicht unter Beweis stellen.

Ganz anders sieht es bei den beiden folgenden Aufgaben aus:
- Maria hat 8 Murmeln. Sie hat 3 Murmeln mehr als Hans. Michael hat 5 Murmeln. Er hat 2 Murmeln weniger als Elisabeth. Wie viele Murmeln haben Hans und Elisabeth zusammen?
- Susanne zieht jeden Tag eine Hose mit einem T-Shirt an. Sie möchte gern jeden Tag anders angezogen sein. Sie hat 3 Hosen und 5 T-Shirts. An wie vielen Tagen kann sie verschieden angezogen sein?

Nicht viele Drittklässler werden diese Aufgaben lösen können, und diejenigen, die es schaffen, kann man mit gutem Grund als intelligent bezeichnen, denn das Lösen der Murmel-Aufgabe etwa erfordert ein höheres Maß an Intelligenz als die eingangs genannte Keks-Aufgabe. Anders als bei der Keks-Aufgabe folgt nach den ersten beiden Sätzen noch keine konkrete Aufgabenstellung, sondern das Kind muss sich selbst erschließen, welche Informationen es aus den bereits gegebenen ableiten kann. Erst nach dem vierten Satz wird klar, dass aus den genannten Besitz- und Differenzmengen zuerst die noch unbekannten Besitzmengen errechnet und dann zum Teil addiert werden müssen. Man muss also eine ganze Menge an Information im Gedächtnis behalten und gleichzeitig damit arbeiten (Stern, 1993, 1998, 2005).

Eine solche Aufgabe zu lösen, stellt hohe Anforderungen an das sogenannte Arbeitsgedächtnis. Darunter versteht man – grob gesagt – die Fähigkeit des Menschen, eingehende Informationen in das eigene verfügbare Wissen zu integrieren und daraus eine Handlung zu initiieren, die es ermöglicht, die gerade anstehende Anforderung zu bewältigen. Wie wir im Folgenden immer wieder sehen werden, spielen die Funktionen des Arbeitsgedächtnisses bei allen geistigen Leistungen eine ganz besondere Rolle. Menschen unterscheiden sich in der Effizienz ihres Arbeitsgedächtnisses, und – so viel sei an dieser Stelle bereits verraten – Intelligenzunterschiede lassen sich zu einem beachtlichen Teil auf Unterschiede in den Arbeitsgedächtnisfunktionen zurückführen. Im Allgemeinen sind intelligente Menschen weniger intelligenten in folgenden Aspekten überlegen:

- in der Geschwindigkeit, mit der sie benötigtes Wissen aus dem Gedächtnis abrufen,
- in der Menge an Information, die sie in ihrem Arbeitsgedächtnis speichern können,
- in der Fähigkeit, irrelevante Informationen zu hemmen und so dafür zu sorgen, dass das Arbeitsgedächtnis nicht blockiert wird,

- in der Fähigkeit, Ziele zu wechseln, wenn es die übergeordnete Anforderung verlangt,
- in der Geschwindigkeit, mit der Handlungsalternativen gegeneinander abgewogen werden.

Man kann sich sehr gut vorstellen, dass beim Lösen der beiden anspruchsvolleren Textaufgaben Intelligenz in Form eines effizienten Arbeitsgedächtnisses von Vorteil ist. Während es bei der einfachen Textaufgabe darum geht, aus den vier Grundrechenarten die richtige anzuwenden, stellt die Murmel-Aufgabe vor allem beachtliche Anforderungen an die Kapazität des Arbeitsgedächtnisses: Man muss sich vier Zahlen merken, von denen man erst am Ende des Textes weiß, wie sie miteinander verrechnet werden sollen. Auch für die Hosen/T-Shirt-Aufgabe bedarf es eines effizienten Arbeitsgedächtnisses, um sie richtig zu lösen: Bei einer so komplexen Textaufgabe stellt man sich am besten vor, wie jede Hose mit jedem T-Shirt kombiniert werden kann, gestaltet aber die einzelne Repräsentation eher sparsam. Das heißt, man verzichtet darauf, sich jedes Oberteil und jede Hose zu detailreich vorzustellen, etwa ein T-Shirt mit blauen Streifen und ein anderes mit roten Blumen. Das würde irrelevante Informationen aktivieren, die das Arbeitsgedächtnis unnötig blockieren.

Wie sich die Effizienz des Arbeitsgedächtnisses messen lässt und wie diese mit der Leistung in konventionellen Intelligenztests zusammenhängt, wird weiter unten noch erörtert werden. Hier soll es zunächst um die Frage gehen, welche Kompetenzen man in der Schule erworben haben muss, um obige Aufgaben bewältigen zu können. Denn eines ist klar: Ganz aus eigener Kraft geht es nicht. Stellen wir uns ein achtjähriges Kind vor, das mit einem höchst effizienten Arbeitsgedächtnis ausgestattet ist, aber – aus welchen Gründen auch immer – nur zwölf Monate die Schule besucht hat. Das Kind hat – weil es sehr intelligent ist – in kurzer Zeit Lesen, Schreiben und Rechnen gelernt. Es ist also imstande, Textaufgaben zu lesen und Zahlen zu verrechnen, wird aber kaum in der Lage sein, ein sogenanntes mentales Modell der oben genannten Aufgaben zu erstellen. Es wird mit großer Wahrscheinlichkeit bei der Murmel-Aufgabe die 2 subtrahieren, weil das Wort *weniger* dies nahelegt. Bei der Hosen/ T-Shirt-Aufgabe wird es die beiden Zahlen vermutlich addieren und als Ergebnis 8 nennen. Ganz offensichtlich hatte ein solches Kind nicht die Möglichkeit, seine Intelligenz in mathematisches Wissen und Verständnis umzusetzen.

Der Beitrag der Schule zur Intelligenzentwicklung

Ob ein Kind bei einer anspruchsvollen Textaufgabe zum richtigen Ergebnis kommt oder nicht, hängt also nicht allein von seiner Intelligenz ab, sondern auch von dem mathematischen Wissen und Verständnis, die im Schulunterricht vermittelt werden. Lernen muss grundsätzlich als das Zusammenspiel von Individuum und Umwelt verstanden werden. Voraussetzung für Lernen ist deshalb einerseits ein in der Architektur des Gehirns verankertes Potenzial und andererseits eine Umwelt, die Anforderungen stellt und Lernen zulässt. Je nach Lernziel variieren die Ansprüche an die Umwelt. Manches lernen Menschen ganz einfach und ohne professionelle Instruktion, weil der Bauplan des menschlichen Gehirns direkt darauf vorbereitet ist. Der Mensch ist sozusagen mit einem Instinkt ausgestattet. Andere Lerninhalte hingegen können ihm nur von professionell ausgebildeten Personen vermittelt werden, die in einem gewachsenen kulturellen Umfeld agieren. Am Beispiel der Arithmetik lässt sich das besonders gut demonstrieren: Wie der bekannte französische Kognitionswissenschaftler Stanislas Dehaene in seinem Buch *Der Zahlensinn* (1999) festgestellt hat, sind wir Menschen mit einem Zahlensinn ausgestattet. Auch aus anderen Forschungsrichtungen gibt es Belege dafür, dass das menschliche Gehirn, dessen genetischer Bauplan nach bisherigem Forschungsstand seit mehr als 40 000 Jahren weitgehend unverändert ist, alle Voraussetzungen für ein schnelles Lernen von numerischen und sprachlichen Grundkompetenzen mitbringt. Es bedarf keiner professionellen Instruktion, um sich beides anzueignen, man benötigt lediglich sprechende und zählende Menschen in seinem sozialen Umfeld. Etwas salopp ausgedrückt: Das Gehirn von allen kleinen Kindern springt – sofern keine Störungen in der Entwicklung vorliegen – auf jede Lerngelegenheit in diesen Bereichen an. Und das gilt für den Erwerb aller geistigen Kompetenzen, die in der Architektur des Gehirns angelegt sind: Kinder brauchen keine aufwendige Stimulation, keine ausgeklügelte Lernumgebung, wie sie von angeblichen Spezialisten für Frühförderung für teures Geld angeboten werden. Ein soziales Umfeld, in dem gesprochen, emotionale Geborgenheit vermittelt und fürsorgliche Anregung gegeben wird, reicht völlig aus. Insbesondere was das Zählenlernen betrifft, ergeben sich im Alltag unzählige Möglichkeiten: beim Tischdecken, Aufräumen, Einkaufen etc. Umgekehrt spricht es für einen hohen Grad an Vernachlässigung, wenn ein Kind keine spontane Gelegenheit zur Quantifizierung erhält. Aber auch die Reize, die Kinder brauchen, um beispielsweise im ersten Lebensjahr ihre Sehfähigkeit auszubauen, stellt jede Umgebung zur Verfügung, egal ob ein Kind in einer Jurte in der Mongolei oder im Nobelviertel einer Weltstadt aufwächst. Wie Langzeitstudien zeigen, sind selbst rumänische Kinder, die in den 1980er Jahren geboren wurden und ihr erstes Lebensjahr unter schlimmsten Verhältnissen in einem Waisenhaus verbracht haben, was ihre Seh- und Hörfähigkeiten sowie andere geistige Grundkompetenzen angeht, völlig normal entwickelt (siehe Kapitel 4).

Professionelle Unterstützung für die Entwicklung von Kindern wird hingegen benötigt, wenn es um den Erwerb von geistigen Kompetenzen geht, die an die kulturelle Entwicklung gebunden sind. Dazu gehört allem voran der Schriftspracherwerb. Die ersten Spuren von Schrift lassen sich 5000 Jahre zurückdatieren. Angesichts dessen, dass die Menschen im Prinzip seit 40 000

Jahren ein Gehirn mitbringen, welches sie in die Lage versetzt, Lesen und Schreiben zu lernen, erstaunt es, dass sie gerade einmal vor ein paar Tausend Jahren damit begonnen haben, Schriftsymbole zu entwickeln. Die Entstehung der mathematischen Symbole setzte sogar noch später ein: Obwohl jede Kultur, und sei sie auch noch so traditionell und isoliert, Zahlwörter (eins, zwei, drei …) bis mindestens 20 in ihrem Sprachrepertoire hat und Zählen eine universelle menschliche Kompetenz ist, wurden Zahlsymbole (1, 2, 3, …) erst vor etwa 2000 Jahren entwickelt. Unser heutiges indisch-arabisches Zahlensystem bildete vor etwa 500 Jahren die Grundlage für die Mathematik, so wie sie in der Schule gelehrt wird. Eine entscheidende Bedeutung kam dabei der Tatsache zu, dass man dem Nichts nicht nur einen Namen gab (Null), sondern auch ein eigenes Symbol (0). Die Erfindung der Null wird von manchen Historikern als die größte Kulturleistung überhaupt gesehen. Die Römer hatten sie noch nicht und verfügten deshalb über ein Zahlensystem (I, II, III, IV, V usw.), das zwar Mengen bezeichnen konnte, sich aber nicht zum Rechnen eignete. So stand einer effizienten Informationsverarbeitung unter anderem im Wege, dass eine größere Zahl wie 99 weniger Zeichen (IC) brauchte als eine kleinere wie 28 (XXVIII). Vor allem aber fehlte dem römischen Zahlensystem eine innere Logik, welche die Anwendung der Grundrechenarten ermöglichte. Multiplikation und Division ließen sich daraus nicht ableiten. Dementsprechend gab es im Römischen Reich weder Primzahlen noch die sogenannten rationalen und reellen Zahlen, denen die Division zugrunde liegt.

Um abstrakte Konzepte der Mathematik zu verstehen, muss man eine überdurchschnittliche Intelligenz mitbringen, aber man muss auch in eine Kultur geboren werden, welche die entsprechenden Konzepte zur Verfügung stellt. Der intelligenteste Römer oder die intelligenteste Römerin wären mit der Aufgabe LXXXI : IX = ? überfordert gewesen, während ein normal begabtes Grundschulkind unserer Tage die Aufgabe $81 : 9 = ?$ ohne größere Schwierigkeiten lösen kann. Rechenschwäche war allerdings kein Thema im Römischen Reich, da es nur sehr wenig zu rechnen gab.

Halten wir also fest: So wie eine Pflanze Wasser und Nährstoffe braucht, um die in ihren Genen angelegte Form und Größe zu erreichen, brauchen auch Menschen ein kulturelles Umfeld, um ihre Intelligenz zu entwickeln und sie für den Erwerb komplexer geistiger Kompetenzen zu nutzen. Deshalb ist eine zentrale Botschaft dieses Buches: Institutionalisierten Lerngelegenheiten, wie sie die Schule bietet, kommen bei der Ausbildung und der angemessenen Nutzung von Intelligenz eine wesentliche Rolle zu.

Viele der Dinge, die heute auf dem Lehrplan von allgemeinbildenden Schulen stehen, sind erst seit wenigen Jahrhunderten, manchmal sogar erst seit Jahrzehnten Bestandteil der menschlichen Kultur. Dass wir heute innerhalb weniger Jahre lernen können, was die Klügsten der Menschheit mit großer Mühe und Ausdauer an Erkenntnissen gewonnen haben, haben wir unserer Fähigkeit zu verdanken, Informationen in Form von Symbolen zu speichern, zu kommunizieren und diese als Denkinstrumente zu nutzen. Am Beispiel mathematischer Symbolsysteme wurde dies im vorangegangenen Abschnitt erläutert. Mit anderen Worten: Nicht nur in der Schule, sondern auch im Alltag reduzieren wir eine eingehende Information mit Hilfe symbolischer Wissensrepräsentation auf den für die aktuelle Handlung relevanten Aspekt. So kann ich eine Sonnenblume als Tischschmuck, Korbblütler oder Ölpflanze bezeichnen, und mit jedem Ausdruck spreche ich eine andere Funktion und einen anderen Kontext an.

Es ist genau diese Fähigkeit, mit Hilfe von Symbolsystemen abstrakte ziel- und handlungsgerichtete Repräsentationen zu konstruieren, welche uns Menschen die geistige Flexibilität verleiht, die uns von anderen Säugetieren – auch solchen, die in sehr unterschiedlichen Umwelten leben können – unterscheidet. Hingegen können selbst als intelligent geltende Tiere wie

Katzen erstaunlich rigide sein. Sie schauen über lange Stunden auf die Öffnung eines Wasserhahns, die sie für ein Mauseloch halten und deshalb hartnäckig auf Beute warten. Die Katze kann offensichtlich abstrahieren: Ein Loch ist ein Ausschnitt aus der Umwelt, findet es sich auf dem Rasen, im Getreidefeld oder in der Wüste, ist es ein Hinweis darauf, dass hier eine Maus lebt. Dass sich aber nicht hinter jedem Loch eine Maus versteckt, geht über den Horizont einer Katze hinaus.

Im Gegensatz dazu verfügen wir Menschen nicht nur über eine visuelle Abstraktion eines Lochs, sondern haben ihm auch eine sprachliche Bezeichnung gegeben und diese mit anderen Begriffen vernetzt. Es ist diese Vernetzung zwischen unterschiedlichen Sinneseindrücken und Symbolen, die die geistige Flexibilität des Menschen ausmacht. Die Fähigkeit zur symbolischen Repräsentation bildet die Grundlage unserer Kultur und ist verantwortlich für die dauerhafte und systematische Veränderung der Lebenswelt. Nicht jede Generation muss von Grund auf alles neu lernen, schließlich kann durch die Nutzung symbolischer Repräsentationen nicht nur Wissen erhalten und weitergegeben, sondern auch gezielt die Aufmerksamkeit gelenkt werden. Auf diese Besonderheit des menschlichen Geistes, die nicht zuletzt für den Erfolg unserer Spezies verantwortlich ist, werden wir noch mehrfach in unserem Buch zu sprechen kommen. Da sich in kaum einem anderen Gebiet das Zusammenwirken von biologisch vorbereitetem Lernen und kulturellem Fortschritt durch die Nutzung von Symbolsystemen so gut demonstrieren lässt wie in der Mathematik, wenden wir uns jetzt wieder den eingangs beschriebenen drei Klassen und den ihnen vorgelegten mathematischen Textaufgaben zu.

Wie es zu Leistungsunterschieden zwischen Klassen mit vergleichbaren Randbedingungen der Schülerinnen und Schüler kommt

Wir gehen davon aus, dass die 60 bereits erwähnten Drittklässler in ihren ersten Lebensjahren mit Hilfe der Personen ihrer Umgebung gelernt haben, bis 20 zu zählen. Dank dieser beiläufigen Lerngelegenheit protestieren sie auch, wenn ihnen acht Kekse versprochen werden, sie aber nur sieben bekommen. Die Prinzipien des Zusammenfügens und des Aufteilens von Mengen sind ebenfalls sehr einfach zu verstehen; beide können im kleinen Zahlenbereich von allen Kindern durchgeführt werden. Systematisch und durch professionelle Unterstützung gelernt werden muss hingegen die Repräsentation von Quantitäten mit Hilfe des Zehnersystems. Auch wenn wir zehn Finger und zehn Zehen haben, das menschliche Gehirn ist nicht auf den Umgang mit dem Zehnersystem vorbereitet. Der Erwerb von Techniken zur Subtraktion und Addition von Zahlen wird fehleranfällig, sobald die Zahl Zehn überschritten werden, deshalb muss auf diese Kompetenz viel Lernzeit verwendet werden.

Setzen wir weiter voraus, dass die Klassen nach dem Zufallsprinzip zusammengestellt wurden. Die Kinder kommen alle aus derselben Wohngegend, weshalb wir davon ausgehen können, dass sich die Klassen in der Zusammensetzung der Schüler hinsichtlich der sozialen Herkunft und der Persönlichkeitsmerkmale der Kinder nicht unterscheiden. Im Durchschnitt brachten die Kinder der drei Klassen bei Schuleintritt die gleichen Eingangsvoraussetzungen mit. Ab dem ersten Schuljahr hat jede Klasse eine andere Lehrperson in Mathematik, die ihre jeweilige Klasse über die gesamte Grundschulzeit behält. In keiner der drei Klassen wurden die Murmel- und die T-Shirt/Hosen-Aufgabe zuvor behandelt. Die Kinder konnten also nicht einfach Lösungen oder Lösungsstrategien abrufen, als man sie bat, die beiden Textaufgaben zu lösen, sondern mussten diese erst konstruieren.

Dies gelang manchen Kindern besser als anderen:

- Klasse A
  3 Kinder lösen beide Aufgaben, 9 Kinder lösen eine Aufgabe,
  8 Kinder lösen keine Aufgabe.
- Klasse B
  1 Kind löst beide Aufgaben, 8 Kinder lösen eine Aufgabe,
  11 Kinder lösen keine Aufgabe.
- Klasse C
  Kein Kind löst beide Aufgaben, 7 Kinder lösen eine Aufgabe,
  15 Kinder lösen keine Aufgabe.

Wie die Ergebnisse zeigen, sind die Leistungsunterschiede beachtlich, und zwar sowohl zwischen den Klassen – Klasse A hatte das höchste Leistungsniveau, Klasse C das niedrigste und Klasse B lag dazwischen – als auch innerhalb der Klassen. Wir erinnern uns: Die Zusammensetzung der Schülerschaft in den drei Klassen unterscheidet sich nicht in den für den Lernfortschritt wesentlichen Merkmalen. Deshalb gibt es gute Gründe für die Annahme, dass die Unterschiede zwischen den Klassen auf Unterschiede in der Unterrichtsqualität zurückzuführen sind. Offensichtlich schaffte es die Lehrperson in Klasse A am besten, mathematisches Verstehen zu fördern, während es der Lehrperson in Klasse C gar nicht gelang.

Dank vieler Schul- und Unterrichtsstudien in der Grundschule, allen voran der SCHOLASTIK-Studie, die Franz Weinert in den 1980er Jahren am Münchner Max-Planck-Institut für psychologische Forschung geleitet hat (Weinert & Helmke, 1997), wissen wir inzwischen mehr darüber, wann Unterricht lernwirksam ist und wann nicht. Elsbeth Stern hat in diesem Rahmen die Entwicklung der mathematischen Kompetenzen im Grundschulalter untersucht und neben der Leistung der Kinder auch Aktivitäten und Einstellungen der Lehrpersonen erfasst. Dabei konnten die Lehrpersonen wählen, ob sie mit den Kindern das Einmaleins und Aufgaben zur schriftlichen Subtraktion und Addition nach einem festgelegten Schema üben wollten oder ob sie die Kinder mit anspruchsvollen Aufgaben konfrontierten, bei denen sie Aufgaben wie 3 + 5 − [ ] = 2 oder 9 − 4 = [ ] − 5 erhielten oder Fragen wie »Warum kann es nicht sein, dass wir beim Subtrahieren eine 2 borgen müssen?« beantworten mussten. Wie Alexander Renkl, inzwischen ein renommierter Professor für Pädagogische Psychologie an der Universität Freiburg, in seiner Dissertation herausfand, gab es einen deutlichen Zusammenhang zwischen der Häufigkeit, mit der anspruchsvolle Aufgaben gestellt wurden, und der Leistung im Lösen von Textaufgaben (Renkl & Stern, 1994). Erhärtet werden konnte dieser Befund durch eine Fragebogenstudie von Staub und Stern (2002), in der gezeigt wurde, dass sich Lehrpersonen darin unterschieden, ob sie eher das Verstehen von Zusammenhängen oder das Beherrschen von Rechenprozeduren als wichtig ansahen und welche Konsequenzen das hatte: Die Klassen, in denen die Lehrpersonen vor allem Wert auf das Verstehen von Zusammenhängen legten, schnitten im Lösen von Textaufgaben deutlich besser ab, und zwar gerade auch bei solchen, die nicht direkt geübt wurden. Ganz offensichtlich kann man durch guten Mathematikunterricht Schülerinnen und Schüler dazu bringen, ihre Intelligenz beim Lösen komplizierter Aufgaben einzusetzen.

In den Untersuchungen wurde auch geprüft, ob schwächere Kinder einen Nachteil von verständnisorientiertem Unterricht haben. Dies war tatsächlich nie der Fall. Zwar lernten Schülerinnen und Schüler mit guten Eingangsvoraussetzungen (gutes Vorwissen, hohe Intelligenz) mehr dazu als Kinder mit weniger guten Eingangsvoraussetzungen. Letztere profitierten aber stärker von einem verständnisorientierten als von einem eher mechanischen Unterricht, in dem vorwiegend Rechenprozeduren eingeübt wurden. Im Übrigen zeigte sich auch, dass in Klassen mit Lehrpersonen, die ihren Schwerpunkt auf die Vermittlung von mathematischem Verständnis legten, die Rechenleistung der Kinder keineswegs schlechter war als in Klassen von Lehrpersonen, die überwiegend Rechenaufgaben geübt hatten.

Die SCHOLASTIK-Studie liegt mehr als 20 Jahre zurück. In der Zwischenzeit hat man recht intensiv dazu geforscht, wie das Lösen mathematischer Textaufgaben optimiert werden kann. Insbesondere schematische Zeichnungen können sehr lernwirksam sein (Stern, 2005). Ziel des Mathematikunterrichtes in der Grundschule sollte sein, den Kindern zu vermitteln, dass Zahlen nicht nur zum Zählen und zur Abbildung von Mengen da sind, sondern dass man auch Beziehungen zwischen Mengen abbilden kann. Um den Satz »Hans hat 3 Murmeln mehr als Peter« zu verstehen, muss man im Geiste drei Mengen konstruieren: Die beiden Besitzmengen und die Differenzmenge. Ein Zahlenstrahl kann diese Repräsentation unterstützen.

Die zentrale Botschaft dieses Abschnittes lautet: Um das im kulturellen Kontext entwickelte Wissen zu erhalten und weiterzugeben, benötigen wir professionelle schulische Lerngelegenheiten mit Lehrerinnen und Lehrern, die sich ihrer Verantwortung bewusst sind und die hinter den zu vermittelnden Inhalten stehen. Nur so kann die menschliche Intelligenz ihre Wirkung entfalten.

Wie wir gesehen haben, lassen sich die Leistungsunterschiede zwischen den Klassen beim Lösen der schwierigen Textaufgaben mit der Unterrichtsqualität erklären, da wir von gleichen Randbedingungen ausgegangen sind. Aber obwohl Klasse A offensichtlich eine sehr gute Mathematiklehrperson hatte, gab es zahlreiche Kinder, die mit den Aufgaben überfordert waren. Und obwohl die Lehrperson in Klasse B weniger gut war als die der Klasse A, erreichte ein Kind aus dieser Klasse doch die höchste Punktzahl. In Klasse C hat immerhin rund ein Drittel der Kinder eine Aufgabe lösen können, auch wenn die Lehrperson dort offensichtlich einen wenig lernwirksamen Unterricht durchgeführt hat. Die größten Leistungsunterschiede innerhalb einer Klasse fanden sich jedoch in Klasse A. Deshalb sei hier schon ein Aspekt angesprochen, der in unserem Buch eine zentrale Rolle spielen wird: Gute Lernbedingungen vergrößern die

Unterschiede auf hohem Niveau. Unterschiede innerhalb einer Klasse gehen auf Unterschiede in den individuellen Lernvoraussetzungen zurück. Nicht alle Kinder können unter günstigen Bedingungen das Optimum erreichen, andererseits können manche Kinder auch unter wenig günstigen Voraussetzungen geistige Flexibilität erwerben. Um diese individuellen Unterschiede geht es in diesem Buch. Im nächsten Abschnitt werden wir der Frage nachgehen, worin genau die Unterschiede in den Eingangsvoraussetzungen bestehen können.

Unterschiede innerhalb der Klassen in den individuellen Eingangsvoraussetzungen

Wir gingen davon aus, dass die 60 Kinder zu Beginn des ersten Schuljahres den drei hypothetischen Klassen zufällig zugeordnet wurden. Die Klassen wurden also nicht gezielt nach sozialer Herkunft oder Leistung zusammengestellt. Dass dies tatsächlich gelungen ist, zeigen die Resultate eines Psychologen, der die Klasse einmal im Schuljahr besucht und Intelligenztests mit den Schülerinnen und Schülern durchführt. Der durchschnittliche Intelligenzquotient (IQ) beträgt in jeder Klasse 100 und die Standardabweichung 15. Wer mit diesen Begriffen noch nichts anfangen kann, muss sich bis zum nächsten Kapitel gedulden, wird aber trotzdem der Argumentation folgen können.

In typischen Intelligenztests, wie sie in Kapitel 2 noch näher beschrieben werden, kommen zum Beispiel Aufgaben wie die unten stehende vor: Es werden fünf Begriffe genannt, von denen vier eine Gemeinsamkeit haben und einer nicht wirklich passt. Hier einige Beispiele:

1. a) sofort b) bald c) demnächst d) in Kürze e) übermorgen
2. a) Mikroskop b) Fenster c) Glas d) Fernglas e) Sonnenbrille

Eine andere Gruppe von Aufgaben erfordert das Fortsetzen von Zahlenreihen:

1. 2 5 3 6 4 ...?
2. 3 6 7 14 15 ...?

Was aber berechtigt zu der Annahme, dass sich die genannten Aufgaben zur Messung von Intelligenz eignen? Setzen sie nicht Wissen voraus, welches nur in der Schule erworben werden konnte? Das ist richtig und wird in der Folge noch näher erläutert werden. Es wäre sehr unfair, diese Aufgaben Menschen vorzugeben, die nicht hinreichend Deutsch können oder aber keine Gelegenheit zum Schulbesuch hatten. Hatten Menschen aber die Möglichkeit, in die Schule zu gehen, dann hatten sie auch die Chance, das für die Intelligenzaufgabe nötige Wissen zu erwerben. Beziehungsweise: Wer sich diese Lerngelegenheit hat entgehen lassen, bringt nicht die optimalen Voraussetzungen bezüglich der Intelligenz mit. In den ersten Schuljahren werden Zahlen im Zehnerbereich addiert und subtrahiert. Wer überdurchschnittlich intelligent ist, der hat, wenn er mit der Aufgabe 5 − 3 = ? konfrontiert wurde, nicht nur die Zahl 2 verknüpft, sondern auch ganz nebenbei gespeichert, welche Zahlenpaare die Differenz 2 ergeben, wie z. B. die 6 und die 4. Wer die Paare 5 und 3 sowie 6 und 4 sieht, kann in Windeseile ihre Gemeinsamkeit abrufen: die Differenz 2.

Einer ähnlichen Logik folgen die sprachlichen Aufgaben. Natürlich muss man die genannten Wörter in seinem mentalen Lexikon gespeichert haben. Aber das allein garantiert natürlich noch nicht die richtige Lösung. In der ersten Aufgabe passt »übermorgen« nicht, weil es sich dabei um eine präzise Zeitangabe handelt, von der man weiß, wann sie beginnt und aufhört, während alle anderen Angaben vage sind, also keinen definierten Zeitraum beschreiben. Man könnte sich auch vorstellen, dass »sofort« gewählt wird, weil alle anderen Begriffe klar auf die Zukunft verweisen. Bei genauem Nachdenken sollte man aber erkennen, dass das Wort »sofort« auch für die Beschreibung von zukünftigen Ereignissen herangezogen werden kann. *Ich rufe sofort an, wenn ich angekommen sein werde.* Intelligent ist, wer größtmögliche Präzision anstrebt. Im zweiten Beispiel ist »Glas« richtig, es handelt sich um ein Material, während alles andere Gegenstände sind, die den Blick auf die Welt durch Glas ermöglichen.

In Intelligenztests wird also erwartet, dass man einfaches und weit verbreitetes Wissen aus einer neuen Perspektive verarbeitet und damit geistige Flexibilität beweist, gleichzeitig aber sehr präzise ist. Letzteres kann man jedoch nur sein, wenn man Gelegenheit zum Wissenserwerb gehabt hat. Nur dann messen Intelligenztests wirklich die Intelligenz. Mit anderen Worten: Eine Aufgabe kann nicht per se Intelligenz erfassen, auch die Lerngeschichte einer Person muss berücksichtigt werden.

Bereits in den 1930er Jahren stellte sich der Intelligenzforscher Raymond Cattell (1905–1998), der in seinem langen Leben viele anerkannte, aber auch einige umstrittene Beiträge zur wissenschaftlichen Intelligenzforschung geleistet hat, diesem Problem, indem er versuchte, einen Intelligenztest zu entwickeln, mit dem man unabhängig von der Lernerfahrung und Bildungsgeschichte einer Person ihre geistige Flexibilität erfassen kann. Dieser Test sollte keine im kulturellen Kontext entstandenen Symbolsysteme enthalten, sondern logisches Denken in seiner Reinform erfassen. Entstanden sind die sogenannten Matrizentests, bei denen man herausfinden muss, nach welchen Gesetzmäßigkeiten einfaches visuelles Material angeordnet ist. In Abbildung 1.1 sind Beispiele solcher Aufgaben dargestellt. Um sie lösen zu können, muss man weder lesen noch schreiben können, dachten Cattell und seine Mitarbeiter. Deshalb schien es ihnen gerechtfertigt, auch erwachsene Analphabeten mit diesen Aufgaben zu konfrontieren. Selbst wenn keine oder nur sporadisch Gelegenheit zum Schulbesuch bestand, sollten bei intelligenteren Menschen die Regeln des logischen Denkens sozusagen installiert sein, so Cattells Logik. Und Kreise, Dreiecke und Vierecke sind einfache geometrische Formen, die bereits Kleinkinder unterscheiden können. Raymond Cattell war ein Wissenschaftler, der sich hohen methodischen Standards in der Forschung verschrieben hatte, als Kind seiner Zeit aber recht unbedarft an die Frage nach ethnischen Unterschieden in der geistigen Leistungsfähigkeit heranging. Er gab seine nicht-sprachlichen Intelligenztests auch US-Amerikanern, die afrikanische Wurzeln hatten und damit Nachkommen von Sklaven waren. Dass diese Menschengruppe in ihren Bildungschancen stark beeinträchtigt war, hat selbst Cattell nicht in Frage gestellt. Wenn sie tatsächlich die gleichen geistigen Anlagen mitbrächten wie Menschen mit europäischen Wurzeln, dann sollten sich beim Lösen von Matrizentests keine Unterschiede zeigen. Wie die Ergebnisse aber belegten, schnitten Menschen mit dunkler Hautfarbe deutlich schlechter in den Tests ab als Menschen mit heller Hautfarbe.

Cattell, der davon ausging, den Menschen mit dunkler Hautfarbe eine faire Chance gegeben zu haben, hinterfragte das Ergebnis zunächst nicht weiter, sondern schloss auf genetisch bedingte ethnische Unterschiede in der Intelligenz. Später distanzierte er sich von Äußerungen, die man heute unzweideutig als rassistisch bezeichnen würde, wie man einem Link im Wikipedia-Eintrag zu seiner Person entnehmen kann. Cattell gehörte auch zu den Wissenschaftlern, die einen Rückgang der durchschnittlichen Intelligenz befürchten aufgrund der höheren Zahl an Nachkommen in Gruppen, denen eine geringere Intelligenz attestiert wird. Wir werden uns später noch ausführlich mit diesem Punkt auseinandersetzen. Zunächst wollen wir am Beispiel des Matrizentests zeigen, warum geistige Kompetenzen zwischen Personen als Ergebnis der Hirneffizienz variieren können, obwohl doch die Leistung in Intelligenztests von der Lerngeschichte abhängt.

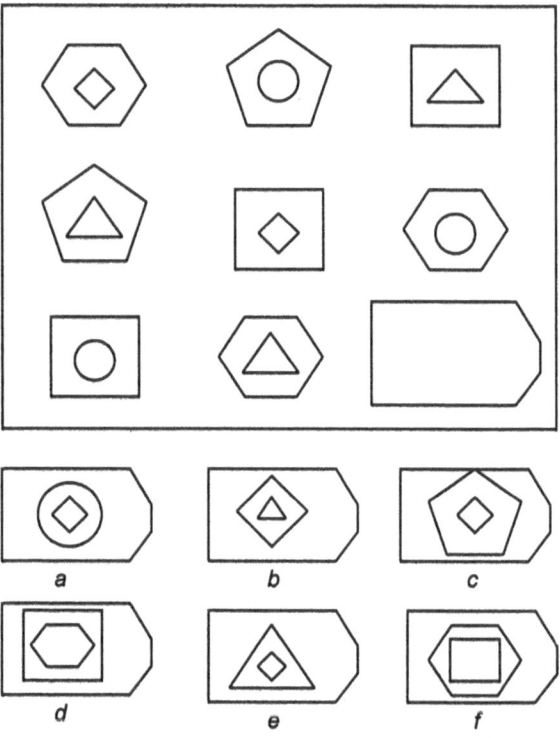

Abbildung 1.1: Beispiel einer Matrizenaufgabe: Welches Element passt in die Leerstelle? Antwort c ist richtig.

Was Matrizentests messen

Die auf den ersten Blick so plausible Annahme, wonach die Leistung in Matrizentests nicht an akademische Schulbildung gebunden ist, gilt klar als widerlegt. Nachdem man in den letzten Jahrzehnten die dem schlussfolgernden Denken zugrunde liegenden Mechanismen intensiv erforscht hat, weiß man heute, dass die Regeln des logischen Denkens bei intelligenten Menschen nicht wie ein abstraktes Computerprogramm im Gehirn installiert sind, das nur abgerufen werden muss. Selbst einfachste Formen des logischen Denkens wie z. B. der Modus ponens beim logischen Denken (aus den Prämissen »Alle Menschen sind sterblich« und »Sokrates ist ein Mensch« kann man ableiten »Sokrates ist sterblich«) können nur von Menschen geleistet werden, die die Schule besucht haben. Aufgaben dieser Art, die man mehrfach Erwachsenen ohne Schulbildung vorgelegt hat, riefen bei diesen Antworten wie »Woher soll ich das wissen, ich kenne Sokrates nicht« hervor. Ganz offensichtlich muss man die akademischen Spielregeln kennen, um sich auf eine solche Aufgabe einzulassen. Auch Längsschnittuntersuchungen in der Kindheit zeigen, dass es sich bei der Fähigkeit, in der Anordnung von artifiziellen Figuren eine Gesetzmäßigkeit zu entdecken, um eine im kulturellen Kontext erworbene Kompetenz handelt. Und so lassen sich erst am Ende der Grundschulzeit zuverlässige Aussagen über die geistige Leistungsfähigkeit eines Kindes auf der Grundlage von Matrizentests machen. Zwar kann man bereits in der Vorschulzeit Hinweise ableiten, aber diese entsprechen noch nicht den Anforderungen, die man an eine Individualdiagnostik stellen muss. Offensichtlich brauchen Kinder die in der Grundschule gebotenen Lerngelegenheiten, um die Fähigkeit zum logischen Denken zu erwerben. Wie gut sie diese Lerngelegenheiten nutzen, hängt natürlich von ihren individuellen Voraussetzungen ab.

Der niederländische Intelligenzforscher Fons van der Vijver, der unter anderem an einer südafrikanischen Universität forscht, konnte einen deutlichen Effekt der Lerngeschichte und des kulturellen Umfeldes auf die Testleistung nachweisen. Wurden die Testaufgaben an die Sprache und Kultur der afrikanischen Urbevölkerung angepasst, schnitten die südafrikanischen Probanden deutlich besser ab als in den Tests, bei denen die Aufgaben an der westlichen Kultur ausgerichtet waren (Malda et al., 2010). Dabei zeigte sich auch, dass insbesondere die auf dem Land aufgewachsenen Kinder der Ureinwohner in den an ihre Kultur angepassten Aufmerksamkeits- und Gedächtnistests bessere Leistungen erbrachten als die in der Stadt aufgewachsenen Kinder der Ureinwohner, jedoch bei Matrizentests besonders schlechte Resultate erzielten. In ihrer Lebenswelt kommen regelmäßig geformte Artefakte wie Kreise, Dreiecke und Quadrate einfach nicht vor.

Um noch einmal den Vergleich mit der Pflanzenwelt zu bemühen: Ähnlich wie eine Blume Nährstoffe und Wasser braucht, um die genetisch angelegten Blüten und Blätter zu entwickeln, braucht auch der Mensch ein akademisches Umfeld, um geistige Kompetenzen wie schlussfolgerndes Denken auszubilden. Und so wie nicht alle Pflanzen bei gleichen Standortbedingungen die gleiche Pracht entfalten, nutzen auch nicht alle Menschen die gleichen Lerngelegenheiten zur Entwicklung und Optimierung bestimmter geistiger Kompetenzen.

Dass Matrizentests nicht die absolute, das heißt die bildungs- und erfahrungsunabhängige Intelligenz messen, weiß man inzwischen. Das heißt aber nicht, dass sie wertlos (geworden) wären, im Gegenteil. Ihre Bedeutung ist gerade in unserer globalisierten Welt nicht zu unterschätzen. Wenn es um die Identifikation von geistigen Kompetenzen bei Menschen mit sprachlichen Defiziten geht, können Matrizentests wertvolle Informationen liefern, da die Aufgabenstellung für Menschen, die in einer Wissensgesellschaft sozialisiert wurden, klar ist. Aber auch Menschen, die aufgrund ihres bildungsfernen Hintergrundes die Angebote der Wissensgesellschaft, in der sie leben, nicht optimal nutzen können, können ihr geistiges Potenzial in Matrizentests zum Ausdruck bringen, und zwar besser als in sprachhaltigen Tests. Eine solide Grundschulbildung scheint auszureichen, um ihre Spielregeln zu verstehen und auf dieser Grundlage ein geistiges Potenzial zu erwerben. So empfiehlt es sich beispielsweise bei der Entscheidung, ob ein Kind mit bildungsfernem Hintergrund eine Gymnasialempfehlung erhalten soll oder nicht, auf Matrizentests zurückzugreifen.

Intelligenz und Informationsverarbeitung

Natürlich bleibt es nach wie vor ein Traum für Psychologen, Indikatoren im Gehirn und in der Informationsverarbeitung zu finden, die ganz unabhängig vom Inhalt und der Lerngeschichte Auskunft über die Effizienz der Informationsverarbeitung und damit der Lernfähigkeit geben. Dank der modernen Methoden der Hirnforschung und den inzwischen recht präzisen Vorstellungen über allgemeine Mechanismen der Informationsverarbeitung verfügen wir zurzeit schon über recht zuverlässige Hinweise auf mehr oder weniger intelligent funktionierende Gehirne (vgl. auch Kapitel 5). Bereits an dieser Stelle sei verraten, dass dies am besten mit Aufgaben gelingt, die minimalste Anforderungen an das Wissen stellen, aber eine Herausforderung sind, wenn es um Geschwindigkeit geht. Die sogenannte Karten-Sortier-Aufgabe ist ein Beispiel dafür.

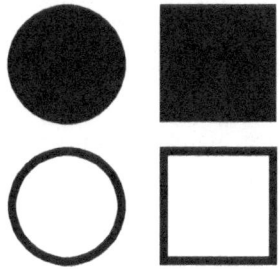

Abbildung 1.2: Kreis oder schwarz, Viereck oder weiß?

Abbildung 1.2 zeigt vier Gegenstände, die auf zwei Dimensionen variieren, in diesem Beispiel in Form und Farbe. Die Versuchspersonen bekommen nun nacheinander Objekte auf einem Computerbildschirm dargeboten. Sie haben zuvor die Instruktion erhalten, wenn der Gegenstand weiß ist, eine Taste zu drücken, wenn er schwarz ist, die Taste nicht zu drücken. Das ist sehr einfach und wird von allen Teilnehmern verstanden. Gemessen wird die Reaktionszeit, die sich immer weiter verkürzt, je öfter die Aufgabe durchgeführt wird. Dann aber erhalten die Probanden neue Anweisungen: Sie sollen jetzt die Taste drücken, wenn der Gegenstand schwarz ist; ist er weiß, dann nicht. Erfahrungsgemäß führt dies zu kurzfristigen Verzögerungen und Irritationen, wird aber nach wenigen Durchgängen beherrscht. Wird die Instruktion aber dahingehend abgewandelt, die Taste zu drücken, wenn ein Dreieck auf dem Bildschirm erscheint, nicht aber wenn ein Kreis gezeigt wird, kann das bei den Teilnehmern zu Konfusion führen. Plötzlich dürfen sie bei einem schwarzen Kreis nicht mehr die Taste betätigen, bei einem weißen Dreieck hingegen sollen sie. Es kommt zu einer erhöhten Fehlerrate und einer deutlichen Zeitverzögerung. Das Ziel zu wechseln und Handlungen zu unterdrücken, stellt für alle Menschen eine Herausforderung dar, wenn auch in unterschiedlichem Ausmaß. Je höher der IQ, umso besser können Menschen mit diesen sogenannten Task-Switching-Aufgaben umgehen. Intelligenz zeigt sich also auch in der Fähigkeit, sich auf neue Ziele einzustellen und parallel dazu Verhalten zu unterdrücken, das zur Erreichung eines früheren Zieles nötig war.

Vor diesem Hintergrund wird auch plausibel, warum man zur Lösung der oben beschriebenen mathematischen Textaufgaben ein gewisses Maß an Intelligenz braucht. Grundschulkinder neigen dazu, die Zahlen, die sie sehen, zunächst zu addieren. Insbesondere bei der Murmel-Aufgabe (Maria hat 8 Murmeln. Sie hat 3 Murmeln mehr als Hans. Michael hat 5 Murmeln. Er hat 2 Murmeln weniger als Elisabeth. Wie viele Murmeln haben Hans und Elisabeth zusammen?) gilt es, sich auf ein neues Ziel einzustellen und diese Tendenz zunächst zu unterdrücken. Um die begrenzte Kapazität des Arbeitsgedächtnisses effizient zu nutzen, sollte man sein Wissen über die Anzahl von Marias und Michaels Murmeln schnell beiseitelegen, da es für die Beantwortung der abschließenden Frage nicht benötigt wird. Hohe Intelligenz zeigt sich also in der angemessenen Hemmung und

Aktivierung von Informationen. Wie wir bereits gesehen haben, wird das Arbeitsgedächtnis als ein System im Gehirn verstanden, welches die Speicherung und Verarbeitung von Informationen ermöglicht. Idealerweise werden eingehende Informationen und bestehendes Wissen dort so zusammengeführt, dass das gesetzte Ziel erreicht bzw. die anstehende Anforderung bewältigt wird.

Das Konzept des Arbeitsgedächtnisses ist in allen Fachrichtungen der wissenschaftlichen Psychologie zentral, ähnlich wie es in der Chemie das Konzept des Atoms ist. Dank Elektronenmikroskopen haben Chemiker heute allerdings eine sehr viel präzisere Vorstellung vom Aufbau des Atoms als die Psychologen vom Aufbau und der Funktionsweise des Arbeitsgedächtnisses. Blickt man aber nur 150 Jahre zurück, waren die Chemiker in einer vergleichbaren Situation. Aus den Beobachtungen, die man aus den chemischen Reaktionen ziehen konnte, entwickelte man Modellvorstellungen davon, wie Elektronen, Protonen und Neutronen zusammenwirken. Viele Details blieben zunächst ungeklärt, aber das hielt die Wissenschaftler nicht davon ab, sich möglichst präzise Modellvorstellungen von den Bausteinen der Materie zu machen und diese Hypothesen durch gezielte Experimente zu überprüfen. Ohne jemals ein Atom gesehen zu haben, kamen die Wissenschaftler zu Modellen, aus denen sehr präzise Vorhersagen über chemische Reaktionen abgeleitet und überprüft werden konnten. Erst sehr viel später konnte diese indirekte Evidenz durch direkte Evidenz bestätigt werden.

Was das Arbeitsgedächtnis angeht, so sind wir in der Psychologie noch ganz am Anfang der indirekten Evidenz. Dass ein Modell hilfreich ist, um geistige Aktivitäten zu erklären, steht außer Frage. Der jüngst verstorbene berühmte Gedächtnispsychologe George Miller hat in einer der am häufigsten zitierten psychologischen Arbeiten 1956 zeigen können, dass wir uns fünf bis neun Elemente kurzfristig merken können, etwa eine Telefonnummer, wenn sie nicht mehr als maximal neun Ziffern hat. Man hat das Arbeitsgedächtnis früher daher gerne auch als

Kurzzeitgedächtnis bezeichnet. In der neueren Forschung unterscheidet man aber zwischen Kurzzeit- und Arbeitsgedächtnis. Die meisten Forscher gehen davon aus, dass das Kurzzeitgedächtnis ein Teil des Arbeitsgedächtnisses ist. Das Kurzzeitgedächtnis dient dazu, sich etwas zu merken und kurze Zeit später in unveränderter Form zu reproduzieren. Das Arbeitsgedächtnis beinhaltet darüber hinaus Aufmerksamkeitsprozesse, das heißt, es muss sich nicht nur die Ziffern merken, sondern mit ihnen auch etwas machen, z. B. Rechenoperationen durchführen oder sie in umgekehrter Reihenfolge wiedergeben. Das erfordert Aufmerksamkeit. Psychologen sprechen deshalb vom Arbeitsgedächtnis als zentraler Exekutive. Einer der bekanntesten Forscher auf diesem Gebiet, Randall W. Engle von der Universität Georgia, hat das auf die einfache Formel gebracht (Engle et al., 1999):

Arbeitsgedächtnis =
Kurzzeitgedächtnis + zentrale Exekutive (Aufmerksamkeit)

So wie man sich in der Chemie nicht mit dem Begriff »kleinste Teilchen« zufriedengegeben, sondern sich Vorstellungen über das Innere der Atome gemacht hat, bemüht man sich auch in der Psychologie, mit der wissenschaftlichen Modellierung von Arbeitsgedächtnisfunktionen den Prozessen der Aufmerksamkeitssteuerung näher zu kommen. Etwa indem man Aufgaben entwickelt, mit denen man die individuelle Kapazität des Arbeitsgedächtnisses, des Kurzzeitgedächtnisses und der zentralen Exekutive zu messen und dabei herauszufinden versucht, welches dieser drei Konstrukte mit Intelligenz korreliert. Allerdings sind die Ergebnisse bislang nicht eindeutig, generell am höchsten ist aber wohl der Zusammenhang zwischen Intelligenz und Arbeitsgedächtnis (Colom et al., 2008).

Entwicklungspsychologisch ist interessant, dass Kinder unter zwei Jahren auch bei einer sehr altersgemäßen Gestaltung einer Task-Switching-Aufgabe nicht in der Lage sind, den Wechsel der Dimensionen vorzunehmen, wie Philipp Zelazo zeigen konnte

(Zelazo et al., 2003). Die Aufgabe sah so aus, dass zwei Stoffteddys und zwei Stoffhasen, jeweils einer rot und einer blau, zunächst nach Farbe und dann nach Tierart sortiert werden sollten. Aber selbst Kleinkinder, für die es schon Anzeichen höherer Intelligenz gibt, taten sich schwer damit. Seitdem parallel zur Erforschung der geistigen Entwicklung im Kindesalter auch Indikatoren der Hirnentwicklung einbezogen werden, wissen wir, dass sich die verschiedenen Teile des Gehirns, was die Vernetzung der einzelnen Nervenzellen angeht, sehr unterschiedlich entwickeln. Wie weiter unten noch ausgiebig diskutiert werden wird, ist das Stirnhirn, auch Frontalhirn genannt, der Teil des menschlichen Gehirns, der sich als Letztes ausbildet. Das heißt: In den ersten Lebensjahren arbeitet diese Hirnregion noch nicht effizient. Es ist aber gerade das Stirnhirn, welches nachweislich an den typischen Funktionen des Arbeitsgedächtnisses beteiligt ist, wie auch Versuche mit Erwachsenen belegen, die in der vorderen Hirnregion eine Verletzung erlitten haben. In sehr vielen gut dokumentierten Fällen zeigte sich, dass sie sich vollkommen unauffällig verhielten, wenn sie Tätigkeiten nachgingen, die bereits vor der Verletzung Routine waren. In neuen Situationen hingegen reagierten diese Menschen völlig hilflos: Sie waren nicht imstande, zielgerichtet zu handeln, waren also insbesondere in den Arbeitsgedächtnisfunktionen beeinträchtigt. Arbeitsgedächtnisfunktionen wie kurzzeitiges Speichern, Zielbildung und Aufmerksamkeitssteuerung sind also nur bei einem intakten Frontalhirn möglich. Und noch etwas können wir mit Sicherheit sagen: Es gibt deutliche interindividuelle Unterschiede in der Effizienz der Arbeitsgedächtnisfunktionen, und diese hängen mit dem Intelligenzquotienten (IQ) zusammen. Mit anderen Worten: Wer einen hohen IQ hat, der zeigt auch mit höherer Wahrscheinlichkeit gute Leistungen in einfachen Arbeitsgedächtnisaufgaben. Er wird bei der in Abbildung 1.2 beschriebenen Karten-Sortier-Aufgabe beim Wechsel der Dimensionen weniger Fehler machen und eine geringere

Reaktionszeitverzögerung haben als ein Mensch mit einem niedrigeren IQ.

Na also, könnte man sagen, dann haben wir doch jetzt ein Instrument gefunden, mit dem wir Unterschiede in der geistigen Leistungsfähigkeit ganz unabhängig vom Bildungshintergrund feststellen können. Leider ist dem aber nicht so: Denn die Tests, welche einfache Reaktionsgeschwindigkeiten messen, sind allesamt recht ungenau und fehleranfällig. Um es in den Worten eines Statistikers auszudrücken: Die Reliabilität (Zuverlässigkeit) dieser Tests ist deutlich geringer als die konventioneller IQ-Tests. Gibt man einer Person im Abstand von einer Woche einen IQ-Test vor, findet man eine hohe Übereinstimmung: Die Korrelation liegt über r=.8. Der Korrelationskoeffizient r ist ein statistisches Maß für den Zusammenhang zwischen zwei Merkmalen und kann zwischen −1 und 1 variieren. Gibt man hingegen Arbeitsgedächtnistests vor, ist die Stabilität der Ergebnisse deutlich geringer (r=.5). Es wäre vermessen, auf der Grundlage so vager Messungen Entscheidungen von großer individueller Tragweite wie eine Gymnasialempfehlung zu treffen. In diesen Fällen fährt man mit konventionellen Intelligenztests tatsächlich deutlich besser, aber natürlich nur – das sollte klar geworden sein – bei Menschen, die Lerngelegenheiten hatten, die die Entwicklung ihrer Intelligenz förderten.

Von Leistungsstarken und Minderleistern: Warum man Intelligenz nutzen muss

Kehren wir zurück zu den 60 Schülern der dritten Klasse, die – das haben wir so festgelegt – eine repräsentative Stichprobe eines deutschsprachigen Landes darstellen. Wir erinnern uns, dass ein Psychologe regelmäßig die Klassen besucht und Intelligenztests durchführt. Dabei stellt sich heraus, dass 16 % der Kinder einen IQ haben, der größer als 115 ist und damit also mindestens eine

Standardabweichung über dem Mittelwert liegt (was das genau bedeutet und warum das so sein muss, werden wir im nächsten Kapitel erläutern). Das entspricht unter den 60 Schülerinnen und Schülern unserer drei Schulklassen genau neun Schülern, drei in jeder Klasse. Diese Kinder interessieren uns besonders, deshalb geben wir ihnen Namen und schauen uns an, wie sie bei den beiden weiter oben erwähnten Textaufgaben abgeschnitten haben.

- Ariane, Albert und Anja besuchen die Klasse A, sie haben alle beiden schwierigen Textaufgaben lösen können.
- Beate, Bernhard und Bruno besuchen die Klasse B. Nur einer der drei – sagen wir Bruno – hat beide Aufgaben lösen können, die anderen zwei haben je eine Aufgabe gelöst.
- Christian, Clarissa und Carl besuchen die Klasse C. Jeder von ihnen hat es geschafft, eine Aufgabe zu lösen.

Für alle drei Klassen gilt: Die drei intelligentesten Schülerinnen und Schüler schneiden in ihren Klassen beim Lösen der Textaufgaben am besten ab. Natürlich unterscheiden sich die drei intelligentesten Kinder noch untereinander, aber darauf werden wir erst später eingehen. Zunächst stellen wir fest, dass alle neun Kinder exzellente Voraussetzungen für gute Schulleistungen mitbringen, aber offensichtlich haben nur die drei Kinder in Klasse A sowie ein Kind aus Klasse B ihr mathematisches Wissen so intelligent organisiert, dass sie beide Aufgaben lösen konnten.

Beate, Bernhard, Christian, Clarissa und Carl haben ihre Intelligenz offensichtlich nicht so gut in Wissen umsetzen können, wie dies Ariane, Albert, Anja und Bruno gelungen ist. Für Kinder wie Beate, Bernhard, Christian, Clarissa und Carl haben die Psychologen den Begriff Underachiever oder Minderleister eingeführt. Ihre Leistung bleibt hinter ihrem geistigen Potenzial zurück. Diese Gruppe von Schülerinnen und Schülern verdient besondere Beachtung, da die Umwelt versagt hat bzw. – weniger dramatisch ausgedrückt – nicht das Optimum aus ihnen herausgeholt hat.

Menschen, die mehr hätten leisten können, wenn sie bessere Bedingungen gehabt hätten, sind ein Stachel im Fleisch jeder modernen demokratischen Gesellschaft, die sich meritokratischen – also leistungsorientierten – Prinzipien verschrieben hat und sich damit von egalitären Gesellschaften abgrenzt. Das Ansehen und die Position, die eine Person in einer Gesellschaft erreichen kann, sollten ihrem geistigen Potenzial entsprechen. Dass dies nicht nur eine Frage der individuellen Gerechtigkeit, sondern auch im Interesse des Gemeinwohls ist, wurde in letzter Zeit vermehrt in der Öffentlichkeit thematisiert. Und mit der Bildungsökonomie hat sich ein Forschungsfeld etabliert, das der Frage nachgeht, wie sich gesellschaftliche Investitionen in die Bildung im Bruttosozialprodukt auszahlen.

Im Zuge des Wandels von der Industriegesellschaft in eine Wissens- und Informationsgesellschaft wurde deutlich, dass Intelligenz als Rohstoff einer Gesellschaft gesehen werden muss, der sich in wirtschaftlichen Wohlstand umwandeln lässt. Dazu gehört auch die Erkenntnis, dass Kindergärten, Schulen und Universitäten keine Luxusprodukte einer saturierten Gesellschaft sind, sondern der Garant für zukünftigen Wohlstand. Dass mit materiellen Rohstoffen gesegnete Länder nicht zwangsläufig ihren Wohlstand mehren, ist schon lange offensichtlich. Aber um die Jahrtausendwende hat die berühmte internationale Schulleistungsvergleichsstudie PISA auch auf Unterschiede zwischen postindustriellen Ländern aufmerksam gemacht. Am Beispiel der beiden Länder Deutschland und Finnland lässt sich der Zusammenhang zwischen wirtschaftlichem und schulischem Erfolg demonstrieren. Um die Jahrtausendwende herum lag Deutschlands Wirtschaftswachstum deutlich hinter dem der anderen europäischen Länder, ganz zu schweigen von aufstrebenden Ländern wie Südkorea. Im Dezember 2001 bestätigte sich, was viele vermutet hatten, weil frühere Studien bereits darauf hindeuteten:

Die Lernwirksamkeit deutscher Schulen lässt zu wünschen übrig. Wie die PISA-Studie zutage förderte, waren deutsche 15-Jährige, die Aufgaben in Mathematik und Naturwissenschaften lösen sollten, die sie nicht direkt geübt hatten, selten erfolgreicher als ihre Alterskameraden in anderen Ländern. Und ein erschreckend großer Anteil an Jugendlichen brachte die Voraussetzungen für das Lernen aus Texten nicht mit.

Am anderen Ende der Skala rangierte Finnland, ein Land, bei dem es genau umgekehrt aussah. Noch zu Beginn der 1990er Jahre war das Land insbesondere durch den Zusammenbruch des Exportgeschäftes mit der damaligen Sowjetunion in eine schwere Wirtschaftskrise gestürzt, doch schon zehn Jahre später hatte sich die finnische Ökonomie äußerst positiv entwickelt und insbesondere in der Kommunikationstechnologie eine Vorreiterrolle erreicht. Und noch etwas hatte sich in Finnland in den Jahrzehnten zuvor von der Welt weitgehend unbemerkt verändert: die Schul- und Bildungslandschaft. Dass dem bevölkerungsarmen Land im hohen Norden der große Wurf gelungen war, zeigte nicht nur die erste PISA-Veröffentlichung 2001, sondern verdeutlichten auch alle darauffolgenden Studien. Im Lesen, in Mathematik und in den Naturwissenschaften sind finnische Schülerinnen und Schüler nach wie vor Spitzenreiter. Welche Faktoren genau das finnische Schulsystem so erfolgreich machen, weiß man nicht, weshalb sie auch nicht von anderen Ländern einfach übernommen werden können. Fest steht aber, zum wirtschaftlichen Erfolg Finnlands in der Kommunikationstechnologie hat fraglos die ein Jahrzehnt zuvor sehr gut ausgebildete Generation beigetragen. Und die Anstrengungen in der Verbesserung der schulischen Bildung haben auch an den Universitäten Früchte getragen: Finnische Universitäten gehören weltweit zu den produktivsten.

Aus dem episodischen Vergleich zwischen Finnland und Deutschland sind inzwischen systematische wissenschaftliche Analysen entstanden. Und es gibt klare Anzeichen dafür, dass ein

hohes Bildungsniveau in einem Land eine notwendige Voraussetzung dafür ist, ökonomischen Wohlstand zu generieren und
zu erhalten. Die Psychologen Heiner Rindermann und James
Thompson (2011) haben kürzlich eine Studie vorgelegt, in der
sie zeigen konnten, dass Länder mit einem hohen Anteil von
sehr leistungsstarken Schülerinnen und Schülern ökonomisch
erfolgreicher waren als Länder mit einem niedrigeren Anteil. Als
Indikator für das geistige Potenzial eines Landes wurden die
Leistungen in den internationalen Vergleichsstudien PISA und
TIMSS (Trends in International Mathematics and Science Study)
herangezogen.

Aber auch politische Handlungsempfehlungen lassen sich aus
der Bildungsökonomie ableiten. Beispielsweise wenn die Entscheidung ansteht, ob unerwartete Steuermehreinnahmen eher
in die Frühförderung oder in Universitäten investiert werden
sollen. Hier kann diese Disziplin Anhaltspunkte liefern, aber
keine vorschnellen Antworten geben. Verkürzte Interpretatio-
nen wissenschaftlicher Ergebnisse können fatale Folgen haben,
wie sich am Thema Frühförderung immer wieder gezeigt hat.
Unbestritten ist, dass viele gesellschaftliche Probleme entstehen, weil ein Teil der Kinder in ihren Familien – insbesondere
was sprachliche Kompetenzen angeht – nicht angemessen auf
die Anforderungen unserer Gesellschaft vorbereitet werden. Wie
wir später noch sehen werden, können gezielte Frühförderpro-
gramme hier einiges auffangen. Bildungsökonomen rechnen
manchmal den Schaden aus, der durch Kriminalität und Trans-
ferleistungen entsteht und durch Frühförderung hätte vermieden werden können. Etwas vorschnell wird daraus gerne die
Schlussfolgerung gezogen, dass der größte Teil der Bildungs-
investitionen in die Frühförderung fließen müsse. Aber wer sagt,
dass Gutes auch teuer sein muss? Viel sinnvoller wäre es, sich
zu überlegen, welche Kompetenzen Kinder in einem Frühförder-
programm erwerben sollen, um danach konkrete Angebote zu
planen und auf dieser Grundlage einen Kostenplan zu erstellen.

Aus den Analysen von Rindermann und Thompson zu schließen, man solle vor allem in die Hochbegabtenförderung investieren, da diese Gruppe zum gesellschaftlichen Wohlstand beiträgt, wäre zu kurz gegriffen. Einen solchen Beitrag können die besonders Begabten nur dann leisten, wenn auch das allgemeine Niveau hoch ist. In Finnland, wo ein besonders hoher Anteil an Höchstleistern lebt, hatte man bei den Schulreformen vor allem die Schwächsten im Blick: Man wollte die Schulen dahingehend verbessern, dass die Zahl der jungen Menschen ohne Schulabschluss sinkt. Das hat die Unterrichtsqualität so umfassend gesteigert, dass gerade auch die Schülerinnen und Schüler mit dem besten Potenzial zur Höchstform auflaufen konnten.

Fazit und Ausblick

In diesem ersten Kapitel sollten die Probleme und Fragestellungen aufgezeigt werden, denen wir uns in diesem Buch vor allem widmen wollen.

Unstrittig unter Wissenschaftlern ist, dass Menschen sich in der Effizienz, mit der das Gehirn Informationen verarbeitet, unterscheiden, und dass beim Zustandekommen dieser Unterschiede die Erbanlagen eine entscheidende Rolle spielen, wie wir in den Kapiteln 3 und 5 noch ausgiebig diskutieren und belegen werden. Gleiche Umweltangebote machen Menschen nicht gleich. Es stellt sich die Frage, wie sich Kinder entwickeln, die sehr gute genetische Voraussetzungen für ein effizientes Gehirn mitbringen, aber in ihren ersten Lebensjahren sehr ungünstige Umweltbedingungen haben.

Die Unterschiede in der Effizienz, mit der das Gehirn arbeitet, lassen sich mit Intelligenztests messen, deren wissenschaftlichen Hintergrund wir in Kapitel 2 ausführlich thematisieren werden. Die mit Intelligenztests messbaren Unterschiede in der geistigen Leistungsfähigkeit können sich nur in einer geistig anregenden

Umwelt entfalten. Dem Schulbesuch kommt dabei eine besondere Bedeutung zu. Hier stellt sich die Frage, wie schulische und außerschulische Lerngelegenheiten aussehen sollten, unter denen sich die Intelligenzanlagen eines Individuums optimal entwickeln können. Auch dazu liegen inzwischen Untersuchungen vor, die wir in den Kapiteln 4, 6 und 7 vorstellen werden.

Eine gute Leistung in Intelligenztests macht den Erwerb unterschiedlicher geistiger Kompetenzen wahrscheinlicher, erleichtert also das Lernen und wirkt sich daher positiv auf den späteren beruflichen Erfolg aus, wie auch Kapitel 6 darlegen wird. Intelligenz allein ist aber keineswegs ein Selbstläufer. Anders gesagt: Über eine hohe Intelligenz zu verfügen, garantiert noch nicht, dass diese auch genutzt wird. Dafür braucht es Leistungsmotivation, Selbstdisziplin und Interesse. Die Bedeutung dieser Merkmale für den Lernerfolg werden wir in Kapitel 7 behandeln. Und schließlich kommt es auf die Schule an. Schlechte Unterrichtsqualität mindert den Ertrag, den eine Person aus ihrer Intelligenz ziehen kann. Wie entwickeln sich in der Schule unterforderte Kinder? Wie müssen schulische Rahmenbedingungen beschaffen sein, damit besonders intelligente Kinder die ihnen angemessenen Leistungen zeigen können? Damit setzt sich Kapitel 8 dieses Buches auseinander.

2 Was ist Intelligenz, und wie wird sie gemessen?

»Menschen unterscheiden sich in ihrer Fähigkeit,
komplexe Konzepte zu verstehen, sich effektiv an
die Umwelt anzupassen, aus Erfahrung zu lernen,
im logischen, schlussfolgernden Denken und
in der Fähigkeit, Hindernisse durch Nachdenken
zu überwinden.«
Ulric Neisser und zehn weitere Intelligenzforscher
aus einer Task Force zur menschlichen Intelligenz, 1996

Begabung, Talent, Intelligenz, Kompetenz – im Dschungel der Begriffe

Begabung, Talent, Intelligenz, Kompetenz, Skills, Fähigkeiten, Fertigkeiten etc.: Die deutsche Sprache hält eine Vielzahl an Begriffen bereit, um Unterschiede zwischen den kognitiven Leistungsfähigkeiten der Menschen zu beschreiben. Intuitiv nehmen wir zwar an, dass das, was jemand kann (oder eben nicht kann), davon abhängt, wie sehr sich jemand anstrengt oder bemüht (oder in der Vergangenheit bemüht hat, etwas zu erlernen, bestimmtes Wissen oder gewisse Fertigkeiten zu erwerben). Aber wir gehen auch davon aus, dass es, selbst wenn zwei Menschen sich in derselben Weise anstrengen, doch Unterschiede in ihren Leistungen geben wird. Anders gesagt: Wir glauben, dass der eine besser geeignet ist als der andere, etwas zu lernen, zu verstehen, letztlich zu beherrschen. So werden wir dem Mathematikgenie eine hohe Intelligenz attestieren, dem Profi-Tennisspieler eine außergewöhnliche sensomotorische Koordinationsfähigkeit, der erfolgreichen Führungskraft die Kompetenz, Mitarbeiter zu motivieren und Meetings effizient und zielorientiert zu leiten.

Seit rund 100 Jahren versucht die Psychologie, Fähigkeitsbegriffe bzw. -konzeptionen zu untersuchen und voneinander
abzugrenzen. Bei vielen Begriffen herrscht Übereinstimmung
zwischen dem, was Wissenschaftler darunter verstehen, und den
Annahmen von Laien (auch als implizite Theorien bezeichnet).
Bei anderen Termini unterscheidet sich jedoch das wissenschaftliche vom Laienverständnis. Das zeigt sich in den letzten 15,
20 Jahren besonders ausgeprägt in der Tendenz, jede Begabung,
jede Fertigkeit einer Person auf unterschiedlichen Gebieten als
eine Form von Intelligenz zu bezeichnen. Das erschien anfangs
sogar noch recht plausibel: Wenn es eine kognitive Intelligenz
gibt, warum sollte es nicht auch eine soziale oder eine emotionale Intelligenz geben? In den letzten zehn Jahren wurden aber
zunehmend absurdere Vorschläge gemacht. Da war von einer
Party-Intelligenz die Rede, von kosmischer Intelligenz bis hin
zur sexuellen Intelligenz, frei nach dem Motto: Jeder, der etwas
(vermeintlich) besonders gut kann, kreiert sich eine Form der
Intelligenz, in der er (oder sie) dann glänzen kann.

In der Wissenschaft ist es aber essentiell, Begriffe so zu definieren, dass sie sich voneinander abgrenzen lassen. Sie sind
daher oft genauer und enger bestimmt als im Alltagsgebrauch,
auch um bessere Vorhersagen für relevantes zukünftiges Verhalten machen zu können – etwa durch einen Test, mit dem
wir die Befähigung für mathematische oder technische Berufe
vorhersagen können (beispielsweise um geeignete Personen zu
einem naturwissenschaftlichen Studium zuzulassen); oder einen
Test, der etwas darüber aussagt, ob jemand sozial kompetent
ist (z. B. um zukünftige Krankenschwestern oder Sozialarbeiter
auszuwählen); oder einen motorischen Test, mit dem wir feststellen können, ob es sich lohnt, in eine teure Ausbildung für
Nachwuchs-Tenniscracks zu investieren. In vielen Fällen (etwa
bei dem Tennisspieler) wird man eher das Verhalten der Person
beobachten; man wird ihr beim Spielen zusehen, wird ein paar
Arbeitsproben vorgeben, etwa einen Eimer, der in der Ecke des

Aufschlagfelds steht, zu treffen. Im Fall eines angehenden Einstein hingegen brauchen wir psychologische Tests, um beispielsweise logisches Denkvermögen, die Fähigkeit zum schlussfolgernden (induktiven) Denken oder die Fähigkeit zur räumlichen Vorstellung abzuschätzen. Nur in diesem letzteren Fall sprechen Psychologen davon, dass sie Intelligenz erfassen bzw. messen; was aber nicht heißt, dass Intelligenz nur für Physiker, Chemiker oder Mathematiker eine Rolle spielt.

In diesem und den folgenden Kapiteln werden wir zeigen, dass Intelligenz grundsätzlich ein vorteilhaftes Merkmal ist, wenn es um Erfolg in der Schule, der Berufsausbildung, an der Universität oder im Job geht. Dementsprechend konzentrieren wir uns in diesem Buch auf dieses Merkmal und werden Eigenschaften wie Begabungen, Talente, Kompetenzen, Fertigkeiten etc. nur am Rande behandeln. Damit deutlich wird, wie sich diese Begriffe von dem der Intelligenz abgrenzen lassen, finden Sie hier eine kurze Übersicht über die anderen Fähigkeitsbegriffe.

Die wichtigsten Fähigkeitsbegriffe

Begabung: Begabung bezeichnet verschiedene Leistungsbereiche, in denen Unterschiede zwischen Menschen bestehen, wie mathematische, sprachliche, räumliche Begabungen, aber auch soziale Begabungen und alle Ausdrucksformen künstlerischer Begabung, wie musikalische, zeichnerische, tänzerische etc. Begabung. Nach Sichtweise namhafter Begabungsforscher bezieht sich der Begriff Begabung eher auf das Potenzial eines Menschen zur Erzielung hoher Leistungen, unabhängig davon, ob das Potenzial auch realisiert bzw. in Leistungen umgesetzt wird. Dies unterscheidet den Terminus Begabung von dem des Begriffs Talent.

Talent: Talent ist gleichsam die realisierte Begabung. Jemand, der seine Begabung dauerhaft in beobachtbare hohe Leistungen umsetzt, ist talentiert. Ein Talent ist demnach immer auch begabt, denn ohne Begabung kann sich kein Talent entwickeln. Umgekehrt kann jemand durchaus begabt sein, ohne als Talent erkannt zu werden; in der Begabungsforschung spricht man in diesen Fällen auch von sogenannten Underachievers, was im Deutschen mit dem unschönen Ausdruck Minderleister bezeichnet wird: Menschen mit Begabung, die – aus welchen Gründen auch immer – ihre Begabung nicht in Talent umgesetzt haben.

Intelligenz: Sie bezeichnet Begabung in kognitiven Bereichen, also sprachliche, visuell-räumliche, rechnerische oder mathematische Fähigkeiten, aber auch deren speziellere Faktoren wie Wortflüssigkeit oder verbales Verständnis als Unterfaktoren der Sprachbegabung oder mentale Rotation oder visuelle Strukturierungsfähigkeit als Komponenten der visuell-räumlichen Begabung. Zudem werden in einigen Intelligenzmodellen unabhängig von den großen drei Inhaltsklassen verbal, rechnerisch, räumlich auch noch spezifischere Operationen wie Gedächtnis bzw. Merkfähigkeit, Verarbeitungsgeschwindigkeit, Verarbeitungskapazität und Einfallsreichtum unterschieden. Die verschiedenen wissenschaftlichen Annahmen bzgl. der Struktur der Intelligenz und unterschiedlichen Intelligenzmodelle sind für die im vorliegenden Buch geführte Argumentation jedoch weniger relevant; interessierte Leserinnen und Leser finden eine ausführlichere Darstellung in unserem Buch *Lernen macht intelligent* (Neubauer & Stern, 2007).

Kompetenz: Dieser Begriff spielt in der Schule eine zunehmend wichtige Rolle. In allen Schulfächern ist man dabei, Kompetenzen auf unterschiedlichem Niveau festzulegen, die Lehrpersonen dabei helfen sollen, Lernziele zu benennen und ihre Unterrichtsmethoden darauf abzustimmen. Kompetenzen sind immer auf das Lösen von Problemen beziehungsweise auf das Bewältigen von Anforderungen in bestimmten Inhaltsbereichen bezogen. Um Kompetenzen definieren und Aufgaben zu ihrer Messung entwickeln zu können, muss man den Inhaltsbereich sehr gut kennen. Im Rahmen der PISA-Studien wurde für Mathematik in der allgemeinbildenden Schule fünf Kompetenzstufen entwickelt: Stufe I: Rechnen auf Grundschulniveau, Stufe II: Elementare Modellierungen, Stufe III: Modellieren und begriffliches Verknüpfen auf dem Niveau der Sekundarstufe I, Stufe IV: Umfangreiche Modellierungen auf der Basis anspruchsvoller Begriffe, Stufe V: Komplexe Modellierung und innermathematisches Argumentieren. Mit den in Kapitel 1 dargestellten mathematischen Textaufgaben könnte man die Kompetenzstufe II abdecken.

Worin besteht der Unterschied zwischen Intelligenz und Kompetenz? Oder genauer: Worin besteht der Unterschied zwischen Aufgaben, die Intelligenz messen, und solchen, die Kompetenzen messen? Bereits in Kapitel 1 haben wir dargestellt, dass in Intelligenztests nur Material verwendet wird, das allen Personen bekannt und vertraut ist. Die Intelligenzleistung besteht darin, neue Verbindungen zwischen einzelnen Elementen dieses Materials herzustellen und Gesetzmäßigkeiten zu entdecken. Intelligenz – so haben wir gelernt – ist nicht an Inhalte gebunden und kann nicht direkt gefördert werden. Sie entwickelt sich – wie im Kapitel 3 noch ausführlich diskutiert werden wird – in Abhängigkeit von den genetischen Voraussetzungen und den Lerngelegenheiten. Kompetenzen hingegen werden immer als inhaltliche Herausforderung gesehen. Intelligenz ist ein Personenmerkmal: Der Satz »Person X ist überdurchschnittlich/unterdurchschnittlich intelligent« ist für sich allein genommen sinnvoll. Der Satz »Person X ist überdurchschnittlich/unterdurchschnittlich kompetent« ist hingegen nur sinnvoll, wenn in dem Zusammenhang auch eine inhaltliche Herausforderung genannt wurde, die man mehr oder weniger gut bewältigen kann. Kompetenzen sind also bereichsspezifisch und können nur in bereichsspezifischen Lerngelegenheiten erworben werden. Der Kompetenzbegriff ist nicht auf den kognitiven Bereich beschränkt. Während wissenschaftlich arbeitende Psychologen nicht von sozialer oder emotionaler Intelligenz sprechen, obwohl sich populär geschriebene Bücher mit diesen Titeln sehr gut verkaufen, ist es gerechtfertigt, von sozialer oder emotionaler Kompetenz zu sprechen. Letztere bezieht sich auf die Fähigkeit zur Selbstregulation, also die Fähigkeit, seine Emotionen zu steuern. Dies gehört zu den wichtigsten frühkindlichen Lernzielen. Soziale Kompetenzen zeigen sich ganz allgemein darin, Mitstreiter zu finden für Ziele, welche man nicht allein erreichen kann, oder in der Fähigkeit, die Perspektive seiner Mitmenschen zu übernehmen, das heißt, sich in ihre Gedanken, Motive und Gefühle hineinzuversetzen.

Wie misst man Intelligenz?

Der Ausspruch des Experimentalpsychologen Edwin Boring aus dem Jahre 1923, wonach Intelligenz das ist, was Intelligenztests messen, wird gern von Menschen zitiert, die Vorbehalte gegen Tests haben und Intelligenz für ein unbrauchbares Konstrukt halten. Tatsächlich hat sich seit dem Diktum des Psychologen eine ganze Menge getan. Wissenschaftlich arbeitende Psychologen stimmen inzwischen nahezu perfekt in ihrem Verständnis von Intelligenz überein, auch wenn das, was Psychologen unter Intelligenz verstehen, sich nicht in einen Satz und damit in eine griffige Definition packen lässt. Das Kernstück der Intelligenz ist das schlussfolgernde Denken: Aus gegebenen Informationen werden neue Informationen abgeleitet, entweder durch deduktives oder durch induktives Denken. Ersteres beschreibt, wie man durch die Anwendung logischer Regeln aus gegebenen Informationen neue Information erschließt. Aus den Sätzen »Kein Münchner ist rothaarig« und »Einige Münchner sind Studenten« kann man als logisch denkender Mensch ableiten: »Einige Studenten sind nicht rothaarig.« Andere Schlussfolgerungen (z. B. »Einige Rothaarige sind Studenten.«) sind nicht erlaubt. Während beim deduktiven Schließen aus vorgegebenen Gesetzmäßigkeiten neue abgeleitet werden, geht es beim induktiven Schließen darum, aus Einzelfällen allgemeine Gesetzmäßigkeiten zu erkennen, indem man diese auf Unterschiede und Gemeinsamkeiten hin vergleicht. Die Herausforderung beim schlussfolgernden Denken besteht darin, eingehende Informationen im Arbeitsgedächtnis zu halten und gleichzeitig aus dem Langzeitgedächtnis Wissen abzurufen, das man zur Bewältigung einer Anforderung benötigt. Letzteres muss man sich als einen Suchprozess vorstellen, bei dem man ständig auf nicht benötigtes Wissen stößt, das möglichst schnell wieder deaktiviert werden muss.

Intelligenztests waren und sind eine Erfolgsgeschichte der Psychologie. Es gelang vor mehr als 100 Jahren, Aufgaben zu entwickeln, die zuverlässige Auskunft über das geistige Potenzial von Menschen geben, die noch keine Gelegenheit hatten, die Kompetenz zu erwerben, die von ihnen verlangt wird. Mit Intelligenztests kann man vorhersagen, ob ein Kind aus bildungsfernen Familien eine Chance auf dem Gymnasium haben wird und ob ein Schulverweigerer aus einer Akademikerfamilie tatsächlich intellektuell überfordert ist. Ein Arbeitgeber, der bei Personalentscheidungen Intelligenztests einsetzt, bekommt Auskunft darüber, wie erfolgreich ein Bewerber sein wird, wenn er mit neuen Anforderungen konfrontiert wird. Nach vielen Jahrzehnten erfolgreicher Intelligenzmessung gelangen den Psychologen in den letzten 20 Jahren bedeutende Fortschritte in der Erklärung von kognitiven, genetischen und neurobiologischen

Grundlagen der Intelligenz. Obwohl Intelligenztests der Motor der Intelligenzforschung sind und bleiben, geht das Verständnis von Intelligenz heute deutlich über die operationale Definition hinaus. Mit anderen Worten: Wir müssen uns heute nicht mehr mit der Erklärung zufriedengeben, dass Intelligenz das ist, was Intelligenztests messen.

Dies war, wie gesagt, nicht immer so: Vor den 1980er Jahren war die Intelligenzforschung im Wesentlichen durch die Erfindung von Intelligenztests bestimmt. Der erste Intelligenztest wurde um 1910 von Alfred Binet und Théodore Simon in Paris entwickelt, um herauszufinden, welche Kinder vom normalen Schulunterricht nicht erreicht werden und daher andere Unterrichtsformen benötigen. Dazu hatten die beiden Psychologen Aufgaben entworfen, die die Überprüfung psychischer Funktionen wie Gedächtnis, Vorstellungskraft, Aufmerksamkeit, Verständnis, Willensstärke, motorische Fertigkeiten und moralische Haltungen erlauben sollten. Seither wurden Dutzende von Intelligenztests in verschiedenen Ländern hervorgebracht, die – wie auch alle modernen Intelligenztests – in der Tradition des Binet-Tests stehen.

Sie alle funktionieren nach demselben Prinzip: Der getesteten Person wird eine größere Zahl an Aufgaben zur Überprüfung bestimmter kognitiver Fähigkeiten vorgelegt, und aus der Anzahl an gelösten Aufgaben wird das Leistungsniveau erschlossen. Die meisten Intelligenztests bestehen aus verschiedenen Aufgabengruppen (auch als Subtests bezeichnet). So gibt es Aufgaben für sprachliche Fähigkeiten, die mit Analogieaufgaben erfasst werden, den Aufgabentyp »Gemeinsamkeiten finden« sowie Aufgaben zum rechnerischen oder mathematischen sowie räumlich-visuellen Denken; Beispiele für alle finden sich in Abbildung 2.1. Eine ausführlichere Beschreibung von Intelligenztests finden interessierte Leserinnen und Leser in unserem Buch *Lernen macht intelligent* (2007).

Sprachliche Fähigkeiten	Analogieaufgaben[a]	• dunkel – hell = nass – ? • Gramm – Gewicht = Stunde – ?
	Gemeinsamkeiten finden[a]	Von 5 vorgegebenen Wörtern sind 4 in einer gewissen Weise einander ähnlich. Sie sollen das 5. Wort finden, das den anderen in dieser Weise nicht ähnlich ist: a) Tisch, b) Stuhl, c) Vogel, d) Schrank, e) Bett.
	Wortschatztest[b]	• Was ist ein Segelflugzeug? • Was ist eine Ehe?
Mathematische Fähigkeiten	Rechenaufgaben[a]	• Ein Radfahrer fährt in einer Stunde 15 km. Wie viel km kann er in vier Stunden zurücklegen? • 2 Schwestern, die sich im Alter um 7 Jahre unterscheiden, sind zusammen 39 Jahre alt. Wie alt ist die jüngere Schwester?
	Zahlenreihen[a]	9 – 7 – 10 – 8 – 11 – 9 – 12 – ? 35 – 39 – 42 – 21 – 25 – 28 – 14 – ?
Visuell-räumliche Aufgaben	Würfelaufgaben[a]	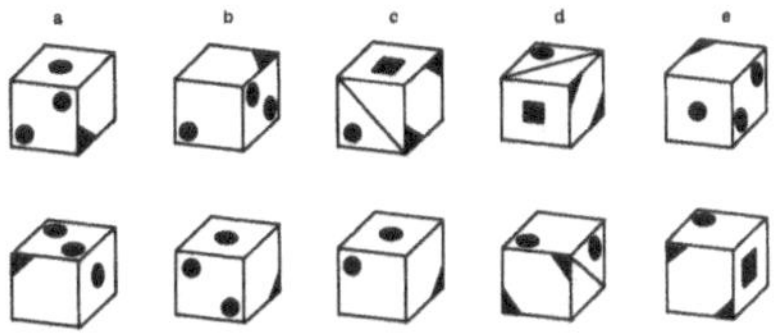
	Figuren zusammensetzen[a]	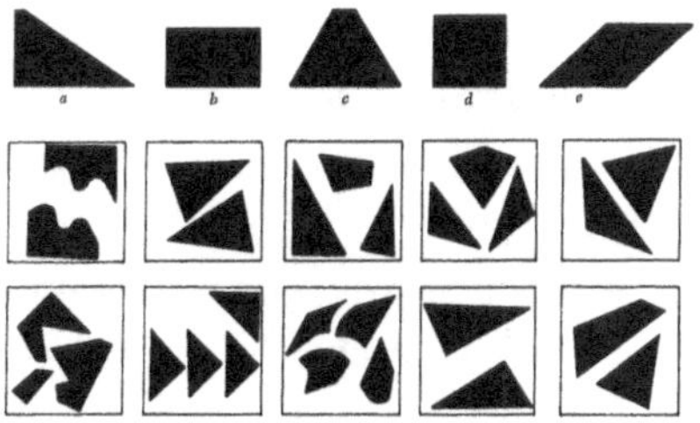

[a] entnommen dem Intelligenz-Struktur-Test (IST 70, Amthauer, 1970)

[b] entnommen dem Hamburger-Wechsler-Intelligenztest für Kinder (HAWIK, Tewes, Rossmann & Schallberger, 1999)

Abbildung 2.1: Subtests von Intelligenztests

Die Anzahl der gelösten Aufgaben pro Aufgabengruppe werden für eine einzelne Person – wie schon oben beschrieben – mit einem aus einer großen, repräsentativen Stichprobe gemessenen Mittelwert und der dazugehörigen Streuung verglichen, so dass man die individuelle Leistung mit der Gesamtheit einer bestimmten Personengruppen (z. B. alle deutschsprachigen Erwachsenen) vergleichen kann. Dies erlaubt Aussagen wie »Die sprachliche Intelligenz von Person Z ist leicht überdurchschnittlich, ihre mathematische Intelligenz liegt im Durchschnitt, und im visuell-räumlichen Bereich sind unterdurchschnittliche Leistungen zu verzeichnen.« Grundlage derartiger Aussagen ist die Annahme einer Normalverteilung (siehe Abbildung 2.2), das heißt die Annahme, dass sich viele Personen im Mittelbereich finden, während zu den Extremen hin immer weniger Personen anzutreffen sind.

Die Einstufung der Leistung in sprachliche, rechnerische und räumliche-kognitive Begabungen (und bei manchen Tests auch noch in andere Bereiche wie z. B. Gedächtnis und Merkfähigkeit, Verarbeitungsgeschwindigkeit u.a.) wird zumeist als kognitive Begabungsstruktur bezeichnet; und sie kann eine informative Rückmeldung für Menschen darstellen. Viele Menschen möchten wissen, ob sie sich eher für Schulzweige oder Berufsausbildungen mit höheren Anforderungen in sprachlicher Hinsicht (z. B. Journalist, Verkäufer etc.), in mathematisch-rechnerischer Hinsicht (z. B. Kaufmann, Bankangestellter oder Physiker) oder in räumlicher Wahrnehmung (z. B. Tischler, Architekt oder Pilot) eignen. Somit liegt der praktische Nutzen von Intelligenztests vor allem auch in einer differenzierten Aussage darüber, welche Fähigkeitsbereiche besser und welche weniger gut ausgeprägt sind. Es muss aber beachtet werden, dass für alle Tätigkeiten sprachliche, numerische und räumlich-visuelle Information verarbeitet werden muss. Menschen mit besonders guten räumlich-visuellen Fähigkeiten zeichnen sich keineswegs durch sprachliche Unfähigkeit aus. Intraindividuelle Abweichungen, die über eine Standardabweichung hinausgehen, sind äußerst selten. Mit anderen Worten, es kann vorkommen, dass bei einer Person aus den räumlich-visuellen Tests ein IQ von 120 und bei den sprachlichen Tests ein IQ von 105 errechnet wird (15 IQ-Punkte Differenz entsprechen einer Standardabweichung). Einen sprachlichen IQ von 90 bei einem räumlich-visuellen IQ von 120 wird man hingegen nicht finden. Aus einer Überschätzung der speziellen Begabungselemente resultiert auch die unter Lehrpersonen verbreitete Unterscheidung zwischen »Visualisierern« und »Verbalisieren«. Sie ist wissenschaftlich jedoch nicht gerechtfertigt und kann schlimme pädagogische Konsequenzen haben. Menschen, sofern sie nicht taub oder blind sind, nutzen Sprache und räumlich-visuelle Repräsentationsmöglichkeiten, um Informationen abzuspeichern, und so gut wie alle akademischen Inhaltsgebiete verlangen dies auch. Wenn ein Schüler Probleme mit der Visualisierung bestimmter Inhalte im mathematisch-naturwissenschaftlichen Bereich hat, sollte er umso mehr den Umgang mit dieser Repräsentationsform üben, statt sie zu vermeiden.

Obwohl die Intelligenzaufgaben oberflächlich unterschiedlich sind, erfordern sie überwiegend die gleichen kognitiven Ressourcen. Deshalb ist es gerechtfertigt, von der allgemeinen Intelligenz beziehungsweise dem Faktor g (Abkürzung für Generalfaktor) zu sprechen. Und zwar aus folgenden Gründen:

1. Es zeigen sich zwischen den verschiedenen Teilleistungen statistisch gesehen positive Zusammenhänge (moderater Höhe), das heißt, es gilt für relativ mehr Menschen, dass höhere sprachliche Begabungen mit höheren räumlichen und höheren mathematischen Begabungen einhergehen; das gilt umgekehrt auch für niedrigere Begabungen. Diese Erkenntnis geht auf einen der Pioniere der Intelligenzforschung, Charles Spearman, zurück, der um 1920 als erster die positiven Korrelationen zwischen kognitiven Teilleistungen beschrieb und

daraus die Annahme ableitete, dass alle Teilleistungen auf eine gemeinsame Ressource zurückgehen müssen. Was diese genau ausmacht, dazu konnte Spearman nur vage Spekulationen anstellen. Aus den Erkenntnissen der Kognitionsforschung sowie zunehmend auch aus der Gehirnforschung haben wir aber zwischenzeitlich recht konkrete Vorstellungen darüber gewonnen (siehe auch Kapitel 5).

2. Spearmans Theorie der Allgemeinen Intelligenz (*general intelligence*, oft auch einfach mit g bezeichnet) hat seither vielfache empirische Unterstützung erfahren. Viele Studien der vergangenen 100 Jahre zeigten moderate positive Zusammenhänge zwischen den verschiedenen kognitiven Teilleistungen. Daraus leiten praktisch alle namhaften Begabungsforscher die Sinnhaftigkeit der Annahme des Generalfaktors und damit des IQ ab. Vereinzelte Kritiker des Konzepts der Allgemeinen Intelligenz wie z. B. Howard Gardner, der »Erfinder« der sogenannten multiplen Intelligenzen, bewegen sich zumeist nicht im Bereich empirischer Forschung. Sie neigen dazu, den Intelligenzbegriff dadurch zu verwässern, dass alle möglichen menschlichen Begabungen als Intelligenz bezeichnet werden, obgleich diese nachgewiesenermaßen nicht mit kognitiver Intelligenz korrelieren. Dies wird aber in der Begabungsforschung als conditio sine qua non dafür gesehen, dass man bei einer neu entdeckten bzw. postulierten Begabung von Intelligenz sprechen darf: Eine Begabung kann nur dann als Intelligenz bezeichnet werden, wenn sich in empirischen Untersuchungen zeigen lässt, dass die betreffende Begabung statistisch bedeutsam positiv mit klassischen Intelligenztests korreliert. Zu Beginn dieses Kapitels haben wir ja schon begründet, warum man die Begriffe Kompetenz und Intelligenz voneinander abgrenzen sollte.

3. Die praktische Bedeutsamkeit des g-Faktors, also der Allgemeinen Intelligenz und damit des IQ, konnte zudem in einer Vielzahl von Studien demonstriert werden: Dabei wurde

gezeigt, dass gerade eben dieser Generalfaktor (g) der Intelligenz zumeist die höchsten statistischen Zusammenhänge mit einer Vielzahl von Indikatoren des beruflichen, aber auch des allgemeinen Lebenserfolgs eines Menschen aufweist, auch und gerade wenn man die Höhe dieser Zusammenhänge mit den Zusammenhängen spezieller Begabungen mit dem schulischen oder beruflichen Erfolg vergleicht. Dies wird in Kapitel 6 noch ausführlicher behandelt werden.

4. Schließlich sind als weiteres Argument für den g-Faktor die jüngeren wissenschaftlichen Erkenntnisse über die Ursachen der Intelligenzunterschiede anzuführen. Wir sprechen hier zum einen über genetischen Einfluss auf Intelligenzunterschiede. Hier konnte vielfach gezeigt werden, dass allgemeine Intelligenz oder g eine deutlich höhere Erblichkeit aufweist als die eher spezifischen Fähigkeiten. Somit scheint die grundlegende intellektuelle Kapazität eines Menschen neben Umweltfaktoren auch in bedeutsamem Ausmaß durch die Gene festgelegt zu sein. Die einschlägige Gehirnforschung der vergangenen Jahre hat ebenfalls darlegen können, dass es bestimmte Gehirneigenschaften gibt, die Personen mit einer hohen allgemeinen Intelligenz von solchen mit niedrigerer allgemeiner Intelligenz unterscheiden. Obgleich recht gut erforscht ist, welche Areale im Gehirn an der Verarbeitung numerischer, sprachlicher oder räumlich-visueller Informationen beteiligt sind, weiß man bislang nur wenig darüber, welche strukturellen Eigenschaften Gehirne von Menschen mit besonderen Sprachfähigkeiten oder mathematischen Fähigkeiten auszeichnen.

Woraus aber ergibt sich nun der berühmte Intelligenzquotient, kurz IQ? Nach der Durchführung eines Intelligenztests, der sich aus Aufgaben zusammensetzt, die auf sprachlichem, numerischem und räumlich-visuellem Material basieren (siehe auch Abb. 2.1), zählt man aus, wie viele von ihnen richtig gelöst wurden. Psychologen nennen den bzw. die erhaltenen Werte (wenn der Test aus mehreren sog. Subtests besteht) Testscores oder Testwerte; sie stellen eine sogenannte manifeste Variable dar, von der auf die latente (nicht direkt beobachtbare) Variable Intelligenz (bzw. den IQ) geschlossen wird. Der Testwert ist also nicht mit dem IQ gleichzusetzen; diesen erhält man erst dadurch, dass man den Testwert mit der durchschnittlichen Leistung einer Normgruppe (z. B. alle Erwachsenen, alle Kinder in einem bestimmten Altersbereich, alle Personen mit/vs. ohne Abitur/Matura etc.) vergleicht.

Nehmen wir an, der 12-jährige Max hat in einem Intelligenztest 65 Aufgaben gelöst, während die Vergleichsgruppe der Gleichaltrigen im Schnitt nur 58 Aufgaben bewältigt hat. Damit liegt zwischen Max und der Kontrollgruppe eine Abweichung von sieben Punkten. Reichen die beobachteten Punktwerte in dem Test insgesamt nur von 48 bis 68, ist eine solche Abweichung von sieben Punkten weitaus bedeutsamer, als wenn die Testwerte von 37 bis 79 gehen. Dafür, wie stark die Testwerte um einen Mittelwert herum variieren, haben Statistiker ein Maß entwickelt, das sie Streuung (korrekt: Standardabweichung) nennen. Sie macht bei Intelligenztests ungefähr ein Drittel der maximalen Variation in eine Richtung aus: Bei einem Test mit einer Streuung von sieben Aufgaben (und dem Mittelwert von 58) sollten die Testwerte ungefähr um plus/minus 21 Aufgaben maximal schwanken (also von 37 bis 79). Angenommen, in dem Test, den Max gemacht hat, beträgt die Streuung sieben Punkte, dann liegt Max genau eine Einheit der Streuung über dem Mittelwert.

Diese individuelle Abweichung wird dann schließlich in den IQ umgewandelt, das heißt in einen allgemein gültigen Standard für Intelligenztests, wobei als Mittelwert 100 und als Abweichung einer Streuungseinheit 15 festgelegt werden. Max hätte also mit seiner Leistung von 65 Punkten (das heißt gelösten Aufgaben) einen IQ, der genau eine Streuungseinheit über 100 liegt, und damit einen IQ von 115. Da psychologische Merkmale wie der IQ zumeist einer Normalverteilung folgen, lässt sich daraus auch die Position von Max im Vergleich zur Bevölkerung (bzw. seiner Altersgruppe) ableiten. In Abbildung 2.2 sieht man, dass sich der IQ der meisten Menschen um den Mittelwert 100 herum gruppiert. Aus dieser Normalverteilung kann man beispielsweise abschätzen, wie viele Personen im Bereich zwischen minus einer Standardabweichung und plus einer Standardabweichung (also zwischen IQ 85 und 115 liegen), nämlich fast 70 %. Im Bereich von plus/minus zwei Standardabweichungen (also zwischen IQ 70 und IQ 130) liegen sogar mehr als 95 % der Personen. Dementsprechend befinden sich unterhalb eines IQ von 70 und oberhalb eines IQ von 130 jeweils nur noch knapp 2,5 % der Population. Bezogen auf Max mit seinem IQ von 115 können wir der Normalverteilung entnehmen, dass nur mehr ca. 15 % darüber liegen (also intelligenter als Max sind), umgekehrt ist Max intelligenter als 85 % der Bevölkerung.

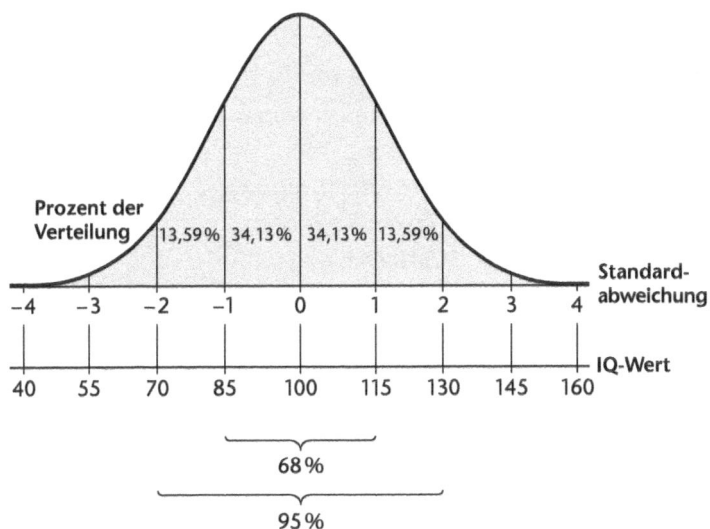

Abbildung 2.2: Die Normalverteilung der Intelligenz (IQ-Werte) = Gauß'sche Glockenkurve

Intelligenz ist also ein Merkmal, welches nicht direkt wahrnehmbar ist, sondern nur aus einem anderen beobachteten Merkmal (der Testleistung) erschlossen werden kann. Dazu bedarf es transparenter Regeln. Damit der IQ, der sich aus dem Testwert ergibt, auch wissenschaftlich seriös ist, müssen bei der Konstruktion bzw. Entwicklung des Intelligenztests gewisse methodische und statistische Regeln eingehalten werden. Damit ergibt sich die Möglichkeit, die Ausprägung des Merkmals Intelligenz über verschiedene Altersstufen hinweg vergleichen zu können, schließlich nimmt die Intelligenz von Kindern mit zunehmendem Alter zu, bis sie mit ca. 15 Jahren das individuelle Maximum erreicht haben; das heißt, sofern die Umweltvoraussetzungen stimmen, werden die kognitiven Fähigkeiten im Laufe der Entwicklung immer weiter verbessert, so dass die Kinder mit jedem Jahr mehr imstande sind, eine größere Anzahl von und immer schwierigere Aufgaben zu lösen. Insofern ist es sinnvoll, für verschiedene Altersstufen unterschiedliche Intelligenztestaufgaben zu verwenden.

Beispiele für Aufgaben eines Intelligenztests für Kinder

Einige Aufgaben für die Altersgruppe 6:
(1) Wiederholt einen Satz von 16 Silben.
(2) Kennt Morgen und Nachmittag.
...

Einige Aufgaben für die Altersgruppe 8:
(1) Liest eine Textpassage und erinnert sich an zwei Details.
(2) Zählt rückwärts von 20 auf 0.
...

Einige Aufgaben für die Altersgruppe 10:
(1) Kennt die Monate des Jahres in der richtigen Reihenfolge.
(2) Konstruiert einen Satz aus drei vorgegebenen Wörtern.
...

Natürlich werden die wenigsten 6-Jährigen schon die Aufgaben für 8-jährige Kinder lösen können; gelingt es ihnen doch, dann sind sie überdurchschnittlich intelligent, ebenso wie 9-jährige Kinder, die imstande sind, die Aufgaben für 12-Jährige zu lösen. Die überdurchschnittlichen 6-Jährigen würden den gleichen IQ erhalten wie besagte 9-Jährige, obgleich natürlich – über alle Aufgaben hinweg – die 9-jährigen Kinder mehr Aufgaben lösen können. Die Normierung auf den IQ ermöglicht es also, Leistungen über verschiedene Altersgruppen hinweg vergleichbar zu machen; der IQ gibt dabei die Position des Individuums in Bezug auf die jeweilige Altersgruppe wieder. Da diese altersrelativierten Leistungen zwischen jüngerem und höherem Kindesalter bedeutsam korrelieren, nehmen wir an, dass die meisten Kinder ungefähr ihre Position in der Normalverteilung der Intelligenz (siehe Abbildung 2.2) beibehalten, auch wenn ihre absolute Testleistung besser wird. Tatsächlich ist es aber wahrscheinlicher, dass ein 6-jähriges Kind mit einem IQ von 90 auch als 12-Jähriger noch im unteren Durchschnittsbereich liegen wird; und selbst wenn es sich verbessert, ist eine geringere Steigerung z. B. auf einen IQ von 105 für dieses Kind wesentlich wahrscheinlicher als der große Sprung auf einen IQ von 125.

Universelle versus differentielle Intelligenz

In Bezug auf die Altersentwicklung der Intelligenz müssen wir also zwei Aspekte unterscheiden: die universelle Entwicklung und die differentielle Entwicklung. Erstere beschreibt die – bereits erwähnte – Tatsache, dass fast alle Kinder im Laufe ihrer Entwicklung intelligenter werden. Allerdings lässt sich auch beobachten, dass manche Kinder stärkere Verbesserungen und manche weniger starke Verbesserungen oder sogar Verschlechterungen zeigen. Das ist mit differentieller Entwicklung gemeint. Und in diesem Zusammenhang ist die Stabilität der interindividuellen Unterschiede zwischen Menschen von besonderem Interesse. Wir fragen uns: Sind intelligente Kinder später auch die intelligenteren Erwachsenen? Wie stabil ist der IQ? Da der IQ relativ zur jeweiligen Altersgruppe berechnet wird, kann ein Kind mit zunehmendem Alter absolut immer mehr Intelligenzaufgaben lösen und dennoch relativ zu seinen Altersgenossen schlechter werden. Angenommen, ein Kind bekommt im Alter von 6, 7 und 8 Jahren einen Intelligenztest vorgelegt. Mit 6 Jahren löst das Kind 60 Aufgaben, mit 7 Jahren 64 und mit 8 Jahren 66 Aufgaben. Das entspräche im Alter von 6 Jahren einem weit überdurchschnittlichen IQ von 129, im Alter von 7 Jahren einem immer noch überdurchschnittlichen Wert von 113 und im Alter von 8 Jahren einem nahe am Durchschnittswert liegenden IQ von 105. Relativ zu seinen Altersgenossen würde dieses Kind also immer weniger intelligent werden, obwohl es natürlich absolut gesehen seine Leistung steigert. Hätte das Kind seinen IQ von 129 halten wollen, hätte es im Alter von 7 Jahren 70, im Alter von 8 Jahren 83 Aufgaben richtig lösen müssen.

Die relative Position der Intelligenz eines Kindes ist vor allem dann von Interesse, wenn man Vorhersagen über die zukünftige Entwicklung machen möchte. Kann ein Kind, das mit 8 Jahren zu den unteren 30% in der Intelligenzverteilung gehört, als Erwachsener im Bereich der oberen 10% liegen? Oder ist es wahrscheinlicher, dass dieses Kind als Erwachsener in den Bereich der unteren 5% abrutscht? Die Frage nach der Stabilität interindividueller Unterschiede der Intelligenz über die Lebensspanne hinweg kann nur durch Längsschnittstudien beantwortet werden, bei denen dieselben Personen wiederholt getestet (zum Beispiel einmal mit 8 Jahren und dann wieder mit 20 Jahren) und die Testleistungen miteinander korreliert werden. Die beeindruckendste derartige Untersuchung hat vermutlich Ian Deary mit seinen Mitarbeitern durchgeführt. Vor etwas mehr als 10 Jahren nahmen sie Stichproben von 77-jährigen Schotten, indem sie ihnen den gleichen IQ-Test vorlegten, den diese bereits in den 1930er Jahren im Alter von 11 Jahren absolviert hatten. Es ergab sich eine Korrelation von r=.63 (statistisch korrigiert sogar r=.73) zwischen Kindes- und Erwachsenenintelligenz, ein Ergebnis, das gut übereinstimmt mit anderen Befunden. Höhere Zusammenhänge erhält man, wenn man die Stabilität der Intelligenz im Erwachsenenalter untersucht. So wurde nicht nur die in diesem Buch zum Teil schon erwähnten Münchner Längsschnittstudien LOGIK und SCHOLASTIK mit Kindern durchgeführt, sondern auch eine mit älteren Menschen; sie ist unter dem Namen GOLD-Studie bekannt. GOLD steht für Genetisch Orientierte Lebensspannenstudie zur Differentiellen Entwicklung. Die Teilnehmer waren 90 Zwillingspaare (47 eineiig, 43 gleichgeschlechtlich zweieiig), die bereits 1937 von dem Psychologen Kurt Gottschaldt rekrutiert worden waren. Auf der Grundlage dieser Studie, die Franz E. Weinert und Ernst A. Hany (2003) dann fortsetzten, konnte eine sehr hohe Stabilität der Intelligenztestleistung zwischen dem Alter von 40 und 65 festgestellt werden. Die Korrelation des IQ, den die Probanden im Alter von 40 Jahren aufwiesen, war mit dem im Alter von 65 Jahren mit r=.95 extrem hoch. Dies spricht dafür, dass Menschen – obgleich sie in manchen Aufgaben mit dem Alter schlechter werden – ihre Position innerhalb der Intelligenzverteilung ab dem frühen Erwachsenenalter (18 bis 20 Jahre) kaum mehr verändern. Das heißt allerdings nicht, dass die absolute Leistung die gleiche bleibt. Bei Tests, die die einfache Reaktionsgeschwindigkeit erfassen, reduziert sich die Leistungsfähigkeit ab dem mittleren Erwachsenenalter kontinuierlich, zuerst langsam und mit zunehmendem Alter immer rascher. Dennoch ist der Altersabbau der Intelligenz geringer, als man vor einigen Jahrzehnten noch vermutet hat. Wie Untersuchungen des Amerikaners Timothy Salthouse (1996a, b) zeigen, ist der Altersabbau der Intelligenz größtenteils durch eine Verlangsamung der Verarbeitungsprozesse bedingt. Ältere Menschen denken zwar primär langsamer, aber nicht schlechter, es sei denn, Demenzerkrankungen führen zu einer dramatischen Abnahme der geistigen Leistungsfähigkeit.

Längsschnittuntersuchungen an Kindern dagegen kommen zu einem deutlich anderen Befund: Wenn man beispielsweise die Intelligenz bei unter 7-Jährigen testet und auf Zusammenhänge mit der erwachsenen Intelligenz (z. B. im Alter von 20 Jahren) untersucht, findet man nur noch Korrelationen um r=.5 und weniger. Wie verschiedene Längsschnittstudien übereinstimmend zeigen, stabilisieren sich interindividuelle Intelligenzunterschiede etwa ab dem Alter von 11, 12 Jahren. Ab diesem Zeitpunkt kann man mit ziemlich hoher Wahrscheinlichkeit vorhersagen, welchen IQ jemand als Erwachsener aufweisen wird. Wie kommt es aber, dass gerade ab diesem Alter die Vorhersage stabil wird? Die meisten Wissenschaftler erklären das damit, dass Intelligenz erst dann wirklich zuverlässig gemessen werden kann, nachdem in der Grundschule die wesentlichen Kulturtechniken des Lesens, Schreibens und Rechnens erworben worden sind. Schließlich verwenden die meisten brauchbaren Intelligenztests, die ab dem Jugendalter eingesetzt werden, sprachliches oder numerisches Material. Psychologen sprechen davon, dass Fertigkeiten wie Lesen, Schreiben, Rechnen überlernt, das heißt weitestgehend automatisiert, sein müssen. Nur wenn diese Kulturtechniken vermittelt wurden, das heißt, wenn die getesteten Personen vorher annähernd gleiche Bildungschancen hatten, lassen sich streng genommen die aus Intelligenztests gewonnenen Ergebnisse im Sinne einer Diagnose der Denkfähigkeit oder auch Lernfähigkeit interpretieren. Der IQ von Kindern aus Ländern ohne eine flächendeckend umgesetzte Schulpflicht ist damit zwangsläufig nach unten verfälscht und kann nicht sinnvoll interpretiert werden.

Warum nur ein IQ und nicht mehrere?

Das bislang Dargestellte bezog sich nicht auf die Unterscheidung verschiedener Komponenten der Intelligenz, sondern auf das Konzept der allgemeinen Intelligenz. Diese wird – wie bereits erwähnt – domänen- bzw. inhaltsunabhängig als allgemeine Denk- und Lernfähigkeit betrachtet. Der/die Hochintelligente kann besser schlussfolgern (z. B. wenn es um komplexe Probleme geht), nimmt Informationen schneller auf, kann sie schneller im Gehirn abspeichern und vernetzt sie schneller und mit mehr bereits im Langzeitgedächtnis gespeicherten Informationen. In vielen Untersuchungen, die seit Beginn der Intelligenzforschung durchgeführt wurden, hat sich gezeigt, dass die Lern- und Denkfähigkeiten über verschiedene kognitive Bereiche bzw. Domänen praktisch immer miteinander zusammenhängen; Statistiker sprechen von positiven Korrelationen. Menschen mit einer überdurchschnittlichen mathematischen Denkfähigkeit sind häufig auch sprachlich sehr gut. Nur selten gibt es Menschen, die in einem Bereich außerordentlich hoch begabt sind, und dafür in einem anderen weit unter dem Durchschnitt liegen. Derartige Inselbegabungen sind zwar gut dokumentiert, da sie sehr auffällig sind; sie stellen aber Ausnahmen von der Regel dar.

Das heißt allerdings nicht, dass man bei Intelligenzmessungen nicht auch Teilfähigkeiten wie Sprachbegabung, Raumvorstellung, Rechenfähigkeit etc. unterscheiden sollte. In diesem Buch wollen wir uns weitgehend auf die allgemeine Intelligenz konzentrieren, da sie sich in sehr vielen Untersuchungen als der beste Indikator erwiesen hat, wenn es um die Vorhersage von Erfolg in Ausbildung und Beruf geht (siehe auch Arthur Robert Jensen, *The g-factor*). Wie viele Studien zeigen, verbessert die Unterscheidung in verschiedene Intelligenzkomponenten die Vorhersage des schulischen oder beruflichen Erfolgs nur geringfügig.

Begabung und Hochbegabung

In diesem Buch wollen wir die Aufmerksamkeit vor allem auf die Menschen lenken, die in Intelligenztests klar überdurchschnittlich abgeschnitten haben; wir legen die Messlatte bei einem IQ von um die 115 an. Wie in Abbildung 2.2 ersichtlich, sind dies in etwa die oberen 15 % der Bevölkerung, die wir im Folgenden als die Begabten bezeichnen in Abgrenzung zu den sogenannten Hochbegabten, der sehr kleinen Gruppe von rund 2 % der Bevölkerung, die eine sehr hohe Intelligenz aufweist (das heißt, zwei Standardabweichungen über dem Mittelwert liegen, also einen IQ von 130 und höher aufweisen). Seit Langem stehen Hochbegabten im Fokus besonderer pädagogischer Bemühungen. Eigene Gesellschaften, Vereine, Publikationsorgane übernehmen die wichtige Aufgabe, diesen intellektuell herausragenden Personen die notwendige Zuwendung zukommen zu lassen, damit sie die optimalen Entwicklungsbedingungen erhalten, die sie benötigen, um ihr außergewöhnliches Potenzial nutzen zu können. Dies geschieht auch und vor allem zum Wohle der Gesellschaft, da zumeist sie es sind, die in Wissenschaft, Kunst oder Wirtschaft neue Entwicklungen anstoßen, Veränderungen initiieren und somit auch die (wirtschaftliche) Entwicklung von Gesellschaften stimulieren. Wenn wir im Folgenden argumentieren, dass man nicht nur den Hochbegabten, sondern auch den Begabten, so wie wir sie verstehen, eine besondere Aufmerksamkeit schenken sollte, dann ist dies als Ergänzung zu der durchaus wichtigen Hochbegabtenförderung zu verstehen.

Warum aber ist es so wichtig, nicht nur die Hochbegabten, sondern auch die Begabten zu fördern? Erstens weil die Zielgruppe der Hochbegabten sehr klein ist. Die Aufgaben und Anforderungen, die sich in modernen Wissens- und Informationsgesellschaften stellen, können unmöglich von einer derart kleinen Gruppe von Menschen bewältigt werden. Betriebswirtschaftliche Schätzungen gehe davon aus, dass in entwickelten westlichen Informationsgesellschaften ungefähr 15 bis 20 % der Berufstätigen auf den Bereich der *gold-collar worker* entfallen, Tendenz steigend. Der Begriff stammt von dem bekannten Ökonomen Peter Drucker und bezeichnet im Gegensatz zu den *blue-* und *white-collar workers* sogenannte Wissensarbeiter, die häufig mit unklar und unvollständig formulierten Aufgabenstellungen konfrontiert sind (vgl. Tochtermann et al., 2007). Sie müssen imstande sein, nicht nur die Lösung, sondern auch die Reihenfolge der Arbeitsschritte selbst herauszufinden und benötigen hierfür Wissen einerseits und die Fähigkeit andererseits, ihr Wissen flexibel, also der Situation angepasst, einzusetzen. Halten wir also fest: Es kann für die Zukunft nicht nur darum gehen, die 2 % Hochbegabten unserer Bevölkerung zu entdecken und zu fördern; zukünftige Wissens- und Informationsgesellschaften werden nur dann erfolgreich sein, wenn es ihnen gelingt, auch das Potenzial der überdurchschnittlich Begabten zu erkennen und diesen die bestmögliche Förderung angedeihen zu lassen.

Im Übrigen lassen sich in der einschlägigen Forschung grundsätzlich keine qualitativen Unterschiede zwischen Begabten und Hochbegabten finden. Hochbegabte haben lediglich mehr von dem, was wir Intelligenz nennen (*more of the same*). Sie denken noch schneller und klarer, können besser schlussfolgern, haben ein effizienteres Arbeitsgedächtnis, sind sprachlich gewandter und haben ein besseres räumliches Vorstellungsvermögen. Sie sind aber nicht grundsätzlich anders als Begabte, z. B. dergestalt, dass Hochbegabte kreativer wären als Begabte, oder dass sie hinsichtlich ihrer Persönlichkeit mehr dazu prädestiniert wären, hochrangige Positionen in der Gesellschaft zu bekleiden etc.

So vertreten einige angesehene Begabungsforscher auch die These, dass überdurchschnittliche, aber nicht sehr hohe Intelligenz für die Erreichung hoher gesellschaftlicher Positionen eine notwendige, aber nicht hinreichende Voraussetzung ist; und dass ab einem bestimmten Intelligenzniveau (hier werden häufig IQs ab 115 oder 120 genannt) andere Faktoren viel wichtiger sind für den persönlichen, beruflichen Erfolg, kurz den Lebenserfolg eines Menschen, als allein Intelligenz. Mit anderen Worten: Personen mit IQs von 140 sind in der überwiegenden Zahl beruflich nicht unbedingt erfolgreicher als Menschen mit IQs von 120, das heißt, sie bringen nachweislich nicht mehr bedeutsame gesellschaftliche, wissenschaftliche, künstlerische oder sonstige Neuerungen hervor. Was aber möglicherweise auch gegen diese These spricht, damit wollen wir uns in Kapitel 7 näher beschäftigen.

Das berufliche Potenzial überdurchschnittlich begabter Menschen

Ein IQ ab dem Wert von 115 mag den meisten Lesern ähnlich abstrakt erscheinen wie die Aussage, dass jemand mit einem solchen Intelligenzquotienten zu den 15 % der Intelligentesten in einem Land gehört. Was kennzeichnet diese Gruppe von Menschen? Für welche Berufe benötigt man einen IQ von 115, um dort zumindest durchschnittlich erfolgreich zu sein? Und wie kann man sich eine Person, die einen IQ von 115 aufweist, vorstellen?

Einen Eindruck von der geistigen Kompetenz dieser Gruppe von Begabten gewinnt man wohl am besten, indem man den Durchschnitts-IQ verschiedener Berufsgruppen daraufhin betrachtet, in welchen Sparten er unter 115 liegt, in welchen er genau diesem Wert entspricht und in welchen er höher als 115 ist. Bisher gibt es nur sehr wenige Untersuchungen, die Berufsgruppen in Bezug auf ihren mittleren IQ verglichen haben. In seinem sehr empfehlenswerten Lehrbuch *Intelligenz. Fakten und Mythen* hat der Marburger Begabungsforscher Detlef Rost die Befunde aus zwei derartigen Studien kombiniert und daraus die in nachstehender Abbildung 2.3 genannten Durchschnitts-IQs für ein relativ breites Spektrum von fast 50 Berufsgruppen errechnet.

Beruf	IQ	Beruf	IQ
Bilanzbuchhalter[a]	121	Zahntechniker[b]	108
Rechtsanwalt[a]	121	Sped.-Kaufmann[b]	106
Ingenieur[a]	120	Werkzeugmach.[b]	105
Rechnungsprüfer[a]	120	Monteur[a]	105
Chemiker[a]	119	Autoverkäufer[a]	103
Leitend. Angest.[a]	118	Drogist[b]	103
Techn. Zeichner[a]	117	Apothekenhelfer[a]	102
Apotheker[a]	116	Chauffeur[a]	101
Buchhalter[a]	115	Masseur[b]	100
Einkäufer[a]	114	Maschinenbauer[b]	100
Chemielaborant[b]	114	Schneider[b]	99
Prod.-Manager[a]	114	Kranführer[b]	98
Angestellter[a]	113	Landwirt[b]	97
Fernmeldetechn.[a]	112	Fernfahrer[a]	97
Künstler[a]	111	Konditor[b]	96
Radiotechniker[a]	111	Waldarbeiter[a]	96
Kaufmann[a]	111	Verkäufer[b]	94
Radiotechniker[b]	111	Landarbeiter[a]	94
Laborant[a]	110	Installateur[b]	93
Augenoptiker[a]	109	Bergmann[a]	93
Inspektor[a]	109	Maler/Lackierer[a]	91
Industriekaufm.[b]	109	Friseur[b]	91
Musiker[a]	108	Fleischer[b]	90
Uhrmacher[a]	108	Bäcker[b]	90

a Harrell & Harrell: Army General Classification Test (AGCT), USA;
b Engelbrecht: Berufswahltest (BWT), Bundesanstalt für Arbeit, BRD

Abbildung 2.3: Durchschnittlicher IQ diverser Berufsgruppen (zitiert nach Rost, 2009; ggf. angepasst an IQ-Standard mit SD = 15)

Obgleich manche Berufsbezeichnungen aus heutiger Sicht obsolet (Radiotechniker) oder uneindeutig (Maschinenbauer) erscheinen mögen, sollte aus der Aufstellung ersichtlich werden, warum uns die Förderung der Begabten ein Anliegen ist: Während Lehrberufe im Bereich von Handwerk und Dienstleistungen (also *blue-* und *white-collar worker*) eher einen IQ unter 115 verlangen, liegt der mittlere IQ bei Berufsbildern, die einen akademischen Abschluss erfordern und wo die Tätigkeiten in der Regel durch wechselnde intellektuelle bzw. kognitive Anforderungen gekennzeichnet sind (*gold-collar worker*), über 115. Um nicht missverstanden zu werden: Berufe in den genannten handwerklichen und Dienstleistungssektoren erfüllen eine wichtige gesellschaftliche Funktion, und auch hier ist die intellektuelle Passung bzw. die richtige Persönlichkeit gefragt. In der Regel handelt es sich jedoch eher um Tätigkeiten, in denen – nach einer Ausbildungsphase – vorrangig die Anwendung von Fertigkeiten bzw. von Wissen über Abläufe von Bedeutung ist. Das für diese Berufe nötige Wissen kann man auch erwerben, wenn man keine überdurchschnittliche Intelligenz besitzt. Ambition, Fleiß und Einsatz ermöglichen es einem, dennoch erfolgreich zu sein.

Im Unterschied dazu ist im Bereich höher qualifizierter, meist akademischer Berufe mit schnell wechselnden Arbeitsfeldern zu rechnen. So kann ein Controller beispielsweise für einen Pharmakonzern tätig sein, um danach in die Telekommunikation zu wechseln. Obgleich die grundlegende Aufgabe des Controllers (Überwachung der Wirtschaftlichkeit eines Unternehmens unter Einsatz von Steuerungs- und Informationsprozessen) die gleiche bleibt, muss er sich bei einem Unternehmens- und/oder Branchenwechsel doch rasch in ein neues, meistens komplexes Gebiet einarbeiten. Lernfähigkeit spielt in derartigen Berufen eine größere Rolle, und mit steigender Komplexität und damit Anforderung an die Informationsverarbeitung kommt der Intelligenz eine immer wichtigere Rolle zu, wie viele Studien übereinstimmend zeigen. Als Beispiel sei eine im Jahre 1997 veröffentlichte Untersuchung von Linda Gottfredson genannt, die den statistischen Zusammenhang zwischen Intelligenztestergebnis und längerfristigem Berufserfolg sowohl für eher einfache Berufe (z. B. Landmaschinenbediener) als auch für komplexe Tätigkeiten (z. B. Anwalt, Manager) ermittelt und verglichen hat. Dabei konnte sie feststellen, dass der Zusammenhang in Form der statistischen Korrelation bei ersteren nur r=.23 betrug, während sie bei letzteren mehr als doppelt so hoch war (r=.58). Bei einfachen Berufen, so das Ergebnis ihrer Studie, war es also weniger bedeutsam, ob jemand einige IQ-Punkte mehr oder weniger hatte. Bei komplexeren Berufen hingegen zeigte sich: Rechtsanwälte mit einem höheren IQ sind erfolgreicher als solche, die einen niedrigeren IQ haben. Natürlich zeigt sich der Vorteil nur vermittelt durch Wissen. Intelligenz ist das Startkapital, welches in Wissen investiert werden muss. Intelligente Menschen erwerben Wissen schneller und können es besser organisieren. Dies kommt ihnen bei der Bewältigung neuer Anforderungen zugute.

In Wissens- und Informationsgesellschaften ist Veränderung im Beruf der Normalfall. Immer mehr Menschen sind – teils mehrfach in ihrem Leben – mit der Notwendigkeit konfrontiert, sich in ein neues Feld einarbeiten oder sogar einen neuen Beruf erlernen zu müssen. Nicht alle Menschen können dieser Anforderung in gleichem Maße gerecht werden. Intelligenzunterschiede zeigen sich beim Lernen neuer und komplexer Inhalte. Man muss erkennen, wo man bereits verfügbares Wissen nutzen kann, und wo nicht. Intelligentere Menschen sind imstande, mit ihrem bestehenden Wissen flexibler umzugehen als weniger intelligente Menschen.

Fazit

Intelligenz kann als generelle Lern- und Denkfähigkeit verstanden werden, die insbesondere im Umgang mit komplexen und symbolisch vermittelten Inhaltsgebieten zum Tragen kommt. Für die Messung dieser Fähigkeit gibt es eine Reihe sehr gut erprobter und bewährter Tests, während es bislang nur wenig brauchbare Tests für soziale oder emotionale Kompetenzen, für Kreativität und andere Leistungsmerkmale gibt. Wir werden in den Kapiteln 6 und 7 ausführlich darlegen, dass Intelligenz besser als jedes andere Persönlichkeitsmerkmal schulischen und beruflichen Erfolg vorhersagen kann. Durch intensive Forschung der letzten 30 Jahre haben wir nicht nur das Potenzial von hoher Intelligenz kennengelernt, wir wissen nun auch viel über die Ursachen der Intelligenzunterschiede, denen sich das folgende Kapitel widmen wird.

3 Woher kommen Intelligenz- und Begabungs-unterschiede? Die Frage nach Erbe und Umwelt richtig gestellt

> »Gebt mir ein Dutzend gesunder, wohlgebildeter Kinder
> und eine von mir geschaffene Umwelt, in der ich sie erziehe,
> und ich garantiere, dass ich jedes nach dem Zufall aus-
> wähle und es zu einem Spezialisten in irgendeinem Beruf
> erziehe, zum Arzt, Richter, Künstler, Kaufmann oder
> Bettler und Dieb, ohne Rücksicht auf seine Begabungen,
> Neigungen, Fähigkeiten, Anlagen und die Herkunft
> seiner Vorfahren.«
>
> John Watson, 1930

John Watson war ein berühmter Lernpsychologe, der die Hypo-these aufgestellt hat, die geistige Leistungsfähigkeit eines Kindes sei die Modelliermasse seiner Umgebung, kurz: Man kann aus jedem alles machen. Er war ein begnadeter Wissenschaftler, der bekannt für seine starken Behauptungen war; aber er wusste auch, dass man Evidenzen braucht. Und tatsächlich hat er oben stehender Aussage, die aus dem Jahr 1930 stammt, noch etwas hinzugefügt, was weit weniger oft zitiert wird: »Ich gebe zu, dass ich hier die Grenzen des Belegbaren überschreite, aber genau das tun auch die Vertreter der gegenteiligen Meinung seit vielen Tausend Jahren.«

Mehr als 80 Jahre später liegen nun Fakten vor, die seine Hypothese widerlegen. Fest steht: Die genetischen Einflüsse beim Menschen beschränken sich nicht auf das Aussehen, auch die Ausprägung psychischer Merkmale und Eigenschaften wird – vermittelt über das Gehirn – über die Gene gesteuert. Niemand, der sich auch nur ansatzweise der wissenschaftlichen Argumen-tation verpflichtet fühlt, wird heute noch behaupten, dass man die geistige Leistungsfähigkeit eines Menschen beliebig formen kann. Die Eizelle und die Samenzelle, die zueinander gefunden haben, stecken das geistige Feld, in dem sich ein zukünftiger Mensch bewegen kann, ab. Allerdings wissen wir über die Einzelheiten der Vererbung sehr wenig. Zwischen der DNA einer Person und ihrer Intelligenztestleistung liegen auch auf biologischer Ebene sehr viele Schritte, von denen wir derzeit die allermeisten nur ansatzweise verstehen.

Unsere Gene – so viel ist klar – steuern die Proteinbiosynthese, die Bildung von Eiweißen. Diese bilden den Grundstein für den Aufbau von Zellen im gesamten Körper, also auch im Gehirn mit seinen grauen und weißen Zellen. Erstere sorgen durch ihre Verbindungen untereinander (Synapsenverbindungen) für die Speicherung von Informationen. Wie genau das passiert, ist eines der noch vollständig ungelösten Rätsel der Menschheit. Die weißen Zellen, deren Bedeutung lange Zeit unterschätzt wurde, bilden eine Schicht um die grauen Zellen und deren Verbindungsstränge (Axone) zu anderen grauen Zellen und erleichtern damit die für die Speicherung von Informationen so entscheidende Kommunikation zwischen den grauen Zellen. In Kapitel 5 werden wir noch genauer sehen, wie der Bauplan des Gehirns, also die Menge und Anordnung der grauen und weißen Zellen sowie die Verbindung zwischen diesen, mit der geistigen Leistungsfähigkeit zusammenhängt. Unser Erbgut steuert aber nicht nur über die Proteinsynthese die Architektur und die Funktionsweise unseres Gehirns. Durch die Herstellung körpereigener Abwehrstoffe (Immunsystem) sowie von Enzymen und Hormonen nimmt es auch permanent Einfluss auf psychische Funktionen. Die chemischen Botenstoffe (Neurotransmitter) im Gehirn entstehen ebenfalls auf der Grundlage der DNA. Dies alles geschieht nach einem genetischen Bauplan, der zum allergrößten Teil universeller Natur, das heißt für alle Menschen gleich, ist. 99,9 % der genetischen Information (also der Basenpaare in der DNA) sind bei allen Menschen identisch.

Dass wir Menschen uns im Aussehen, Verhalten und in unseren Fähigkeiten unterscheiden, ist nur darauf zurückzuführen, dass 0,1 % der DNA-Basenpaare individuelle Abweichungen zeigen. Schon im Biologieunterricht der Schule haben wir neben dem Begriff des Gens den des Allels kennengelernt. Allele sind verschiedene Varianten eines Gens. Sie kommen zustande, indem Basen ausgetauscht, gelöscht oder eingefügt werden. Allele sind also Gene, die das gleiche Merkmal bzw. die gleiche Funktion (Phänotyp) steuern, aber zu individuellen Abweichungen führen. Die Haarfarbe sei als Beispiel angeführt. Bei allen Menschen sorgen Gene dafür, dass Kopfhaare wachsen und eine bestimmte Farbe bekommen, die aber bekanntlich zwischen den Menschen variieren kann. Stellen wir uns einen blonden und einen schwarzhaarigen Menschen vor. An der gleichen Stelle ihres Genoms haben sie Gene, die für die Haarfarbe verantwortlich sind. Da die Gene sich in wenigen Basenpaaren unterscheiden können, hat der eine Mensch schwarze und der andere blonde Haare.

Die vergleichsweise geringen interindividuellen Abweichungen im genetischen Bauplan führen zu Unterschieden in Struktur und Funktionsweise des Gehirns, die sich in der Intelligenz niederschlagen. Dies wird vor allem Thema des nächsten Kapitels sein. Hier möchten wir vor allem weit verbreitete Fehlvorstellungen über den Einfluss von Erbe und Umwelt auf menschliches Verhalten im Allgemeinen und die Intelligenz im Besonderen korrigieren. Es soll gezeigt werden, dass genetische Einflüsse nichts Bedrohliches haben und schon gar nicht Anlass zu Fatalismus geben. Innerhalb der Psychologie und auch im interdisziplinären Dialog zwischen Biologie, Neurowissenschaften und Psychologie besteht Einigkeit darüber, wie man den Einfluss der Gene zu interpretieren hat. Jenseits dieser Disziplinen sind jedoch selbst unter Menschen mit gehobener Bildung sehr viele Missverständnisse zu beobachten. Zu diesen Irrtümern gehört, dass genetisch bestimmte Merkmale sich praktisch von allein entwickeln, ohne Zutun der Umwelt. Dies ist aber nicht nur für psychologische Merkmale falsch, es trifft genauso wenig für rein biologische beziehungsweise anatomische Merkmale zu. Auch sie werden sich ohne entsprechende förderliche Umweltbedingungen nicht entwickeln. So wird eine Pflanze ohne Wasser nicht wachsen, obwohl sie genetisch dazu determiniert ist. Ebensowenig wird ein Mensch ohne hinreichende Zufuhr von Nahrungsmitteln größer werden, aufrecht laufen und mit den Händen greifen lernen. Gene liefern generell nur die Voraussetzungen für Möglichkeiten; damit diese Prädispositionen auch im sogenannten Phänotyp (dem äußerlich beobachtbaren Verhalten) realisiert werden, bedarf es aber zusätzlich förderlicher Bedingungen in der Umwelt. Genetisch determiniert kann also nicht mit unveränderbar gleichgesetzt werden, und Gene und Umwelt dürfen nicht als Gegensätze gesehen werden.

Genau das geschieht aber häufig: Man nimmt an, dass *entweder* Gene *oder* Umwelteinflüsse für die Ausprägung eines Merkmals zuständig sind. Das ist falsch. Für alle Lebewesen – Pflanzen, Tiere und Menschen – gilt: Alles, was an Merkmalen und an Verhalten gezeigt wird, hat seine Ursache in den Genen. Sie steuern Wachstum und Entwicklung aller Organe, inklusive des Gehirns. Allerdings kann die sogenannte Reaktionsnorm der Gene, die die Ausprägung der Merkmale dirigiert, in hohem Maße variieren. So zeigen Gene, welche die Hautfarbe steuern, nur eine geringe Reaktionsnorm. Zwar ist unsere Hautfarbe im Sommer infolge der stärkeren Sonneneinstrahlung etwas dunkler als im Winter, aber diese Variation innerhalb von Individuen ist gering, verglichen mit den großen Unterschieden zwischen Individuen: Das am Nordpol geborene Kind afrikanischer schwarzer Eltern wird eine schwarze Haut haben und das am Äquator geborene Kind von Nordeuropäern wird seine Haut verbrennen, wenn man es ungeschützt der Sonne aussetzt, ohne dass es dauerhaft eine dunkle Hautfarbe bekäme.

Eine ungleich größere Reaktionsnorm als die an der Hautfarbe beteiligten Gene zeigen Gene, welche für unsere Körpergröße verantwortlich sind. Sie entfalten ihre Wirkung in Abhängigkeit von der Nahrungsaufnahme. Nur wer in den Jahren, in denen der Körper wächst, ausreichend ernährt wurde, wird die Körpergröße erreichen, die seine Gene hergeben. In vielen Teilen der Welt sind die Menschen heute größer als in der Generation ihrer Großeltern. Was jedoch weniger daran liegt, dass die Gene in dem kurzen Zeitraum fundamental modifiziert worden wären; vielmehr hat die Umwelt – allem voran die bessere Ernährung – dazu geführt, dass bestimmte Gene ihre Wirkung überhaupt entfalten konnten. Um es an einem Beispiel zu verdeutlichen: Der unter schlechten Ernährungsbedingungen aufgewachsene Großvater mit Allelen, die sich in einer guten Ernährungssituation positiv auf das Längenwachstum ausgewirkt hätten, blieb trotzdem eher klein. Einer seiner gut ernährten Enkel, der die gleichen Allele erbte, wurde hingegen sehr groß. Ein anderer Enkel hingegen, an den die Allele gar nicht weitergegeben wurden, hat nur eine mittlere Körpergröße erreicht.

Eine noch größere Reaktionsnorm dürften diejenigen Gene haben, die das Körpergewicht steuern. Bis zu welchem Grad man aus Nahrungsmitteln Energie gewinnen kann (alltagssprachlich: ob man ein guter oder schlechter Futterverwerter ist), wird durch die Gene geregelt, wobei die Details noch unbekannt sind. Ob man aber als »guter Futterverwerter« Übergewicht entwickelt, hängt dann natürlich von der tatsächlich aufgenommenen Nahrung ab – also dem Umweltangebot.

»Nature *via* nurture« statt »Nature *versus* nurture«

Die Gene, die unsere Intelligenz und deren Unterschiede beeinflussen, weisen eine noch größere Reaktionsnorm auf als diejenigen, die unsere Körpergröße und unser Gewicht bestimmen. Genetisch angelegte Programme zur geistigen Entwicklung können aber nur dann ihre Wirkung entfalten, wenn die Umwelt auch Lernangebote macht. Wie diese zu unterschiedlichen Phasen des Lebens aussehen und was passiert, wenn kein entsprechendes Umweltangebot vorliegt, wird später thematisiert werden. Zunächst wollen wir festhalten, dass es nicht »Nature *versus* nurture«, sondern »Nature *via* nurture« heißen muss, wie auch der Titel eines sehr lesenswerten Buches von Matt Ridley lautet. »Es sind die Gene, welche den Menschen das Lernen, das Erinnern, das Imitieren, das Einprägen, die Übernahme von Kultur und das Ausleben eines Instinktes ermöglichen«, so der Zoologe. »Gene sind weder Dompteure noch Blaupausen. Sie können auch nicht einfach als Träger der Erbmasse gesehen werden. Vielmehr sind sie während des gesamten Lebens aktiv; sie schalten einander an und aus; sie reagieren auf die Umgebung. Sie steuern den Aufbau des Körpers und des Gehirns schon in der Gebärmutter, aber gleichzeitig sorgen sie auch dafür, dass das, was aufgebaut wurde, demontiert und umstrukturiert wird, und zwar als Reaktion auf die Umwelt. Genaktivitäten sind sowohl Ursache als auch Folge unserer eigenen Aktivitäten. Manche von denjenigen, die die Bedeutung der Umwelt betonen, machen sich unnötig Sorgen, weil sie fälschlicherweise genetisch mit unvermeidlich gleichsetzen. Dabei entgeht ihnen die wichtigste Botschaft: Die Gene sind auf ihrer Seite.«

Wer einmal das Prinzip »Nature via nurture« verinnerlicht hat, wird auch leicht verstehen, dass Gene nicht nur zu Beginn eines Lebens bedeutsam sind, wobei sich später auftretende Merkmale auch auf Umwelteinflüsse zurückführen lassen. Generell aber gilt: Es kann sich in jeder Phase des Lebens nur das entwickeln, was in den Genen angelegt ist. Viele Veränderungen können jedoch nur eintreten, wenn bestimmte Umweltbedingungen gegeben sind. Und die Gene, die für Veränderungen verantwortlich sind, sind in unterschiedlichem Maße umweltsensitiv. So ist beispielsweise genetisch vorgesehen, dass Mädchen in der ersten Hälfte des zweiten Lebensjahrzehntes ihre Menstruation bekommen. Der Zeitpunkt, zu dem diese zum ersten Mal auftritt, variiert aber und ist unter anderem von der Ernährungssituation abhängig – also einem Umweltfaktor.

Von der genetischen Ausstattung eines Lebewesens hängt es ab, welche Wirkungen bestimmte Umweltbedingungen entfalten werden. Das können wir uns an einem sehr primitiven Beispiel verdeutlichen, indem wir den menschlichen Körper mit dem einer Kuh vergleichen. Die Gene einer Kuh haben dafür gesorgt, dass sich ein Verdauungssystem entwickelt hat, das aus Gras Energie gewinnen kann. Die Kuh kann das Umweltangebot Gras also nutzen, um sich satt zu essen. Der Mensch hingegen kann das nicht. Nimmt er Gras zu sich, wird er sein Verdauungssystem ruinieren – und wenn keine anderen Lebensmittel zur Verfügung stehen, trotzdem verhungern. Dafür kann das menschliche Verdauungssystem aus Fleisch Energie gewinnen, das der Kuh aber nicht.

Zwei weitere Beispiele seien hier aufgeführt, um das Zusammenspiel von Genen und Umwelt zu erklären. Erinnern wir uns an Kapitel 1, in dem das römische Zahlensystem mit dem arabischen verglichen wurde. Während ersteres nur einfache Quantifizierung und Zählen erlaubt, bildet letzteres die Grundlage für die höhere Mathematik. Stellen wir uns zwei Menschen mit sehr unterschiedlichen genetischen Voraussetzungen für die Entwicklung eines intelligenten Gehirns vor. Im alten Rom hätte der Rechenlehrer kaum bemerkt, dass es Unterschiede zwischen den beiden gibt, denn selbst der weniger intelligente Mensch hätte gelernt, mit dem primitiven römischen Zahlensystem umzugehen. Tausend Jahre später hingegen würde der Grundschullehrerin schnell auffallen, dass das eine Kind selbst nach einem Jahr noch die Finger beim Rechnen zur Hilfe nimmt, während das andere bereits verschiedene Rechenstrategien für den Zehnerübergang entwickelt hat und sie flexibel einsetzen kann.

Die Schriftsprache, so haben wir in Kapitel 1 gelernt, ist eine relativ junge kulturelle Errungenschaft. Unser Gehirn, dessen genetischer Bauplan sehr alt ist, wurde nicht direkt auf das Lesen und Schreiben vorbereitet, weshalb man diese Kompetenzen nur in einem kulturellen Umfeld erwerben kann. In unserem Gehirn sind aber offensichtlich Teilfertigkeiten vorprogrammiert, die uns in die Lage versetzen, bei systematischer Instruktion innerhalb weniger Jahre Lesen und Schreiben zu lernen. Schließlich sind wir mit einer guten Fähigkeit zur visuellen und akustischen Differenzierung ausgestattet und können zwischen einer großen Zahl von Lauten und Formen unterscheiden. Zum Erwerb der Schriftsprache gehört natürlich mehr als die Zuordnung von Lauten zu visuellen Symbolen. Aber schon wenn diese Fähigkeit beeinträchtigt ist, z. B. durch einen genetischen Defekt, kommt es zu einer Lese-Rechtschreib-Schwäche.

In welchem Ausmaß der Schriftspracherwerb dadurch erschwert wird, hängt aber nicht unwesentlich von den Eigenschaften der jeweiligen Schrift ab. Wir alle wissen, dass in China und Japan nach einem ganz anderen System als dem unsrigen geschrieben wird: Statt 26 Buchstaben gibt es Tausende von Symbolen, die Begriffen zugeordnet sind. Um die Symbole, die aus Strichen und Punkten bestehen, voneinander unterscheiden zu können, muss man die Muster sehr detailliert repräsentiert haben. Eine genetisch bedingte, leichte Beeinträchtigung in der visuellen Mustererkennung würden ein in China aufwachsendes Kind zum Legastheniker machen, während sich bei einem Kind mit der gleichen genetischen Ausstattung in Europa keine Benachteiligung feststellen ließe.

Aber auch innerhalb Europas werden Gene mit unterschiedlichen Sprachumwelten konfrontiert und können in Abhängigkeit davon zu unterschiedlichen Sprachkompetenzen führen. Werden die deutschen Wörter »statt« und »Stadt« oder »fiel« und »viel« ohne Kontext akustisch dargeboten, weiß selbst jemand mit perfekten Rechtschreibkenntnissen nicht, wie er das Wort schreiben soll. Ein lang gesprochenes »e« kann »ee« wie bei »See«

oder »eh« wie bei »Reh« geschrieben werden. Solche Eigenschaften erschweren den Erwerb der Schriftsprache.

Gleichzeitig unterscheiden sich Sprachen, die in Lautschriften übersetzt werden, im Grad der Graphem-Phonem-Korrespondenz, also der Übereinstimmung von Gesprochenem und Geschriebenem. Spanisch, Italienisch und Finnisch zeichnen sich durch ein hohes Maß an Graphem-Phonem-Korrespondenz aus, während es im Französischen und im Englischen viele Abweichungen gibt. (Deutsch liegt dazwischen.) Ein sechsjähriges Kind, das in Finnland aufwächst, wird sich deshalb beim Schreibenlernen leichter tun als ein britisches Kind, obwohl es genetisch ähnlich ausgestattet ist. Stellen wir uns ein eineiiges Zwillingspaar vor, das nach der Geburt getrennt wurde. Ein Kind wurde in Spanien adoptiert, das andere in Frankreich. Beide Kinder haben einen leichten genetischen Defekt, der sich in Schwierigkeiten bei der Lautdiskriminierung (der Fähigkeit, Unterschiede in der gesprochenen Sprache wahrzunehmen) niederschlägt. Dieser Defekt wird nach Schuleintritt dem in Frankreich aufwachsenden Kind größere Schwierigkeiten bereiten als dem Kind, das in Spanien groß wird, und das kann langfristige Folgen für seine Bildungskarriere haben. Wer schon zu Beginn der Schulzeit durch ausbleibenden Erfolg beim Erwerb der Schriftsprache frustriert wurde, der wird sich mit größerer Wahrscheinlichkeit vor dem Lesen von Texten drücken und damit wichtige Lerngelegenheiten versäumen. So können kleine genetische Defekte je nachdem, auf welche Umwelt sie treffen, wie im Falle unseres »spanischen« Zwillings gar keine Auswirkungen haben, oder aber – wie im Falle des »französischen« – ganz massiv die geistige Entwicklung beeinflussen.

Gene und Umwelt tragen Unterschiedliches zu der Entwicklung und Ausprägung eines Merkmals bei, sie ergänzen sich. Aber lässt sich der Grad ihres Einflusses quantifizieren? Haben Aussagen wie »80 % der Intelligenz sind auf die Gene zurückzuführen, deshalb bleiben nur noch 20 % für die Umwelt« eine

Berechtigung? Nein, denn sie sind ähnlich sinnentleert wie die folgende:»Die Basis ist die Grundlage des Fundamentes.« Es ist eine im Alltag übliche Unsitte, Prozentangaben heranzuziehen, wenn man eigentlich nur eine Schätzung abgeben kann, wie z. B.»Ich bin mir zu 80 % sicher«. Mit mathematisch korrekter Verwendung des Prozentbegriffes hat das jedoch nichts zu tun. Prozentangaben sind nur dann erlaubt, wenn man genau sagen kann, was 0 % und was 100 % bedeuten. Die Intelligenz eines Individuums hat aber keinen absoluten Nullpunkt. Sie wird nicht auf einer Verhältnisskala, sondern auf einer Intervallskala gemessen. Das Skalenniveau sagt etwas über den Informationsgehalt der ermittelten Zahlen aus: Manche Merkmale – wie Schulnoten – erlauben es nur, Rangreihen zu interpretieren. Man spricht von Ordinalskalen. Man kann zwar sagen, dass die Note 3 besser ist als die Note 4, aber man kann nicht sagen, dass der Abstand zwischen der Note 1 und 2 der gleiche ist wie der zwischen der Note 3 und 4. Ein nach strengen statistischen Kriterien entworfener Test hingegen erlaubt auch die Interpretation von Differenzen. Auf Intelligenztests trifft dies zu: Es ist davon auszugehen, dass der Abstand zwischen einem IQ von 90 und einem von 100 der gleiche ist wie der zwischen den IQs von 120 und 130. Allerdings erreichen auch noch so perfekt konstruierte Tests nicht das höchste Skalenniveau, nämlich das Niveau einer Verhältnisskala. Und deshalb lassen sich über die Intelligenz eines Individuums – anders als über Körpergröße und Körpergewicht – keine Prozentangaben machen. Selbst ein Satz wie »Mit 12 Jahren hat das Kind Peter 80 % seiner Intelligenz erreicht« ist unsinnig – weil wir nicht sagen können, wann Peter bei 0 % seiner Intelligenz lag.

Einzig die Intelligenz*unterschiede* können wir mathematisch korrekt in Prozenten beschreiben. Wir haben bereits gelernt, dass man die Unterschiede zwischen Menschen quantifizieren kann. Das Maß dafür ist die Varianz: Man ermittelt für jede Person einer Gruppe, wie stark sie vom Durchschnittswert abweicht und errechnet daraus den Durchschnittswert. Die Varianz beschreibt also das Ausmaß an Unterschiedlichkeit innerhalb der Gruppe, in der man Informationen über ein bestimmtes Merkmal gemessen hat. Das absolute Maß an Unterschieden wird mit 100 % festgesetzt, und in systematisch angelegten Experimenten oder gut kontrollierten Untersuchungen lässt sich der prozentuale Anteil der Varianz bestimmen, der auf eine bestimmte Ursache zurückzuführen ist.

Worauf aber sind Intelligenzunterschiede zurückzuführen – auf Unterschiede in den Genen oder in den Entwicklungsbedingungen? Was macht uns gleich, was macht uns unterschiedlich? Wie wir im Folgenden sehen werden, haben wir inzwischen statistische Verfahren, die uns darüber Aufschluss geben. Wenden wir uns zunächst der Frage zu, zu welchem Anteil Intelligenzunterschiede aus Unterschieden in den Genen resultieren.

Wie man die Erblichkeit von Intelligenzunterschieden ermitteln kann

Um den genetischen Einfluss auf die Ausprägung von Persönlichkeitsmerkmalen zu erforschen, hat die sogenannte Populationsgenetik (manchmal auch als Verhaltensgenetik bezeichnet) verschiedene Methoden entwickelt. Am häufigsten greift man dabei auf Zwillings- und Adoptionsstudien zurück.

Zwillingsstudien

Hier testet man psychologische Merkmale (wie Intelligenz, Kreativität oder auch Extraversion) an Stichproben von eineiigen und zweieiigen Zwillingspaaren und berechnet den statistischen Zusammenhang (Korrelation) zwischen den Paarlingen, getrennt nach eineiigen (EZ) und zweieiigen Zwillingspaaren (ZZ). Da EZ genetisch zu 100 % identisch sind, spiegelt ihre Korrelation den

Einfluss ihrer gemeinsamen Gene und der gemeinsamen Umwelt wider. ZZ weisen – wie Geschwister – im Durchschnitt nur 50 % gemeinsame Allele auf, so dass ihre Korrelation die gemeinsame Umwelt, aber nur 50 % des genetischen Einflusses wiedergibt. Ein genetischer Einfluss wird angenommen, wenn das Merkmal bei EZ höher zusammenhängt als bei ZZ. Es gilt: Dieser Einfluss ist umso stärker, je größer der Korrelationsunterschied ist. Aus der Differenz der beiden Korrelationen, die man dann noch mit zwei multipliziert, berechnet man den Erblichkeitskoeffizienten, der – multipliziert mit 100 – den prozentuellen Einfluss der Gene widerspiegelt. Ein Beispiel: Die Ergebnisse aus einem Intelligenztest würden bei EZ r=.8 korrelieren (das heißt, die Merkmale sind zu 80 %»gleich«), während sie bei ZZ nur zu r=.5 korrelieren. Aus der verdoppelten Differenz mal 100 ergäbe sich eine Erblichkeitsschätzung von 60 %, umgekehrt wären somit 40 % der Unterschiede zwischen den Menschen auf unterschiedliche Umweltbedingungen wie Familie, Freunde, Schule etc. sowie den Messfehler zurückzuführen.

Adoptionsstudien

Bei Adoptionsstudien untersucht man Familien, in denen Adoptivkinder, aber auch leibliche Kinder leben. Dabei kann man statistisch feststellen, ob leibliche Kinder ihren Eltern ähnlicher sind als Adoptivkinder. Wenn es mehrere leibliche und/ oder mehrere Adoptivkinder in einer Familie gibt, kann man Merkmale wie z. B. Intelligenz auch zwischen den Kindern korrelieren. Die Grundannahme ist immer dieselbe: Eltern und ihre leiblichen Kinder haben genau 50 % gemeinsame Allele, und leibliche Geschwister haben im Durchschnitt 50 % der Allele gemeinsam. Wenn die Adoptivkinder den Familien nach dem Zufallsprinzip zugeordnet werden (was jedoch meist nicht der Fall ist, wie wir sehen werden), sind sich Adoptivgeschwister bzw. Adoptiveltern und -kinder genetisch nicht ähnlicher als wildfremde Menschen. Im Durchschnitt haben sie keine gemeinsamen Allele, aber da sie zusammenleben, sind sie natürlich gemeinsamen Umwelteinflüssen ausgesetzt. Findet man auf Merkmalsebene eine überzufällige Gemeinsamkeit, so kann man diese denn auch (rein theoretisch) allein den Umwelteinflüssen zuschreiben. Manchmal hat man auch noch Informationen über die leiblichen Eltern der Adoptivkinder. Aus der Ähnlichkeit zwischen diesen sollte sich der genetische Einfluss errechnen lassen: Unter der Annahme, dass die Adoption sehr früh in der Kindheit erfolgte, sollte die Ähnlichkeit von Adoptivkindern mit ihren biologischen Eltern nur durch die Unterschiede in den Genen verursacht sein. Allerdings ist die Annahme, wonach Adoptivkinder den Mitgliedern ihrer Adoptivfamilie genetisch nicht ähnlicher sind als wildfremden Menschen, unrealistisch. Wenn möglich, versuchen die Adoptionsbehörden nämlich Kinder zu vermitteln, die in Aussehen und Herkunft der Adoptivfamilie möglichst ähnlich sind. Es kann deshalb davon ausgegangen werden, dass Adoptivkinder und ihre neuen Geschwister und Eltern mehr Allele teilen, als nach dem Zufallsprinzip zu erwarten wäre.

Getrennt aufgewachsene eineiige Zwillinge

Immer wieder hört man von eineiigen Zwillingen, die sich, obgleich nicht zusammen aufgewachsen, in erstaunlich vielen Aspekten ihres Lebenslaufs (z. B. Partnerwahl, Berufswahl, sogar Unfälle etc.) sehr ähnlich sind. Eine Ähnlichkeit, die – vorausgesetzt, die Zwillinge werden wirklich kurz nach der Geburt getrennt – ja nur durch ihre perfekte gemeinsame genetische Übereinstimmung bedingt sein dürfte. Wie man sich vorstellen kann, gibt es weltweit allerdings nur sehr wenige derartige Fälle. Hinzu kommt, dass die Trennung meist nicht unmittelbar nach der Geburt erfolgt, sondern erst nach ein paar Monaten oder einem Jahr. In diesem Falle kann die Ähnlichkeit der EZ schon nicht mehr eindeutig genetisch erklärt werden. Hat man sie unmittelbar nach der Geburt getrennt, so argumentieren Kritiker, haben diese Kinder ja zwangsläufig ihre erste Umwelt miteinander geteilt: den Mutterleib mit allen seinen physiologischen Bedingungen, vor allem hinsichtlich der Nährstoffversorgung, dem Einfluss schädlicher Substanzen wie Alkohol oder Nikotin sowie allfälligen Stresseinflüssen seitens der Mütter etc.

Folglich gibt es relativ wenige derartige Untersuchungen, die auch nur an sehr kleinen Stichproben erfolgen können, und die Ergebnisse sind eher uneindeutig. Daher werden diese Untersuchungen zumeist vernachlässigt, wenn man versucht, allgemeine Erblichkeitsschätzungen aus verhaltensgenetischen Untersuchungen abzuleiten, zumal die Schätzungen für den Erblichkeitseinfluss auch nicht dramatisch von denen der anderen Studien abweichen: Sie liegen in der Regel etwas, aber nicht deutlich höher; somit besteht kein Grund, die Ergebnisse aus den klassischen Zwillingsstudien und den Adoptionsstudien auf der Basis dieser Untersuchungen zu hinterfragen.

Und die Rolle der Umwelt?

Mit Hilfe von Zwillings- und Adoptionsstudien lässt sich aber nicht nur der genetische Einfluss auf Persönlichkeitsmerkmale abschätzen, sondern auch der der Umwelt. Dabei unterscheidet man grundsätzlich zwei Arten von Umwelteinflüssen: geteilte und nicht geteilte. Geteilte Umwelteinflüsse sind solche, denen die Zwillinge oder allgemein die Kinder in einer Familie gemeinsam ausgesetzt sind und die sie einander ähnlicher machen. Dazu gehört praktisch alles, was Kinder einer Familie gemeinsam haben, wie Eltern und deren Erziehungsstil, andere Aspekte der sogenannten Haushaltsqualität, wie z. B. die Anzahl der Bücher oder ob ein Fernseher vorhanden ist (und wie lange er täglich läuft), allgemeine Wohnbedingungen wie die Größe der Wohnung oder des Hauses und deren/dessen Lage.

Auf der anderen Seite gibt es die sogenannten nicht-geteilten bzw. nicht-gemeinsamen Umweltbedingungen, die Familienmitglieder einander unähnlicher machen. Zwillinge bzw. Geschwister werden einen Teil ihrer Zeit nicht gemeinsam verbringen, sie werden unterschiedliche Freunde und andere außerfamiliäre Bezugspersonen haben. Aber auch innerhalb der Familie kann es nicht-geteilte Einflüsse geben, zum Beispiel, wenn sich die Eltern ihren Kindern gegenüber unterschiedlich verhalten.

Was die Berechnung der Einflüsse dieser beiden Arten von Umwelten betrifft, ergänzen sich Zwillings- und Adoptionsdesign. Der Effekt der nicht-geteilten Umwelt lässt sich aus Zwillingsstudien ersehen, während man die geteilten Umwelteinflüsse aus Adoptionsstudien ermitteln kann. Bei Zwillingsstudien berechnet man dabei einfach, wie stark die Korrelation der eineiigen Zwillinge von der maximal möglichen Korrelation abweicht; diese Abweichung sollte nur durch nicht-gemeinsame Umwelteinflüsse zustande kommen, also das, was die EZ einander unähnlicher macht. Nehmen wir an, die maximal mögliche Korrelation zwischen den EZ bei einem bestimmten Intelligenztest betrüge r=.8 (nicht 1, weil es ja auch einen Messfehler gibt). Wenn wir eine Korrelation zwischen EZ von r=.7 finden, dann können wir davon ausgehen, dass die Differenz zwischen .8 und .7, also 10 % (0,1 x 100) als sogenannte nicht-geteilte Umwelt für die Intelligenzunterschiede verantwortlich ist.

Der Effekt der geteilten Umwelt lässt sich aus Adoptionsstudien schätzen, indem man beobachtet, wie stark ein Merkmal zwischen Adoptivkindern korreliert; da diese nicht zwingend gemeinsame Allele haben, müsste ihre Ähnlichkeit nur durch die gemeinsame Umwelt bedingt sein. Angenommen, man untersuchte 100 Familien mit jeweils zwei Adoptivkindern, deren IQ-Test-Ergebnisse man korreliert, und erhielte eine Korrelation von r=.1, dann würde man schließen, dass Intelligenz zu 10 % durch die in einer Familie geteilten – also gemeinsamen – Umweltbedingungen bestimmt wird.

Der genetische Einfluss
auf die Intelligenzunterschiede

Es würde den Rahmen dieses Buches sprengen, alle Zwillings-
und Adoptionsstudien zu beschreiben, die den Einfluss von
Genen und Umwelt auf das Zustandekommen von Intelligenzunterschieden untersucht haben. Aktuelle und umfassende
Zusammenfassungen findet man bei Deary, Johnson und Houlihan (2009) und bei Rost (2009). Für unsere Zwecke müssen wir
nicht so sehr ins Detail gehen, sondern können uns mit folgender Zusammenfassung zufriedengeben: Kaum eine Studie
findet eine Erblichkeitsschätzung unter 50%, und bei keiner
Studie übersteigt die Erblichkeit 80%. Obwohl mit 50 bis 80%
die Bandbreite der Schwankungen eingeschränkt ist, bleibt sie
dennoch recht groß. Dafür gibt es zwei Erklärungen: das Alter
und die soziale Herkunft der Teilnehmer. Je niedriger beides
ist, umso geringer fallen die Erblichkeitsschätzungen aus. Das
klingt nur auf den ersten Blick paradox. Wenn wir uns an die
»Nature via nurture«-These erinnern, lässt sich der vermeintliche
Widerspruch schnell auflösen.

Stellen wir uns Utopia vor, ein hoch entwickeltes Land mit
einem sehr guten Bildungssystem, zu dem alle Menschen, unabhängig von ihrer sozialen Herkunft, dem finanziellen Hintergrund ihrer Eltern etc., die gleichen Zugangschancen haben.
Jeder Mensch wird hinsichtlich seiner Begabungen und Potenziale optimal gefördert, kann also mehr oder weniger das Maximum aus seinem genetischen Startkapital herausholen. Würde
man hier nun eineiige und zweieiige Zwillinge, die die Schule
abgeschlossen haben, hinsichtlich ihrer Intelligenz vergleichen,
käme man auf eine sehr hohe Erblichkeitsschätzung. Die eineiigen Zwillinge würden in ihrem IQ perfekt übereinstimmen,
während die zweieiigen Zwillinge eine 50%-ige Übereinstimmung zeigen würden, da sie ja im Durchschnitt 50% ihrer Allele
gemeinsam haben. In dem beschriebenen Fall hätte die gemein-

same Umwelt – also die Familie, die gemeinsam besuchte Schule usw. – keinen Einfluss auf das Zustandekommen der IQ-Unterschiede. Genau das sollte in Utopia ja auch der Fall sein: Es sollte keinen Unterschied machen, aus welcher Familie man kommt und in welche Schule man geht – jeder kann die in seinen Genen verankerte Intelligenz erreichen. Anders ausgedrückt: Würden sich Unterschiede in der Umwelt nicht auf die Intelligenz des Einzelnen auswirken, käme man auf eine Erblichkeitsschätzung von 100 %. Würde man bei zweieiigen Zwillingen eine höhere Übereinstimmung als 50 % finden, wäre dies ein Indikator für unterschiedliche Umwelteinflüsse – aber die sind in Utopia nicht vorgesehen.

In der realen Welt werden wir selbst in Gesellschaften, die ein sehr hohes Niveau an Chancengerechtigkeit erreichen, niemals eine Erblichkeitsschätzung von 100 % vorfinden. Zum einen weil die Intelligenzmessung geringfügig fehlerbehaftet ist, wie wir im vorangegangenen Kapitel gelernt haben. Selbst wenn wir bei ein und derselben Person wiederholt einen Intelligenztest vorgeben, werden wir fast immer kleinere Abweichungen finden. Zum anderen wird es, selbst wenn man diesen Messfehler herausrechnet, immer Unterschiede in den Umwelteinflüsse geben, etwa Komplikationen bei der Geburt oder einen Unfall, welche sich auf die Intelligenz auswirken. Deshalb wird es auch niemals eine perfekte Übereinstimmung zwischen eineiigen Zwillingen geben, da sie zwar viele, aber natürlich niemals alle Erfahrungen miteinander teilen. In Utopia hat die Familie keinen Einfluss auf Intelligenzunterschiede, deshalb würde die Übereinstimmung in der Intelligenz zwischen zweieiigen Zwillingen genau 50 % betragen, also der durchschnittlichen genetischen Übereinstimmung entsprechen. In der realen Welt gibt es jedoch Familieneinflüsse, weshalb hier die Übereinstimmung bei den zweieiigen Zwillingen höher als 50 % sein muss.

Spätestens jetzt sollte man verstanden haben, dass Erblichkeitsschätzungen keine Naturkonstanten sind, sondern in hohem Maße davon abhängen, welche Personengruppe man untersucht. Es geht immer um die Frage, in welchem Ausmaß die untersuchte Gruppe die Möglichkeit hatte, ihr genetisch vorgegebenes Intelligenzpotenzial in tatsächliche Intelligenz umzusetzen, was mit zunehmendem Alter immer mehr zum Tragen kommt. Verstärkt wird dies durch die Tatsache, dass Umwelt und Gene in vielen Fällen nicht zufällig aufeinandertreffen, sondern sich passiv, evokativ oder aktiv verstärken. So haben Kinder, die mit ihren leiblichen Eltern zusammenleben, Umgebungsbedingungen, die zu ihren Genen passen. Intelligente Kinder haben mit überzufälliger Wahrscheinlichkeit auch intelligente Eltern, die wiederum eine Umwelt zur Verfügung stellen, welche die Intelligenz fördert. Man spricht in dem Fall von passiver Wechselwirkung. Die evokative (das heißt etwas hervorrufende) Wechselwirkung zeigt sich darin, dass die Umwelt auf intelligentere Kinder anders reagiert als auf weniger intelligente Kinder. Die Kindergärtnerin wird sich möglicherweise intensiver mit einem intelligenteren Kind befassen, weil sie Freude an dessen Lernfortschritt hat, und dadurch wiederum dessen Intelligenz weiter fördern.

Und schließlich kann man in einer Welt voller Entscheidungsmöglichkeiten zu einem gewissen Teil selbst seine Umwelt gestalten. Menschen suchen aktiv nach einer Umwelt, die zu ihren Anlagen passt, um diese zu verstärken. So wird die Wahl der Freunde und der Hobbys bei einem intelligenten Menschen anders aussehen als bei einem weniger intelligenten Menschen. Man bezeichnet dies als aktive Wechselwirkung. Diese Wechselwirkungseffekte bewirken, dass genetisch intelligentere Personen auch hinsichtlich ihrer Umwelteinflüsse begünstigt sind, ein Phänomen, das in Anlehnung an einen Satz aus dem Matthäusevangelium, »Wer hat, dem wird gegeben«, auch als Matthäus-Effekt bezeichnet wird. Diese Wechselwirkungseffekte tragen dazu bei, dass bei vielen Merkmalen – gerade auch was die Intelligenz betrifft – die im Alter gefundenen Unterschiede in besonders hohem Maße auf die Gene zurückgeführt werden können. Untersuchungen an älteren eineiigen Zwillingen, die ab dem frühen Erwachsenenalter getrennte Wege gegangen sind, zeigen eine sehr hohe Übereinstimmung in vielen Merkmalen, gerade auch im IQ. Bei zweieiigen Zwillingen hingegen nimmt die Ähnlichkeit ab. Auch wenn die eineiigen Zwillinge ab dem frühen Erwachsenenalter nicht mehr zusammengewohnt und verschiedene Berufs- und Lebenswege eingeschlagen haben, so haben sie sich in vieler Hinsicht eine vergleichbare Umwelt gesucht und aufgebaut. Wenn Menschen die Wahl haben, bemühen sie sich um eine Umwelt, die zu ihren Genen passt und geben damit ihrem genetischen Potenzial zunehmend Entfaltungsmöglichkeiten.

Und hier kommt der zweite Faktor ins Spiel: die Qualität der Umwelt. In einer Arbeitsgruppe um Eric Turkheimer wurde für die USA gezeigt, dass in höheren sozialen Schichten Intelligenzunterschiede auf Unterschiede in den Genen zurückgeführt werden können, während in niedrigeren sozialen Schichten vor allem die geteilte Umwelt (insbesondere der familiäre Einfluss) von Bedeutung ist (Turkheimer et al., 2003). Dies zeigt sich darin, dass zweieiige Zwillingspaare aus niedrigeren sozialen Schichten sich einander sehr viel ähnlicher sind als diejenigen aus höheren sozialen Schichten. In der Studie beträgt die Übereinstimmung in der oberen sozialen Schicht tatsächlich 51 %, was der genetischen Übereinstimmung von 50 % fast exakt entspricht. Die Übereinstimmung bei eineiigen Zwillingen liegt sogar bei 87 %. Der sogenannten nicht-geteilten Umwelt, also den Erfahrungen, die die Zwillinge nicht gemeinsam machen, kommt dementsprechend ein nur geringer Einfluss zu – maximal die Differenz zu 100 %, also 13 %.

Ganz anders sieht es in der unteren sozialen Schicht aus. Hier sind sich zweieiige Zwillinge in der Intelligenz ähnlicher, als sie es hinsichtlich ihrer Gene sind. Die Übereinstimmung beträgt 63 %. Die gemeinsame Umwelt – vor allem Schule und Familie – zeigt einen deutlichen Einfluss: Sie ist in unterschiedlichem Maße,

suboptimal. Die geteilten, also gemeinsam erlebten, Umwelteinflüsse wirken sich auf die Intelligenz beider Zwillinge aus, weil
das Optimum der Förderung – anders als am anderen Ende der
sozialen Skala – noch nicht erreicht ist. Die Übereinstimmung
bei eineiigen Zwillingen aus sozial schwachen Familien ist mit
68 % nur geringfügig höher als bei zweieiigen Zwillingen, was
dafür spricht, dass zu dem geteilten Umwelteinfluss auch noch
ein ungeteilter hinzukommt. Das Leben in niedrigeren sozialen
Schichten ist im Allgemeinen weniger vorgespurt und geordnet
als in höheren sozialen Schichten. Deshalb ist der Einfluss der
nicht-geteilten Umwelt (also der Einfluss von Erfahrungen, die
jeder Zwilling getrennt macht) hier deutlich größer als in höheren sozialen Schichten. Zwillinge – egal ob eineiig oder zweieiig –
gehen gerne mal getrennte Wege, indem sie sich beispielsweise
ein eigenes soziales Umfeld suchen. Stellen wir uns Zwillinge vor,
die unterschiedliche Freunde haben und/oder unterschiedliche
Schulklassen besuchen. In niedrigeren sozialen Schichten ist die
Wahrscheinlichkeit groß, dass bestenfalls ein Zwilling hier Bedingungen vorfindet, die seine geistige Entwicklung unterstützen,
aber nicht beide. Hingegen gilt mit großer Wahrscheinlichkeit
für Zwillinge aus höheren sozialen Schichten, dass beide auch
bei getrennten Lebenswegen Umwelten vorfinden, die für ihre
geistige Entwicklung förderlich sind.Und da genetisch ähnlichere
Personen sich – wenn sie die Wahl haben – auch ähnliche Umwelten suchen, ist die Übereinstimmung bei eineiigen Zwillingen
in höheren sozialen Schichten besonders hoch. Anders gesagt:
In sozial höheren Schichten bekommen die meisten Kinder das,
was sie zur optimalen Intelligenzentwicklung brauchen. Deshalb
wirken sich Unterschiede in der Familie und in der Schule, die
es natürlich auch dort gibt, nicht so stark auf Unterschiede in
der Intelligenz aus. Die Unterschiede sind ganz überwiegend auf
Gene zurückzuführen. In sozial schwachen Familien bekommen
manche, aber nicht alle Kinder die Unterstützung, die sie zur
Ausbildung ihrer in den Genen vorgesehenen Intelligenz benö-

tigen. Deshalb hat die Umwelt einen starken Einfluss auf die Unterschiede. Manche Kinder aus sozial schwachen Familien haben mehr Glück als andere.

An der Stelle sei noch einmal betont: Ein hoher auf Umweltunterschiede zurückgehender Anteil der Intelligenzunterschiede zeigt, dass die Gesellschaft hier noch erheblichen Gestaltungsspielraum hinsichtlich fairer Bildungschancen hat. In sozial schwachen Familien haben die Gene weniger Chancen, sich zu entfalten. Zwillingsstudien zur Erklärung von Intelligenzunterschieden können einer Gesellschaft als eine Art Gerechtigkeitsbarometer dienen: Je höher der genetische Anteil, umso größer ist die Chancengerechtigkeit des Bildungssystems. Erinnern wir uns: Wenn alle Kinder eine für ihre Intelligenzentwicklung optimale Umwelt erhielten, wären (fast) 100 % der Unterschiede auf die Gene zurückzuführen. Wie bereits erwähnt, ist eine solche Annahme natürlich unrealistisch.

Erste Versuche, mit Hilfe von Zwillingsstudien Unterschiede in der Bildungsgerechtigkeit zwischen Ländern zu untersuchen, haben Wendy Johnson und Ian Deary (Johnson et al., 2010) von der Universität Edinburgh unternommen. Sie gingen der Frage nach, welche Voraussetzungen ein Mensch für einen erfolgreichen Universitätsabschluss mitbringen muss bzw. welche Rolle den Genen und der Umwelt dabei zukommt. Fest steht: Intelligenz schadet nicht, weder in Schweden noch in den USA (genauer gesagt, in Minnesota, wo die Daten erhoben wurden). In beiden Regionen ließ sich bei Menschen mit überdurchschnittlicher Intelligenz der Universitätsabschluss primär auf die Gene zurückführen; der Einfluss der Umwelt war sekundär. Mit anderen Worten: In beiden Ländern sind intelligente Menschen imstande, ein Studium zu absolvieren. Wie aber sieht es bei weniger intelligenten Menschen aus? Oder anders gefragt: Wo sollte man leben, wenn man nicht besonders intelligent ist, aber einen Universitätsabschluss anstrebt? Die Antwort lautet: in einer wohlhabenden Familie in den USA. Denn, wie die Studie zeigte, besuchen in Schweden – anders als in den USA – weniger intelligente Kinder aus finanziell gut gestellten Familien nicht unbedingt die Universität. Erklärt werden kann dies damit, dass in Schweden der Zugang zu höherer Bildung durch den Staat finanziert wird, während in den USA mit ihrem differenzierteren Bildungssystem gerade für die kognitiv weniger Begabten die familiäre Unterstützung eine viel größere Rolle spielt. Wir kommen im letzten Kapitel unseres Buches noch einmal auf diesen Aspekt zurück.

Die großen Unbekannten: Gene und Erbgänge der Intelligenzentwicklung

Im Biologieunterricht der Schule werden Erbgänge – also die Umsetzung des Genotyps in den Phänotyp – auf der Grundlage der Mendel'schen Regeln erklärt. Diese Regeln basieren auf der monogenen Vererbung, das heißt, die Ausprägung eines Merkmals wird von einem einzigen Gen (bzw. Allel) gesteuert. Da für jedes Merkmal die genetische Information doppelt vorhanden ist (einmal auf dem vom Vater und einmal auf dem von der Mutter beigesteuerten Chromosom), muss das Zusammenwirken der Informationen gesteuert werden. Dies kann geschehen, indem ein Allel über das andere dominiert (dominant-rezessive Vererbung) oder indem sie zusammenwirken (intermediäre Vererbung): Es kommt zu einer Mischform der Merkmale. Allerdings werden nur sehr wenige Merkmale *monogenetisch* vererbt: Die Erbsen, an denen Mendel die Gesetzmäßigkeiten der Erblehre erforschte, sind die Ausnahme. Beim Menschen gehören die Blutgruppe sowie einige wenige Krankheiten zu den monogenetisch vererbten Merkmalen. Die überwiegende Anzahl von Merkmalen wird hingegen *polygen* vererbt, das heißt, eine größere Anzahl von Genen wirkt an der Ausprägung des Merkmals mit, wobei das Zusammenspiel dieser Gene sehr komplex sein kann. Eine komplexe polygenetische Vererbung findet man beispielsweise bei dem Merkmal »Körpergröße«. Obwohl man davon ausgehen kann, dass bei ausreichender Ernährung Unterschiede in der Körpergröße im Kindes- und Jugendalter fast ausschließlich durch Unterschiede in den Genen zustande kommen, sind bisher nur wenige Gene gefunden worden, welche bestimmen, wie groß ein Mensch wird, wie eine von Lango-Allen et al. (2010) in *Nature* veröffentlichte Studie zeigt. Wenn es schon nicht gelingt, das Zustandekommen der Körpergröße aus der genetischen Information vorherzusagen, dann darf man sich bei einem ungleich komplexeren Merkmal wie Intelligenz keinen Illusionen hingeben. An eine monogenetische Vererbung ist gar nicht zu denken. Mit andere Worten, ein Gen, auf dem festgeschrieben ist, dass eine Person einen maximalen IQ von 120 erreichen wird, wird man mit an Sicherheit grenzender Wahrscheinlichkeit nicht finden. Auch die Vorstellung, wonach ein IQ von 112 durch die additive Wirkung von 112 Genen erreicht wird, kann nur als absurd bezeichnet werden. Genau wie die Vorstellung, dass das Kind aus einer Partnerschaft, in der ein Elternteil einen IQ von 110, der andere einen IQ von 130 hat, bei einem IQ von 120 landen wird.

Die Befunde aus verhaltensgenetischen Zwillings- und Adoptionsstudien lassen noch keinerlei Rückschlüsse auf die Wirkung spezifischer Gene zu. Der substanzielle genetische Einfluss auf die Intelligenz legt nahe, dass eine Reihe von Genen beziehungsweise Allelen das Niveau der Intelligenz beeinflussen (vorwiegend über die Steuerung von Prozessen der Gehirnentwicklung). Im Identifizieren spezifischer Gene, die das individuelle Niveau der Intelligenz oder einzelner Spezialbegabungen bei Menschen regeln, war man bislang allerdings erstaunlich erfolglos. In der molekulargenetischen Forschung versucht man seit vielen Jahren, einzelne Gene daraufhin zu untersuchen, ob sie sich zwischen Personen mit höherer bzw. niedrigerer Intelligenz unterscheiden. Da die seltenen positiven Befunde für einzelne Genvarianten Replikationsversuchen durchwegs nicht standhielten, konnte bislang kein einziges Intelligenzgen zuverlässig identifiziert werden. Damit liegt eine Situation vor, die nicht nur in der psychologischen Forschung, sondern auch in vielen anderen Bereichen genetischer Forschung anzutreffen ist: Obwohl Zwillingsstudien hohe genetische Einflüsse nachweisen, verläuft die Suche nach einzelnen Genvarianten vergeblich. Wie erwähnt, weiß man aus Zwillingsstudien, dass Unterschiede in der Körpergröße zu mehr als 90 % erblich sind. Versuche, die relevanten Gene zu identifizieren, waren trotz extremen Aufwands (Vermessung des gesamten Genoms, sog. Genom Wide Association Scans, GWAS) an zigtausenden Personen bislang wenig erfolgreich. Zwar hat man einige Dutzend Genomvarianten, die mit Körpergröße assoziiert sind, gefunden, bislang können sie aber nicht mehr als 5 % des gesamten genetischen Einflusses auf die Körpergröße erklären. Und so können wir auch heute noch Brendan Maher, Redakteur des Wissenschaftsmagazins *Nature*, zustimmen, der 2008 zu dem Schluss kam: Will man die (erwachsene) Körpergröße eines Kindes vorhersagen, gelangt man immer noch zu vielfach genaueren Aussagen, indem man einfach die Eltern nach ihrer Körpergröße fragt, als wenn man das Genom analysiert.

Und Körpergröße ist nicht das einzige Beispiel. Auch bei Autismus und Schizophrenie, beides Störungen, für die in Zwillingsstudien sehr hohe Erblichkeitseinflüsse gefunden wurden, war man trotz intensiver Forschung an mehreren Tausend Menschen bislang nur wenig erfolgreich, wenn es um das Identifizieren einzelner verantwortlicher Gene ging. Das mag zum Teil damit zu tun haben, dass die Technik der Genomsequenzierung noch recht jung ist und es deshalb Zeit braucht, bis sie auf alle möglichen Phänomene, Krankheiten, aber auch Normalvariationen bei Menschen angewandt werden kann. Aber selbst wenn man das gesamte Genom an Stichproben von mehreren Tausend Menschen sequenziert, was extrem aufwendig ist, wird man laut Experten vermutlich nicht die gesamte Erblichkeit damit erklären können. Dies hat mehrere Gründe: Zum einen wirken Gene nicht immer einfach additiv, das heißt, je mehr merkmalspositive Allele jemand hat, desto höher die Merkmalsausprägung. Vielmehr können Gene auch miteinander interagieren, das heißt, ein bestimmtes Gen wirkt nur in Kombination mit dem Vorhandensein eines bestimmten anderen Gens: Wenn jemand nur Gen X hat, wird er nicht an Krankheit Z erkranken, ebenso wenig, wenn er nur Gen Y hat; sind aber beide Gene X und Y vorhanden, dann tritt die Krankheit Z auf. Oder so: Gen X bewirkt 1 cm zusätzliche Körpergröße, Gen Y ebenfalls; treten beide zusammen auf, wird ein Mensch jedoch 5 cm größer. Man bezeichnet dieses Phänomen als Interaktionseffekt (im Gegensatz zu additiven Effekten). In der Genetik spricht man von Epistase.

Interaktion ist ein in der Medizin und in der Psychologie bekanntes Phänomen, das beim Zusammenwirken von genetischem und Umweltrisiko gut dokumentiert ist. So ist z. B. antisoziales Verhalten bei einem Menschen selten, wenn nur eine genetische Veranlagung vorliegt (z. B. psychopathischer Vater oder Mutter) oder sehr ungünstige Entwicklungsbedingungen in der Kindheit gegeben waren (z. B. emotionale Vernachlässigung, frühe Verwaisung, Hospitalismus etc.). Sind aber sowohl die genetische Veranlagung als auch die Entwicklungsbedingungen eines Kindes ungünstig, dann ist die Wahrscheinlichkeit, dass es selbst zum Psychopathen wird, extrem erhöht. In der Medizin und der klinischen Psychologie spricht man bei einer solchen Form der Gen-Interaktion auch von Vulnerabilität (Verwundbarkeit): Menschen mit einer genetischen Prädisposition für eine Erkrankung sind ganz besonders anfällig für Auswirkungen ungünstiger Umweltbedingungen, z. B. einer mangelhaften emotionalen Zuwendung in der Kindheit oder einer mangelhaften Ernährung. Umgekehrt gilt aber auch: Wenn eine genetische Veranlagung für eine Krankheit vorliegt, dann kann deren Ausbrechen verhindert werden, wenn bestimmte Umweltbedingungen vermieden werden. Säuglinge mit einem genetisch erkannten Risiko für die Stoffwechselerkrankung Phenylketonurie (PKU) erleiden massive Intelligenzdefizite, wenn sie auf übliche Weise mit Milch ernährt werden. Diese Behinderung kann vergleichsweise einfach vermieden werden, indem sie in den entscheidenden Jahren der Gehirnentwicklung eine eiweißarme Diät einhalten.

Neben weiteren technologischen Entwicklungen, etwa auf dem Gebiet der Molekulargenetik, die uns vermutlich bei der Suche nach bestimmten Genen auch noch etwas weiterbringen werden, gibt es höchst kontrovers diskutierte Konzepte wie jenes der Epigenetik. Die Annahme, wonach erworbene Eigenschaften die Gene verändern können, und diese genetische Veränderung direkt an die nachfolgenden Generationen weitergegeben werden können, stützt sich derzeit auf wenige Tierexperimente. So konnte Isabelle Mansuy aus Zürich zeigen, dass junge Mäuse die Ängste ihrer Mäusemütter übernahmen, obwohl sie nach der Geburt von diesen getrennt wurden (Franklin et. al., 2010).

Der Begriff der Epigenetik hat inzwischen weit über die Biologie hinaus Verbreitung gefunden und an der einen oder anderen Stelle schon zu Missverständnissen geführt. So war in Zeitungen und Magazinen zu lesen, dass Gene durch die Umwelt veränderbar seien und deshalb Darwins Evolutionstheorie in Frage zu stellen sei. Man konnte fast den Eindruck gewinnen, der Disput zwischen Lamarck und Darwin sei wieder aktuell. Vereinfacht gesprochen hat nach Lamarck die Giraffe deshalb einen so langen Hals, weil ihre Vorfahren ihren Hals immer weiter den Bäumen entgegengestreckt und sich mit jeder Generation die Gene verändert haben. Nach der Darwinschen Theorie sind Mutation und Selektion entscheidend: Die für die Länge des Halses zuständigen Gene ändern sich zufällig (Mutation), und Tiere mit einem längeren Hals haben einen Fress- und damit Überlebensvorteil (Selektion).

Epigenetik und Evolutionstheorie sind also keineswegs unverträglich. Heute kennen wir die komplexen biochemischen Vorgänge im Zellkern recht genau und wissen deshalb, dass die DNA keine Blaupause oder Gussform ist, die sich direkt auf die Ausprägung eines Merkmals auswirkt. Vielmehr finden sogenannte Transkriptionsprozesse im Zellkern statt; vereinfacht gesprochen wird dabei entschieden, welche Teile der DNA gelesen und damit bei der Proteinbiosynthese, also der Herstellung von Ketten aus Aminosäuren, wirksam werden. Epigenetische Effekte resultieren aus der Transkription der DNA und nicht aus der Veränderung der DNA in den Zellkernen selbst. An den Grundmechanismen der Evolution – nämlich Mutation und Selektion – ändert das nichts. Hingegen gibt es – wenn auch noch nicht beim Menschen – Hinweise darauf, dass die Art und Weise, wie die DNA abgelesen wird (also die Transkription), in die Keimzellen und damit auf die nächste Generation übertragen werden kann.

Dass der Erkenntnisfortschritt in der Molekulargenetik keine Zweifel an den aus Zwillingsstudien gewonnen Erblichkeitsschätzungen weckt, sollte deutlich geworden sein. Obgleich Zwillings- und auch Adoptionsstudien mit einigen Grundannahmen verbunden sind, die nicht immer und überall erfüllt wurden, spricht alles dafür, dass ihre Resultate im Großen und Ganzen richtig sein dürften. Wenn es in unterschiedlichen Studien zu unterschiedlichen Erblichkeitsschätzungen kommt, ist dies vermutlich eher ein Problem der Diagnostik und weniger der Gene. Nehmen wir das Beispiel Schizophrenie: Hier werden wahrscheinlich viele Unterformen oder Varianten dieser Erkrankung zusammengeworfen, die bei gleichen Symptomen möglicherweise ganz unterschiedliche genetische Grundlagen haben könnten.

Im Falle der Intelligenz sind wir bereits ausführlich darauf eingegangen, dass wir Intelligenz zwar – verglichen mit anderen psychologischen Merkmalen – recht zuverlässig erfassen können, aber die Messgenauigkeit (Reliabilität) natürlich nicht an die von physikalischen Merkmalen (Gewicht, Größe) heranreicht. Wir haben gelernt, dass bei ein und derselben Person bei mehrmaliger

IQ-Messung in kurzen Zeitabständen mit ähnlichen, aber nicht mit den exakt gleichen Werten zu rechnen ist. Deshalb müssen wir auch davon ausgehen, dass die Werte zweier Personen, selbst wenn sie genetisch identisch sind, voneinander abweichen. Hinzu kommt, dass wir zwar sehr viele plausible Vorstellungen von Intelligenz haben, aber von einer wirklich exakten Definition noch weit entfernt sind. Wenn man – wie in den Fällen Schizophrenie und Intelligenz – etwas misst, was dahingehend sehr komplex ist, als es viele Facetten menschlichen Verhaltens umfasst, kann auch die Messung nicht perfekt sein.

Vor diesem Hintergrund ist es bemerkenswert, dass Zwillingsstudien selbst in verschiedenen, teilweise recht unterschiedlichen Intelligenztests (siehe Kapitel 2) immer zu sehr ähnlichen Erblichkeitsschätzungen gelangen, wenn Alter und soziale Herkunft kontrolliert werden. Die gelegentlich geäußerte Kritik, wonach man bislang keine molekulargenetischen Korrelate der Intelligenz gefunden habe, weil man unterschiedliche Intelligenztests mit unterschiedlichen dahinterliegenden Intelligenzkonzepten verwendet hat, geht ins Leere, da nachweislich selbst eher unterschiedlich konzipierte Intelligenztests miteinander hoch korrelieren, also mehr oder weniger die gleiche Eigenschaft messen. Es kommt in der Praxis äußerst selten vor, dass ein und dieselbe Person in einem IQ-Test einen sehr hohen Wert erzielt und in einem anderen nur unterdurchschnittlich abschneidet. Zwar sind kleinere Schwankungen der Ergebnisse möglich, aber dass die IQ-Schätzungen für eine Person aus mehreren IQ-Tests um mehr als zehn Punkte variieren, ist sehr selten.

Der Molekularbiologe Leonid Kruglyak von der Princeton University (zitiert nach Maher, 2008) konstatiert, dass wir in der Genetik noch vor völlig ungelösten Rätseln stehen: »Es ist sehr gut möglich, dass hier ein Sachverhalt ganz fundamental unverstanden ist. (...) Dieser könnte so anders sein als alles, was wir bisher gedacht haben, dass wir noch gar keine Ahnung davon haben, wie es tatsächlich ist.« (zitiert aus Maher, 2008)

In der Intelligenzforschung hat man aber wirklich einen fundamental anderen Gedanken in Erwägung gezogen. In Kapitel 2 wurde bereits das Konzept der allgemeinen Intelligenz nach Charles Spearman vorgestellt: Die Tatsache, dass verschiedene kognitive, selbst scheinbar sehr unterschiedliche Teilleistungen wie z. B. sprachliches Analogienbilden oder die mentale Rotation von räumlichen Objekten miteinander mittelhoch korrelieren (wer in einem gut ist, ist häufiger auch im anderen gut), wird damit erklärt, dass selbst verschiedene kognitive Teilleistungen immer auf grundlegende kognitive Prozesse zurückgehen. Und es wird zudem vermutet, dass es für diese Prozesse eindeutige Ursachen im Gehirn gibt (siehe Kapitel 5).

Ein alternatives, viel beachtetes, aber auch kontrovers diskutiertes Modell der Amsterdamer Gruppe von Intelligenzforschern um Han van der Maas erklärt den Generalfaktor der Intelligenz allerdings ganz anders. Die Autoren gehen von einer sogenannten emergenten Eigenschaft aus, die sich dadurch entwickelt, dass es viele grundlegende Teilprozesse gibt, die zwar nicht miteinander zusammenhängen (so könnte jemand ein gutes Arbeitsgedächtnis, aber eine niedrige Verarbeitungsgeschwindigkeit haben), die sich gegenseitig besonders positiv befruchten, wenn viele dieser Teilkomponenten bei einem Menschen hoch ausgeprägt sind. Ein Mensch würde dann mit dem Alter, und damit längerfristig, eine wesentlich höhere allgemeine Intelligenz entwickeln, wenn er Informationen schnell aufnehmen und außerdem viele Infos gleichzeitig in seinem Arbeitsspeicher halten kann, weil von einer solchen glücklichen Kombination aus Schnelligkeit und Gedächtnis alle komplexeren kognitiven Teilleistungen, wie z. B. das Bilden von Analogien oder die Fähigkeit, dreidimensionale Gegenstände mental zu rotieren, profitieren. Allgemeine Intelligenz ist also nicht von Geburt an vorhanden, sondern entwickelt sich (emergiert) aus positiven Interaktionen (Wechselwirkungen) zwischen (vermutlich vielen) Teilprozessen; dies wird auch als Mutualismus bezeichnet und hat gewisse Parallelen zur Gestaltpsychologie, die ja ebenfalls dem Grundsatz folgt, dass das Ganze mehr ist als die Summe seiner Teile. Emergenz bedeutet hier, dass eine neue Qualität entsteht, die aus der Summe der Teile nicht vollständig erklärt werden kann.

Da van der Maas und Kollegen (2006) meinen, dass es eine ziemlich große Zahl an solchen grundlegenden Prozessen sein muss, die bei einem Menschen sein individuelles Niveau der allgemeinen Intelligenz hervorbringen, können es bei jedem Menschen andere Basalprozesse (aus einer begrenzten Menge) sein, die dieses Mehr oder Weniger an Intelligenz hervorbringen. Ein vereinfachtes Beispiel möge das verdeutlichen: Sagen wir Hans mit IQ 120 hätte auf einer Skala von 1 bis 10 eine Merkfähigkeit von 8, eine Verarbeitungsgeschwindigkeit von 4, eine mentale Rotationsfähigkeit von 7. Eine andere Person (Anne) hätte auf denselben Komponenten Werte von 4, 8 und 7, die in Summe ebenfalls zu einem IQ von 120 führen würden (die genaue mathematische Verknüpfung ist für das Beispiel nicht relevant). Wir erhielten folglich für beide das gleiche Endergebnis, dieses käme aber auf ganz unterschiedliche Weise zustande. Nehmen wir nun weiterhin an, dass für diese verschiedenen Teilprozesse unterschiedliche Gene verantwortlich sind, die die jeweils relevanten Gehirnprozesse bzw. -eigenschaften steuern. Man würde sich logischerweise schwertun, intelligenzrelevante Gene zu finden, wenn diese bei verschiedenen Menschen jeweils andere sind. Das Beispiel verdeutlicht: Hans hätte z. B. eher die Gene für ein gutes Gedächtnis, während Anne eher die Gene für schnelles Denken hätte. Natürlich sind diese Gene jeweils andere, wobei sie sich aber so auf die Ausprägung der Intelligenz von Anne und Hans auswirken, dass sie beide eine ähnlich hohe Intelligenz aufweisen.

Obgleich das Konzept von Han van der Maas einer gewissen Plausibilität nicht entbehrt, kann die moderne Hirnforschung mittlerweile einige zentrale Charakteristika im Gehirn nachweisen, die wir in Kapitel 5 näher vorstellen werden. Wie wir gesehen haben, ähnelt die Situation bzgl. der nicht bzw. nicht systematisch auffindbaren Gene für Intelligenz jener vieler Krankheiten, aber auch für einfache andere interindividuell variierende Personenmerkmale. Ob das letztlich nur dadurch bedingt ist, dass die Methoden der Genomsquenzierung noch nicht fein genug sind oder ob wirklich die einfache genetische Annahme einer additiven Genwirkung (je mehr merkmalspositive Allele jemand hat, desto höher die Merkmalsausprägung, also z. B. die Intelligenz) falsch ist und eher Phänomene wie Emergenz oder gar epigenetische Prozesse eine Rolle spielen, werden nach Einschätzungen namhafter Wissenschaftler die nächsten Jahre zeigen.

Vielleicht ist es auch einfach so, dass die Zahl der intelligenzrelevanten Gene so groß ist (mehrere Hundert oder gar Tausende), dass der Effekt jedes einzelnen Gens letztlich so gering ist, dass er kaum nachweisbar ist. Wenn 100 Personen in einem Orchester spielen, so ist die einzelne Stimme kaum identifizierbar. Nichtsdestoweniger hat jeder Musiker in einem Orchester eine eigene Rolle: Fällt sie weg, wird das Orchester trotzdem weiterspielen; wie es sich aber auswirkt, hängt davon ab, welches Instrument nun fehlt, bei manchen wird man es mehr bemerken, bei anderen weniger. So ähnlich dürfte es sich auch mit den Genen für Intelligenz verhalten: Je mehr merkmalspositive Gene (Allele) jemand hat, desto besser ist der »Gesamtklang«, also seine geistige Leistungsfähigkeit; da so viele Gene daran beteiligt sind, ist der Einfluss des einzelnen Gens nur schwer nachweisbar. Erst wenn eine ganze Gengruppe (in unserem Orchesterbeispiel entsprechend eine Instrumentengruppe, bezogen auf die Intelligenz ein ganzes Gehirnareal) »ausfällt«, machen sich die Auswirkungen bemerkbar.

Diese einzelnen »intelligenzsteuernden Gene« kodieren vermutlich eine Vielzahl von verschiedenen Gehirneigenschaften bzw. Gehirnprozessen. Daraus folgt: Je mehr Gene jemand hat, die z. B. bewirken, dass im Gehirn bestimmte Nervenbahnen stärker ausgeprägt sind oder mehr Nervenfasern zwischen bestimmten Gehirnarealen zu finden sind, desto höher sind die Chancen auf eine individuell hohe Ausprägung der Intelligenz. Welche Gehirneigenschaften und -prozesse für das individuelle Mehr oder Weniger an Intelligenz verantwortlich sein könnten, davon wird in Kapitel 5 die Rede sein.

Und die liebe Familie?
Oder: Wie weit kann ein Apfel vom Stamm fallen?

Nachdem nun niemand mehr bezweifeln wird, dass Unterschiede in der Intelligenz in hohem Maße auf Unterschiede in den Genen zurückgeführt werden können, stellt sich die Frage, ob es intelligente und weniger intelligente Familien gibt und ob sich dieser Trend über Generationen fortsetzt. Laut der Verdummungsthese, die immer wieder mal ins Feld geführt wird, nimmt die durchschnittliche Intelligenzleistung im Laufe der Zeit ab, wenn Menschen, deren Intelligenz in der unteren Hälfte der Skala angesiedelt ist, sich häufiger reproduzieren als Menschen, deren Intelligenz über dem Durchschnitt liegt. Diese Annahme leitet sich durchaus logisch stringent aus der Tatsache ab, dass sich aufgrund der großen Erblichkeit der Intelligenzunterschiede Eltern und Kinder ähneln. Unterdurchschnittlich intelligente Eltern bekommen mit größerer Wahrscheinlichkeit unterdurchschnittlich intelligente Kinder als überdurchschnittlich intelligente Eltern. Die Angst vor einer genetisch determinierten Verdummung ist nicht neu. Sie wurde zur Begründung von Zwangssterilisationen in der Nazizeit herangezogen und machte in den 1930er Jahren auch nicht Halt vor bürgerlichen Kreisen in der angloamerikanischen Welt. Dennoch ist – 70 Jahre später – die große Verdummung in den westlichen Ländern nicht eingetreten, obgleich Menschen mit Universitätsabschluss tatsächlich im Durchschnitt weniger Kinder bekommen als der

Rest der Bevölkerung. Obwohl man davon ausgehen kann, dass Akademiker im Durchschnitt die besseren »Intelligenzgene« bzw. »Intelligenzallele« haben als Menschen ohne Studium, muss man sich fragen, wie real das Gespenst einer schleichenden gesellschaftlichen Verdummung aufgrund der größeren Fertilität weniger gebildeter bzw. intelligenter Menschen wirklich ist.

Wenn Intelligenz über wenige Gene gesteuert würde und wenn die Reproduktionsraten zwischen überdurchschnittlich und unterdurchschnittlich intelligenten Menschen sehr stark auseinanderlägen, wäre die Gefahr real. Doch beides ist nicht der Fall. Die Umsetzung der genetischen Information in Merkmale wie Intelligenz ist hochkomplex und gleicht einem Lotteriespiel mit sehr vielen Unbekannten: Hochintelligente Menschen hatten bei der Meiose (der Zellteilung für die sexuelle Fortpflanzung) und bei der Befruchtung einfach Glück – sie haben von jedem Elternteil das Optimum bekommen, und die Gene konnten ihre Wirkung entfalten. Dennoch muss davon ausgegangen werden, dass auch sie Träger von Genen sind, die sich weniger günstig auf die Intelligenzentwicklung auswirken, die jedoch bei ihnen nicht zur Wirkung kamen. Aber nicht alle ihre Nachkommen müssen das gleiche Glück haben: Dass man dreimal sechs Richtige im Lotto hat, ist weniger wahrscheinlich, als dass man sie einmal hat. Die Tatsache, dass Merkmale, die einen extremen Wert angenommen haben, im Wiederholungsfalle mit größerer Wahrscheinlichkeit einen weniger extremen Wert annehmen als den gleichen oder einen noch extremeren Wert, nennt man Regression zur Mitte. Es ist diese Tendenz, die den befürchteten »Verdummungseffekt« abmildert. Auch Eltern, die aufgrund ihrer genetischen Ausstattung selbst einen niedrigen IQ haben, geben mit einiger Wahrscheinlichkeit nicht alle ihre »schlechten« Gene an ihre Kinder weiter. Hinzu kommt, dass sie mit einiger Wahrscheinlichkeit auch Träger von »guten« Genen sind, die bei ihnen selbst nicht zur Ausprägung kamen, die sie aber an ihre Kinder weitergeben können. Zwar sind sich Eltern und Kinder in ihrer Intelligenz ähnlicher als nicht verwandte Menschen, aber der Zusammenhang ist mit einer Korrelation von r=.5 nicht übermäßig hoch. Schon eine Generation weiter nimmt die Ähnlichkeit deutlich ab, und keinesfalls lässt sich ein auf sehr komplexe Weise vererbtes Merkmal wie Intelligenz über mehrere Generationen vorhersagen.

Gut demonstriert ist die Verflüchtigung von Begabung bei der Musikalität, die ebenfalls genetische Grundlagen hat. In der DNA von Genies wie Bach oder Mozart kam vermutlich eine Kombination von Allelen vor, wie sie davor und danach kaum zu finden war. Gleichzeitig hatten beide sehr gute Bedingungen, um ihr Potenzial zu entfalten. Johann Sebastian Bach hatte eine große Zahl von Kindern, an die er seine Gene weitergeben konnte, und seine zweite Ehefrau Anna Magdalena war selbst musikalisch hochbegabt. Bei den Nachkommen von Bach paarten sich also ideale Gene (bzw. Allele) mit optimaler Förderung. Tatsächlich brachten es auch die Söhne des Großmeisters noch zu beachtlichem Ruhm (die Töchter dürften weniger Chancen gehabt haben, ihre Musikalität zu entwickeln), aber wer kennt heute noch einen später geborenen berühmten Musiker aus der Familie Bach?

Das Schreckgespenst der schleichenden Verdummung muss uns also keine übertriebenen Kopfschmerzen bereiten, hingegen besteht eine gewisse Gefahr, dass es uns von den eigentlichen Problemen und Herausforderungen ablenkt, nämlich allen Mitgliedern einer Gesellschaft Bedingungen zu bieten, die ihnen eine optimale Entfaltung ihres Potenzials ermöglichen, oder, anders ausgedrückt, die Reaktionsnorm der Gene durch die Gesellschaft in die erwünschte Richtung auszureizen.

4 Nature via Nurture: Was muss die Umwelt dem Kind bieten, damit sich das genetische Potenzial optimal entwickeln kann?

»Eltern sind nicht die alleinigen Architekten eines perfekten Babygehirns.«

Kathryn Hirsh-Pasek, 2003

Eine bereits mehrfach erwähnte zentrale Botschaft dieses Buches ist: Die Umwelt, in der sich ein Lebewesen befindet, kann mehr oder weniger gut zu seiner genetischen Ausstattung passen. Oder anders gesagt: Nur wenn bestimmte Umweltbedingungen gegeben sind, können sich die genetischen Anlagen eines Menschen entwickeln. Wir erinnern uns: Die Frage, ob ein Merkmal durch Gene oder Umwelt verursacht wurde, ist ganz offensichtlich nicht sinnvoll gestellt. Vielmehr muss man fragen: Lagen Umweltbedingungen vor, die zu einer Genexpression führten? Denn von den Genen hängt es ab, ob und wie auf bestimmte Umweltangebote reagiert wird.

Aber welches sind die Umweltbedingungen, in denen ein Mensch das in seinen Genen vorgesehene Optimum seiner Intelligenzentwicklung erreichen kann? Beziehungsweise wie müsste eine gerechte Umwelt aussehen, in der jeder Mensch sein genetisches Potenzial ausschöpfen kann? Und wie sehen ungünstige Umweltbedingungen aus, unter denen Entwicklungspotenzial verschenkt wird? Diese Frage werden wir im Folgenden für verschiedene Lebensabschnitte diskutieren.

Die Zeitspanne von der befruchteten Eizelle bis zur Geburt

Die genetische Ausstattung eines Lebewesens wird im Moment der Befruchtung festgelegt; sie steuert die Entstehung des neuen Lebewesens, sobald sich die Eizelle in die Schleimhaut der Gebärmutter eingenistet hat. Die Entwicklung eines Lebewesens in der Gebärmutter hat sich im Laufe der Entwicklungsgeschichte in jeder Hinsicht optimiert. Außer der Aufrechterhaltung des Lebens der Mutter wird kein Beitrag von »außen« erwartet. Das heißt: Solange die Mutter nicht verhungert oder grob fehlernährt wird, entwickelt sich der Embryo normal. Das gilt selbst für ein so komplexes Merkmal wie die Intelligenz, wie eine Studie aus den Niederlanden gezeigt hat. Als Folge der deutschen Besatzung erlebte die holländische Bevölkerung 1944 den sogenannten Hungerwinter. Die Forscher fragten sich, ob und in welcher Hinsicht die Intelligenz der Kinder der in diesem Winter schwangeren Mütter beeinträchtigt sein würde. Da in den Niederlanden alle männlichen Rekruten einen Intelligenztest machen müssen, konnte man relativ leicht überprüfen, ob die 1944 geborenen Kinder einen niedrigeren Intelligenzquotienten aufwiesen als die Kinder, die 1943 und 1945 auf die Welt gekommen waren, ohne dass ihre Mütter während der Schwangerschaft Hunger litten. In der bereits 1972 in der renommierten Zeitschrift *Science* veröffentlichten Studie konnten keine Auswirkungen auf die durchschnittliche Intelligenz nachgewiesen werden (Stein et al., 1972). Genauer besehen war Nahrungsmittelknappheit in der Geschichte der Menschheit eher die Regel als die Ausnahme. Hätte Unterernährung in frühen Stadien der Entwicklung zu nachhaltigen psychischen und physischen Beeinträchtigungen geführt, die Spezies Mensch hätte nicht überleben können.

Aber natürlich gibt es Faktoren, die die Entwicklung eines Lebewesens im Mutterleib beeinflussen können: Erkrankt eine Mutter bis zum dritten Schwangerschaftsmonat an Röteln, besteht die Gefahr, dass das Kind blind geboren wird. Das visuelle System wird bereits in den ersten drei Schwangerschaftsmonaten ausgebildet, ein Prozess, der weitgehend autonom verläuft, wenn er nicht von außen, etwa durch besagten Rötelnvirus, gestört wird. Aber auch andere Faktoren können die Entwicklung des Embryos nachhaltig beeinträchtigen. Die Bilder ukrainischer Kinder, deren Mütter während der Reaktorkatastrophe in Tschernobyl schwanger waren, sprechen für sich, und sehr systematische statistische Analysen in Schweden deuten darauf hin, dass in Regionen mit besonders hohem radioaktivem Niederschlag im Durchschnitt leichte kognitive Beeinträchtigungen der kurz danach geborenen Kinder zu beobachten waren (Almond et al., 2009). Dass sich der Konsum von Alkohol, Drogen und Nikotin negativ auf die psychische Entwicklung von Kindern inklusive der Intelligenz auswirkt, ist unbestritten. Da es sich dabei um entwicklungsgeschichtlich junge und von Menschen hergestellte Umweltbedingungen handelt, existiert dafür kein biologisches Abwehrprogramm, das auf solche Gifte reagiert.

Die Botschaft an dieser Stelle ist: Die Gene, die die embryonale Entwicklung inklusive der Entwicklung des zentralen Nervensystems steuern, agieren autonom. Sie erwarten keinen besonderen Input von außen – im Gegenteil: den Entwicklungsprogrammen ist es gelungen, sich gegen Umwelteinflüsse abzuschirmen. Aus evolutionsbiologischer Sicht ist die pränatale Entwicklung des Menschen ein so perfekter Vorgang, dass er auch nicht durch ausgewählte Umweltfaktoren weiter optimiert werden kann. Es gibt also keinen Raum für eine positive Beeinflussung – wohl aber für eine negative: Im Laufe seiner Entwicklungsgeschichte hat der Mensch Gifte geschaffen – unter anderem Tabak und Alkohol –, die die Entwicklungsprogramme stören können. Um jedoch keinen Kulturpessimismus aufkommen zu lassen: Er hat auch vieles erfunden, was ihn vor den Gefahren der Umwelt schützt, nicht umsonst ist die Lebenserwartung des Menschen so enorm gestiegen. Es bleibt also festzuhalten, dass der Einfluss des Menschen auf die pränatale Entwicklung eines Kindes sich auf den richtigen Umgang mit Stoffen (Gifte) beschränkt, die sich andernfalls negativ auf die biologisch angelegten Programme auswirken.

Auch für die Intelligenzentwicklung gilt nach dem jetzigen Forschungsstand: Alles, was eine schwangere Frau und ihre Umgebung tun können, damit das Kind später seine genetisch vorgesehene Intelligenz erreicht, ist die Vermeidung toxischer Einwirkungen. Eine normale Ernährung und die Vermeidung von Stress sind wünschenswert, aber nicht absolut notwendig. Diese eigentlich sehr positive Botschaft wird nicht von allen gemocht, insbesondere nicht von Menschen, die aus der Verunsicherung zukünftiger Eltern Kapital schlagen wollen, wie z. B. die Inhaber der Prenatal University in Hayward/Kalifornien. Hier werden gegen Geld Übungen und Tipps für Schwangere angeboten, die angeblich die geistige Entwicklung des Ungeborenen fördern, etwa durch die Beschallung des Embryos mit Mozart-Musik. Woher aber nehmen die Anbieter solcher »Leistungen« die Chuzpe, solche »Trainings« als wirksam anzupreisen? Tatsächlich berufen sie sich auf Entwicklungspsychologen, die Belege dafür brachten, dass bereits Ungeborene Sinneserfahrungen machen. Es gilt als erwiesen, dass schon im Mutterleib gelernt wird – jedenfalls dann, wenn man Lernen im weitesten Sinne als eine »überdauernde Veränderung des Verhaltens in Abhängigkeit der Erfahrung« versteht. Die Ungeborenen reagieren auf vertraute akustische Reize anders als auf neue Laute und Geräusche. Diese Art von Lernen zeigt jedes Lebewesen, auch die Ameise. Warum aber sollte ein Embryo, der zum akustischen Diskriminationslernen in der Lage ist, mit immer neuen Reizen konfrontiert werden? Das wäre so ähnlich, als wenn man ein sechsjähriges Kind, das gerade die 26 Buchstaben unseres Alphabets zu unterscheiden lernt, auch noch mit kyrillischen Schriftzeichen und chinesischen Symbolen konfrontiert. Lernen heißt, Reize zu erkennen und auszuwählen, und gerade das wird durch eine Reizüberflutung erschwert. Der für die Anbieter von pränatalen Lernprogrammen lukrative Fehlschluss dürfte darin bestehen, dass viele Menschen – allen voran Eltern – eine mehr oder weniger diffuse Vorstellung von den Zeitfenstern der Intelligenzentwicklung ihres Nachwuchses haben. Viele gehen davon aus, dass manche Dinge nur in ganz bestimmten Lebensabschnitten gelernt werden können und dass das sich noch formende Gehirn besser lernt als das ausgereifte. Am Ende dieses Kapitels haben wir hoffentlich alle Leserinnen und Leser davon überzeugt, dass diese Annahme so nicht zutrifft.

Erinnern wir uns wieder an die neun Kinder aus Kapitel 1, die zu den oberen 15 % in der Intelligenzverteilung gehören. Ihre guten genetischen Voraussetzungen für die Intelligenzentwicklung wurden ganz offensichtlich nicht vor der Geburt beeinträchtigt. Und mehr war zunächst nicht nötig, um die Grundlagen für eine erfolgreiche Intelligenzentwicklung zu erhalten.

Wie entscheidend ist das erste Lebensjahr?

Wenden wir uns nun der Zeit nach der Geburt zu. Kann die Prenatal University derzeit noch als exotische Ausnahmeerscheinung gesehen werden, so ist die Sorge um die angemessene Förderung eines Kindes in den ersten Lebensjahren weit verbreitet. Genährt wurde sie wieder durch Ergebnisse zur Lernfähigkeit der Kleinen. So reagieren etwa Babys bereits wenige Tage nach der Geburt anders, wenn sie eine Sprache hören, die sie aus ihrer Umgebung kennen, als wenn sie eine ihnen unbekannte Sprache vernehmen. Gemessen werden die Reaktionen, indem man dem Säugling einen Hochtechnologie-Schnuller in den Mund steckt, mit dem sich erfassen lässt, wie schnell er saugt. Ein Baby, das die ersten sieben Tage seines Lebens mit deutsch sprechenden Menschen verbracht hat und plötzlich auf Französisch angesprochen wird, wird seine Sauggeschwindigkeit reduzieren. Es wird sie wieder steigern, sobald die vertraute Sprache angeboten wird, wie beispielsweise Kathryn Hirsh-Pasek von der Temple University zeigen konnte (Hirsh-Pasek et al., 2000). Auch am Max-Planck-Institut für Psycholinguistik in Leipzig konnte nachgewiesen werden, dass deutsche und französische Säuglinge die Unterschiede in der Intonation in ihrer Sprache früh bei der eigenen Lautproduktion übernehmen. Die im Französischen typische Betonung der letzten Silbe und die im Deutschen übliche Betonung der Stammsilbe finden ihre Entsprechung in der »Krähmelodie« der Säuglinge (Mampe et al., 2009). Zweifelsohne werden im ersten Lebensjahr ganz entscheidende Weichen für das Sprachenlernen gestellt. Nimmt man alle Sprachen dieser Welt zusammen, so kommt man auf insgesamt 200 Laute, aus denen sie sich zusammensetzen. Keine Sprache nutzt aber mehr als 40 Laute. Dennoch bringen wir Menschen die Voraussetzungen mit, alle 200 Laute zu erkennen und auch zu produzieren. Gesteuert über die Gene, entwickelt sich im Gehirn des Embryos offensichtlich ein großes Sprachpotenzial – anscheinend ist der Mensch seit seiner Geburt darauf vorbereitet, jede Sprache dieser Welt zu lernen. Aber Lernen bedeutet auch auswählen müssen: Aus den 200 Lauten, die wir im Prinzip unterscheiden können, werden die 20 bis 40 Laute aus der Umgebungssprache selektiert. Die Fähigkeit, die anderen Reize zu diskriminieren, geht mit zunehmendem Alter verloren: Wer mit Chinesisch als Muttersprache aufgewachsen ist, kann nicht zwischen »r« und »l« unterscheiden, im Russischen gibt es kein »h«, und die Deutschen tun sich mit dem »th« im Englischen schwer. Am Ende des ersten Lebensjahres reagiert ein Baby ausgeprägt auf die Laute seiner Muttersprache, während es an allen anderen Lauten das Interesse verliert.

Diesem Verlust könnte man wahrscheinlich mit den heute zur Verfügung stehenden technischen Möglichkeiten entgegenwirken, etwa indem man die Kleinen mehrere Stunden täglich abwechselnd mit allen Sprachen dieser Welt beschallt. Von 8 bis 9 Uhr mit Chinesisch, danach über den Tag verteilt mit

Japanisch, Russisch, Englisch ... Das würde gewährleisten, dass ein Baby am Ende des ersten Lebensjahres nicht das Interesse an 160 Lauten verloren hätte, sondern allen 200 die gleiche Aufmerksamkeit schenken würde. Ganz nach dem Motto: *Use it or loose it.* Als Psychologen möchten wir Eltern von kleinen Kindern aber dringend von einer solchen Behandlung abraten. Zwar ist zu erwarten, dass das Kind dadurch alle Laute zu unterscheiden lernt, aber es steht zu befürchten, dass es niemals richtig zu kommunizieren lernt. Spracherwerb vollzieht sich durch Interaktion mit anderen Menschen, er setzt voraus, dass man sich auf die relevante Information beschränkt.

In den Genen der Menschen ist ein Sprachinstinkt verankert, der sich in dem frühen Interesse an sprachlicher Information zeigt. Dieses geht einher mit dem Interesse an menschlicher Interaktion. Im ersten Lebensjahr eines Menschen entwickelt sich eine Fähigkeit, die der Anthropologe Michael Tomasello von der Universität Leipzig *joint attention* nennt, also gemeinsame Lenkung von Aufmerksamkeit, und die sich vor allen Dingen in Blickbewegungen zeigt (Tomasello et al., 2005). Mit vier Monaten lässt sich beobachten, dass Kinder den Blicken ihrer Mitmenschen folgen. Mit acht Monaten sind sie sogar schon mit großer Begeisterung dabei, die Blicke ihrer Mitmenschen zu lenken: Jetzt blicken die Erwachsenen in dieselbe Richtung, in die das Kind schaut. Diese Form von *joint attention* ist bei keinem anderen Säugetier so ausgeprägt wie beim Menschen. Menschen sind hochgradig soziale Lebewesen, und alles was sie an spezifischen Kompetenzen mitbringen, verdanken sie ihrer Fähigkeit, mit ihren Mitmenschen zusammen zu lernen.

Vor diesem Hintergrund muss auch die Intelligenzentwicklung gesehen werden. Wie in den vorangegangenen Kapiteln deutlich geworden sein sollte, zeigt sich Intelligenz vor allem im Umgang mit Symbolsystemen. Symbole aber erhalten ihre Bedeutung erst durch die Interaktion mit anderen Menschen. Damit also Menschen überhaupt Intelligenz entwickeln können, müssen sie mit anderen Menschen interagieren. Die Fähigkeit zur sozialen Interaktion ist in unseren Genen verankert und entwickelt sich von der Geburt an.

Die soziale Entwicklung setzt per definitionem eine soziale Umwelt, das heißt andere Menschen, voraus. Die Gene, die die Interaktion mit anderen Menschen steuern, müssen umweltsensitiv sein. Was aber, fragen besorgte Eltern, müssen wir unserem Kind im ersten Lebensjahr bieten, damit sich diese genetisch verankerte Entwicklung vollziehen kann? Oder andersherum gefragt: Wie entwickelt sich die Intelligenz eines Kindes, das im ersten Lebensjahr keine liebevolle Bezugsperson hat, die entzückt auf jedes Brabbeln reagiert, mit großer Begeisterung die Gegenstände aufhebt, die das Kind zu Boden wirft, und mit ihm jene pointierte Sprache spricht, die man *child directed speech* nennt?

Dank der Forschung von Sir Michael Rutter und Nathan Fox wissen wir heute mehr darüber. Nach dem Zusammenbruch des Ostblocks 1989 und der damit verbundenen Öffnung der osteuropäischen Länder stieß man insbesondere in rumänischen Waisenhäusern auf schreckliche Verhältnisse. Babys und Kleinkinder lebten unter katastrophalen hygienischen Bedingungen und wurden nur mit dem Nötigsten versorgt. An emotionale Zuwendung war nicht zu denken. Die Situation dieser Kinder löste nicht nur eine Welle des Mitgefühls, sondern auch ein großes wissenschaftliches Interesse aus, und beides ließ sich miteinander verbinden. Sowohl in Rumänien selbst als auch in Großbritannien fanden sich Familien, die bereit waren, eines dieser Kinder zu adoptieren. Voraussetzung war, dass sie sich nicht ein Kind aussuchen durften, sondern eines zugeteilt bekamen. Letzteres erfolgte nach dem Losprinzip, da man unbedingt einen Selektionseffekt vermeiden wollte. Auch wenn sich die zufällige Zuweisung zunächst ein wenig unmenschlich anhört, sie war das Gerechteste, was den Kindern widerfahren konnte. Und während die einen Kinder also in gut betreute Adoptionsfamilien kamen, verblieb ein anderer Teil im Heim.

Die Adoptivfamilien, die auf ein schwieriges Kind eingestellt waren und von Experten unterstützt wurden, nahmen an einer wissenschaftlichen Untersuchung teil, in der es um die Frage ging, in welchem Ausmaß frühe Vernachlässigung kompensierbar ist. Auch die in den Heimen verbliebenen Kinder wurden regelmäßig hinsichtlich ihrer kognitiven und emotionalen Entwicklung getestet und beobachtet. Inzwischen sind aus den Kindern junge Erwachsene geworden, und es gibt aus beiden Forschungsgruppen zahlreiche Veröffentlichungen, in denen die adoptierten Kinder mit denen im Waisenhaus verglichen werden. Die Ergebnisse sind vielfältig. Die nicht-adoptierten Kinder entwickelten sich erwartungsgemäß weniger günstig als die adoptierten, aber auch zwischen diesen gab es hinsichtlich der emotionalen und kognitiven Entwicklung große Unterschiede. Ein wichtiger Faktor war natürlich der Zeitpunkt der Adoption. Kinder, die vor dem zweiten Geburtstag adoptiert wurden, entwickelten sich erstaunlich gut, gerade auch was ihre Intelligenz anging. Der IQ einiger weniger Kinder näherte sich sogar der 130er-Grenze, wie uns Nathan Fox in einem persönlichen Gespräch mitteilte. Trotz sehr ungünstiger Umstände im ersten Lebensjahr kann ein Kind also einen sehr hohen IQ entwickeln.

Was wäre aber, wenn unsere neun besonders intelligenten Kinder aus Kapitel 1, die ja gute Gene für die Intelligenzentwicklung mitbrachten, ihr erstes Lebensjahr in einem rumänischen Waisenhaus verbracht hätten und anschließend von fürsorglichen Familien aufgenommen worden wären? Hätten sie ebenfalls einen IQ über 115 erreicht? Vor dem Hintergrund der Ergebnisse von Fox und Rutter können wir dazu ungefähre Schätzungen abgeben: Jedes Kind hätte wohl einige Einbußen im IQ hinnehmen müssen, aber vielleicht knapp die Hälfte – also vier von den neun Kindern – hätte es möglicherweise geschafft, die Hürde von 115 zu nehmen. Trotzdem gibt es gute Gründe, daran zu zweifeln, dass es unter diesen Umständen um die Schulleistungen der Kinder, insbesondere in Mathematik und den genannten Textaufgaben, ebenso gut bestellt wäre wie bei den Kindern aus dem Beispiel. Obwohl sie in einer ungünstigen Umgebung die IQ-Hürde genommen haben, ist es unwahrscheinlich, dass sie ihre Intelligenz in gleicher Weise in Kompetenzen umsetzen konnten wie die Kinder, die bei vergleichbaren genetischen Voraussetzungen in einer fürsorglichen Umgebung aufwuchsen. Schließlich sind es auch Persönlichkeitsmerkmale, die zu erfolgreichen Leistungen beitragen. Dazu gehören Frustrationstoleranz und Selbstdisziplin. Wir wissen derzeit noch zu wenig über die Kompensationsmöglichkeiten solcher Kinder, deshalb ist nicht völlig auszuschließen, dass ein wirklich guter Mathematikunterricht zu Beginn der Schulzeit den Kindern volle Kompensation ermöglicht. Im letzten Kapitel dieses Buches werden wir der Frage nachgehen, welche schulischen und außerschulischen Bedingungen die Umwelt bereitstellen muss, damit Intelligenz angemessen in Wissen umgesetzt werden kann. Hier berichtet sowohl die amerikanische Arbeitsgruppe um Nathan Fox als auch die britische Gruppe um Michael Rutter überdurchschnittlich häufig davon, dass die Waisenkinder in punkto Selbstregulation und emotionaler Entwicklung große Probleme hatten. Die Entwicklung der Intelligenz selbst ist offensichtlich weniger stark beeinträchtigt.

Schließlich sei noch ein Umweltfaktor genannt, der sich im ersten Lebensjahr – wenn auch nur in bescheidenem Ausmaß – positiv auf die weitere Intelligenzentwicklung auswirken kann: die Muttermilch. Etwa vier IQ-Punkte können Kinder dazugewinnen, deren Körper ein bestimmtes Enzym, Delta-6-Desaturase, produziert, das bestimmte Fettsäuren der Muttermilch abbaut, wenn sie im ersten Lebensjahr nicht mit künstlicher, sondern mit Muttermilch ernährt werden; bei Kindern ohne dieses Enzym war ein solcher Effekt nicht zu beobachten (Caspi et al., 2007). Da die untersuchten Kinder die Muttermilch aus der Flasche bekommen hatten, stand fest, dass es nicht einfach der »Kuscheleffekt« beim Stillen war, sondern die Inhaltsstoffe der Milch, die zu einem höheren IQ geführt hatten. Allerdings zeigten die Ergebnisse bei genauerem Hinsehen, dass nur die Kinder, welche die genetischen Voraussetzungen für eine ausreichende Produktion des Enzyms Delta-6-Desaturase mitbrachten, einen IQ-Gewinn aus der Muttermilch ziehen. Auch dies ist ein schönes Beispiel für Gen-Umwelt-Interaktion. Wie die Studien dazu aber ebenfalls belegen, erzeugt der statistische Effekt, den das Stillen mit Muttermilch auf den IQ hat, allein noch keine Genies. Und umgekehrt werden Kinder mit guten Anlagen nicht um ihre Intelligenz gebracht, wenn sie mit künstlicher Milch aufgezogen werden. Mütter, die aus welchen Gründen auch immer nicht stillen konnten, müssen sich demnach nicht vorwerfen (lassen), die Zukunft ihres Kindes ruiniert zu haben, bevor sie überhaupt begonnen hat. Dazu ist der Effekt für das Individuum zu gering. Gleichzeitig tut eine Gesellschaft aber gut daran, möglichst vielen Frauen beispielsweise durch die Flexibilisierung der Arbeitszeiten das Stillen zu ermöglichen, da der Gesamtgewinn an Intelligenz doch bedeutsam ist.

Zusammenfassend können wir sagen, dass die Gene, die die Intelligenzentwicklung im ersten Lebensjahr steuern, eine vergleichsweise geringe Reaktionsnorm haben, also keine großen Ansprüche an die Umwelt stellen. Schon wohlwollende und kommunizierende Mitmenschen reichen aus, um die Entwicklungsprogramme zum Spracherwerb und der sozialen Interaktion in Gang zu setzen. Die Qualität der Nahrung (Muttermilch) und die emotionale Bindung leisten einen zusätzlichen positiven Beitrag, doch selbst wenn diese Umweltbedingungen nicht ganz optimal sind, beeinträchtigt das die Intelligenzentwicklung kaum. Klar ist aber auch: Unterschiede in der Intelligenz, die ihren Ursprung in den Genen haben, können nicht durch besonders positive Umweltbedingungen ausgeglichen werden.

Dies sei zum Schluss an einem etwas drastischen, aber umso erhellenderen Beispiel verdeutlicht: Stellen wir uns ein Paar vor, das bereit ist, ein Kind aus einem sehr ärmlichen und lieblos geführten rumänischen Waisenhaus anzunehmen. Das Paar ist hochgebildet und gesteht sich ehrlicherweise ein, dass es sich nur schwer damit abfinden könnte, ein Kind zu haben, das nicht an einer Universität studieren wird. Es hat die Wahl zwischen zwei Kindern: einem Neugeborenen, dessen Eltern in geregelten Verhältnissen aufwuchsen, aber schlechte Schüler waren und auch außerschulisch kein akademisches Interesse verfolgten; und einem Einjährigen, dessen Eltern erfolgreiche Akademiker waren, die jedoch beide eine Woche nach der Geburt gestorben sind, weshalb das Kind sofort in das Waisenhaus kam und mit einem Jahr motorische und soziale Entwicklungsrückstände aufweist. Weiterhin setzen wir voraus, dass die Mütter beider Kinder während der Schwangerschaft weder Drogen noch Alkohol zu sich genommen und auch nicht geraucht haben. Zu welchem Kind sollte man den adoptionswilligen Eltern raten? Hier ist die Antwort eindeutig: Das einjährige Kind bringt mit größerer Wahrscheinlichkeit die besseren genetischen Voraussetzungen für eine überdurchschnittliche Intelligenz mit. Wenn das Kind nach der Adoption liebevolle Unterstützung erhält, stehen die Chancen, dass seine Defizite in der Intelligenzentwicklung kompensiert werden können, gut.

Was aber geschieht, wenn Kinder mit guten genetischen Voraussetzungen länger als ein Jahr in einer Umgebung sind, in der sie nur notdürftig versorgt werden, ohne bei ihrer Entwicklung unterstützt zu werden? Damit wollen wir uns im nächsten Abschnitt befassen.

Intelligenzentwicklung im Kleinkind- und Vorschulalter

Eines der faszinierendsten menschlichen Phänomene ist der Spracherwerb im Kindesalter. Während am Ende des ersten Lebensjahres einzelne Personen und Gegenstände mit Worten belegt werden, die den gängigen Bezeichnungen ansatzweise ähneln, kann ein fünfjähriges Kind perfekte Sätze sprechen und sich über abstrakte Inhalte verständigen. Dazu braucht es Mitmenschen, die mit ihm sprechen und auf seine Interessen eingehen. Gegenstände zu benennen, die ein Kind anschaut, beschleunigt den Aufbau eines Wortschatzes. In einem sehr schönen Experiment hat Judy DeLoache kürzlich gezeigt (DeLoache et al., 2010), dass diese Aufgabe aber nicht von einer DVD übernommen werden kann. Dabei wurden Kinder im Alter zwischen zwölf und achtzehn Monaten zusammen mit ihren Eltern zufällig vier Gruppen zugeteilt: In Gruppe 1 schauten sich Kinder und Eltern zusammen regelmäßig eine kommerzielle DVD zur Erweiterung des kindlichen Wortschatzes an; in Gruppe 2 wurden lediglich die Kinder mit der DVD konfrontiert, ihre Eltern nicht; Gruppe 3 sah keine DVD, aber die Eltern wurden instruiert, mit den Kindern die Wörter zu thematisieren, die auf der DVD gelernt werden sollten; Gruppe 4 (Kontrollgruppe) erhielt kein Training, sondern wurde nur wie die Kinder der anderen drei Gruppen im Abstand von vier Wochen zweimal getestet, um spontane Lernfortschritte zu kontrollieren. Es zeigte sich, dass die Kinder der Gruppen 1 und 4 sich nicht in ihren Lernfortschritten unterschieden, während die Kinder der Gruppe 3 die meisten Wörter gelernt hatten. Ganz offensichtlich kann man das Sprechenlernen – und damit die Grundlagen der Intelligenzentwicklung – nicht an Medien delegieren, auch wenn manche Eltern das gerne glauben würden. Es zeigte sich nämlich, dass viele Eltern der DVD positive Effekte auf den Lernfortschritt ihrer Kinder attestierten, für die es im Test jedoch keine Belege gab.

Auch beim Erlernen der Grammatik ist handlungsbegleitendes Sprechen wie»Erst ziehen wir die Schuhe an, und dann binden wir sie zu« sehr hilfreich. Selbst wenn Kinder lange brauchen, bis sie die Grammatik einer komplexen Sprache aktiv beherrschen, ist ihr passives Verständnis erstaunlich gut, und sie nutzen es für den Aufbau von Wissen, wie beispielsweise der Gebrauch des unbestimmten Artikels deutlich macht. Zeigt der Erwachsene auf einen Hasen und sagt »Das ist ein Hase«, hat das Kind einen Gattungsbegriff gelernt. Sagt der Erwachsene hingegen »Das ist Hase«, geht das Kind davon aus, dass »Hase« ein Eigenname ist. Eine Erzieherin im Kindergarten, die die deutsche Grammatik nicht beherrscht, wird ihren Schützlingen also viele Lerngelegenheiten vorenthalten bzw. sie auf falsche Fährten locken. Kinder interessieren sich für Sprachspiele und Sprachmuster. Silben klatschen und Abzählreime machen ihnen Spaß und unterstützen den Aufbau der sogenannten phonologischen Bewusstheit. Sie ist Voraussetzung für einen reibungslosen Erwerb der Schriftsprache. Wie in sehr vielen Studien in ganz unterschiedlichen Ländern der Welt gezeigt werden konnte, erleichtern Sprachspiele im Kindesalter den späteren Schriftspracherwerb erheblich.

Ähnlich dem Sprachinstinkt existiert bei Kindern auch ein Zahleninstinkt (siehe Kapitel 1): Mit minimaler Unterstützung lernen sie, die Zählwörter ihrer Sprache auf Mengen anzuwenden. Aber sie brauchen natürlich Übung. Dazu hält jeder Tag im Leben eines Kindes unzählige Möglichkeiten bereit: Das Abwiegen beim Kochen, Tischdecken, die Erdbeeren am Strauch, die Markierung der Körpergröße am Türrahmen sind nur einige Beispiele dafür, wie sich Alltagshandlungen quantifizieren lassen. Wie bedeutsam die alltägliche Unterstützung für die numerischen Fähigkeiten der Kinder ist, wurde vielfach belegt. Der Pittsburgher Entwicklungspsychologe Robert Siegler konnte zeigen, dass sozial benachteiligte Kinder einen langfristigen Vorteil bei der Bewältigung mathematisch-numerischer Anforderungen hatten, wenn die Familien zu Brettspielen wie »Mensch ärgere dich nicht« angeregt wurden. Die Automatisierung, das wiederholte Zählen beim Bewegen der Figuren und bei der Mustererkennung auf dem Würfel dürften dabei eine entscheidende Rolle spielen (Siegler & Ramani, 2008).

Eine weitere wichtige Komponente für die Intelligenzentwicklung ist die Aufmerksamkeitssteuerung. Das Lernen in akademischen Bereichen setzt vor allen Dingen die Unterdrückung irrelevanter eingehender Information voraus. Das Lernen aus Texten beispielsweise bedeutet, seine Aufmerksamkeit von der bunten lauten Welt abzuwenden und sich auf kleine schwarzweiße Muster in Form von Buchstaben zu konzentrieren. Das gelingt aber nur, wenn man von der Außenwelt keine Bedrohung erwartet und die Vorstellungsbilder und Empfindungen, die beim Lesen entstehen, einen größeren Anreiz darstellen als das, was die Welt drumherum zu bieten hat. Man darf nicht vergessen, dass sich die biologischen Voraussetzungen für unsere geistige Leistung, nach allem was wir wissen, vor 40000 Jahren in einer sehr unwirtlichen Umwelt entwickelt haben. Sich selbstvergessen auf einen unspektakulären Ausschnitt der Umwelt zu konzentrieren, hätte einen damals mit großer Wahrscheinlichkeit das Leben gekostet. Erst die Fähigkeit zur geteilten Aufmerksamkeit – also das Multitasking – hat uns Menschen das Überleben ermöglicht. Sich über längere Zeit auf eine Sache konzentrieren zu können, weil man davon ausgehen kann, dass keine Gefahr für Leib und Leben besteht, ist ein Luxus unserer Zeit. Biologisch ist unser Gehirn eher darauf ausgerichtet, mit einem Auge oder einem Ohr Veränderungen in der Umwelt wahrzunehmen, wenn wir gerade mit einer anderen Handlung beschäftigt sind. Das dürfte auch der Grund dafür sein, dass es so lange gedauert hat, bis der Mensch das entwickelt hat, was wir heute Kultur und Zivilisation nennen. Ein Grund für den berauschenden Erfolg der modernen Kommunikationsmedien könnte sein, dass sie den vor 40000 Jahren entstandenen Mechanismen sehr entgegenkommen: Einen Gedankengang oder ein Gespräch zu unterbrechen, sobald ein Klingelton zu hören ist, fällt den Menschen ganz offensichtlich nicht schwer. Nicht immer kann man sich aber des Eindrucks erwehren, dass manche Menschen den größten Teil ihrer Aufmerksamkeitsressourcen darauf verwenden, möglichst schnell zu entscheiden, ob gerade ihr eigenes oder ein anderes Mobiltelefon sich bemerkbar macht. Wir

Menschen lassen uns leicht ablenken – das hat es uns als Spezies ermöglicht zu überleben, erschwert aber schulisches Lernen. Unter der Leitung von Helen Neville an der Universität Oregon konnten kürzlich spektakuläre Erkenntnisse zum Einfluss der Umgebung auf die Aufmerksamkeitssteuerung gewonnen werden. Dabei verglich man Kinder aus Wohngebieten, die man als sozialen Brennpunkt bezeichnen könnte, mit Kindern aus sogenannten Mittelschichtfamilien, die in einer behüteten Umgebung aufwuchsen. Beiden Gruppen wurden über einen Kopfhörer spannende Geschichten vorgelesen, während man im EEG-Labor die Gehirnströme der Kinder maß. Die Informationen wurden nur über ein Ohr zugespielt. Über das andere Ohr wurde ab einem bestimmten Zeitpunkt eine zweite Geschichte eingespielt. Aus den EEG-Mustern war sehr deutlich Folgendes abzulesen: Die Kinder aus dem sozialen Brennpunkt reagierten sofort auf den Störreiz, indem sie einen Teil ihrer Aufmerksamkeitsressourcen von der vorgelesenen Geschichte abzogen, während die Mittelschichtkinder sich weniger schnell ablenken ließen. Zwar liegen die Unterschiede im Millisekundenbereich, das bedeutet aber nicht, dass sie irrelevant sind. Ganz offensichtlich hatten die Kinder aus den sozialen Brennpunkten der vorgelesenen Geschichte von Vornherein weniger Aufmerksamkeit geschenkt und deshalb schneller auf den Störreiz reagiert. Das ist aus ihrer Sicht durchaus sinnvoll: Sie leben in einer Umwelt, in der man sich vor Gewalt in Acht nehmen und in der man schnell reagieren muss, wenn Ressourcen verteilt werden. In der Welt der Mittelschichtkinder spielen diese Faktoren – wenn überhaupt – eine untergeordnete Rolle.

So konnte in der Studie von Neville mit Hilfe neurowissenschaftlicher Methoden etwas gezeigt werden, was sich auf Verhaltensebene noch nicht so deutlich hätte nachweisen lassen: Kinder aus sozialen Brennpunkten entwickeln offensichtlich Gewohnheiten in der Aufmerksamkeitssteuerung, die ihrer Umwelt angepasst, aber nicht auf die Entwicklung akademischer Kompetenzen ausgerichtet sind. Schon im Alter von drei Jahren werden also die ersten Weichen bei der Informationsverarbeitung gestellt. Um Intelligenz aufzubauen und intelligentes Verhalten zu zeigen – so haben wir gelernt –, muss man sich auf unspektakuläre Aspekte der Umwelt konzentrieren können und diese mit bereits Gelerntem in Verbindung bringen. Wer hingegen ständig auf der Lauer liegt und darauf achtet, was die Umwelt an Möglichkeiten und Gefahren bereithält, kann ein solches Verhalten nicht entwickeln.

Stellen wir uns ein Kind vor, das die besten genetischen Voraussetzungen für eine hohe Intelligenz mitbringt, aber seine ersten Lebensjahre in einer Familie aus einem sozialen Brennpunkt verbringt. Ein solches Kind wird nicht die Mechanismen der Aufmerksamkeitssteuerung entwickeln können, die für die Entwicklung einer überdurchschnittlichen Intelligenz erforderlich sind. Es wird schon in den ersten Lebensjahren Gewohnheiten erlernt haben, die dem Angebot der Schule zuwiderlaufen, weshalb es dieses nicht optimal nutzen kann. Dennoch gibt das Forschungsprojekt von Helen Neville Anlass zu Optimismus: Das Aufmerksamkeitsverhalten von Kindern aus Familien, die in sozialen Brennpunkten leben, kann nämlich mit erstaunlich geringem Aufwand optimiert werden. Und zwar mit Hilfe eines Familienprogramms, bei dem vor allem mit den Eltern gearbeitet wird. Dessen wichtigste Mission besteht darin, mehr Ruhe in die Familien zu bringen, so dass die Grundvoraussetzungen für Konzentration geschaffen werden. Dazu gehören einfache Erziehungstipps, wie den Kindern mehr Autonomie zu geben. Statt ihnen zu befehlen »Sofort ins Bett, sonst passiert etwas«, dürfen sie wählen: »Möchtest du gleich ins Bett und noch eine Geschichte vorgelesen bekommen oder erst in zehn Minuten und dann gleich schlafen?« Das Gefühl der Bedrohung, das bei einem ungünstigen Kommunikationsstil entsteht, wird auf diese Weise abgemildert. Wie die Arbeitsgruppe in Oregon zeigen konnte, ändert sich die Aufmerksamkeitssteuerung der Kinder dadurch tatsächlich: Die Kinder von Familien, die an einem solchen Training teilgenommen hatten, zeigten bei der beschriebenen EEG-Versuchsanordnung vergleichbare Muster wie die Kinder aus Mittelschichtfamilien. Mit anderen Worten: Die Kinder hatten ein Konzentrationsverhalten erworben, das sie auf schulische Lernsituationen vorbereitet (Steven et al., 2009). Auch andere großangelegte Vorschulprogramme wurden – vorwiegend in den USA – evaluiert, bei denen die Intelligenz mit einem auf Vorschulkinder zugeschnittenen Test gemessen wurde. W. Steven Barnett von der Rutgers University hat kürzlich einen Überblick über die Erfolge dieser Ansätze und ihre langfristigen Effekte gegeben. Wie mehrere Studien belegen, lag der IQ der geförderten Kinder nach Abschluss der Fördermaßnahme und noch vor Schuleintritt deutlich (im Durchschnitt eine halbe Standardabweichung) über dem IQ nicht geförderter Kinder. Das klingt erst einmal sehr vielversprechend. Die Enttäuschung kam in der Grundschulzeit: Die IQs beider Gruppen hatten sich angeglichen. War also alles umsonst? Durchaus nicht, wie spätere differenzierte Nacherhebungen zeigten. Die geförderten Kinder erbrachten bessere Schulleistungen und waren generell im späteren Leben erfolgreicher. Obwohl sie unter ungünstigen Bedingungen lebten, wurden sie mit geringerer Wahrscheinlichkeit kriminell. Eine wohlwollende Interpretation dieses Befundes lautet: Zwar konnte in der Grundschule die Intelligenz aller Kinder gefördert werden, die früh geförderten Kinder wurden aber besser darauf vorbereitet, ihre Intelligenz zu nutzen (Barnett, 2010).

Die wichtigste Botschaft dieses Kapitels lautet: Die für die Intelligenzentwicklung zuständigen Gene weisen im Kleinkindalter eine große Reaktionsnorm auf. Damit das in den Genen vorhandene Potenzial genutzt werden kann, müssen die Grundlagen für die Aufmerksamkeitssteuerung, die numerische Entwicklung und den Schriftspracherwerb gelegt werden. Geschieht dies nicht, so laufen Kinder mit sehr gutem genetischem Potenzial Gefahr, ihre Chancen zu vertun. Dabei reichen bereits eine

Umgebung, die nicht als bedrohlich erlebt wird, handlungsbegleitendes Sprechen und die Quantifizierung von Alltagsereig-
nissen – alles Dinge, die nicht besonders kostspielig sind – aus,
damit ein Kind sein Potenzial entfalten kann.

Aus ökonomischen Gründen dürfte es in entwickelten Gesellschaften also keine Benachteiligung in der Intelligenzentwicklung
geben. Umgekehrt ist aber keineswegs garantiert, dass ökonomisch bessergestellte Familien ihren Kindern automatisch bessere Entwicklungschancen geben. Ihre finanziellen Möglichkeiten
machen sie nur anfällig für die unzähligen unseriösen Förderan-
gebote – sei es in Form bestimmter Medien oder Kurse. Die Welt
der Kinder hat sich in den letzten Jahrzehnten massiv geändert:
Es ist längst nicht mehr selbstverständlich, dass sie mit Geschwis-
tern aufwachsen oder die Nachbarkinder einfach zum Spielen auf
der Straße treffen und von diesen lernen können. Heute müssen
solche in früheren Zeiten selbstverständlichen Lerngelegenheiten
für Kinder – egal welcher sozialen Schicht sie angehören – institu-
tionalisiert werden. In professionell geführten Betreuungseinrich-
tungen können die Kleinen spielerisch auf zentrale Kompetenzen
in einer modernen Wissens- und Informationsgesellschaft vorbereitet werden. Davon profitieren alle Kinder – unabhängig von
ihrer sozialen Herkunft und ihren kognitiven Voraussetzungen.

Die Konsolidierung der Intelligenz
in der Grundschule

Wie intelligent ein Kind ist, kann es zeigen, wenn es Kulturtechniken wie Lesen, Schreiben und Rechnen erwerben muss.
Wie bereits erörtert, gibt es für Vorschulkinder Intelligenztests,
die entweder nicht-sprachliches Material verwenden oder aber
Material, welches den Kindern vorgelesen wird. Dieses Tests, so
haben wir gelernt, besitzen durchaus eine gewisse Aussagekraft –
also Validität –, aber Langzeitstudien wie LOGIK zeigen, dass der

im Vorschulalter gemessene IQ mit dem späteren IQ nur um r=.5 korreliert. Das ist nicht nichts, aber für eine Prognose mit individuellen Konsequenzen viel zu schwach. Mit dem Schuleintritt ändert sich dies jedoch. In der LOGIK-Studie zeigte sich, dass der am Ende des ersten Schuljahres gemessene IQ mit dem zwei Jahre später gemessenen IQ höher als r=.8 korrelierte. Mit dem Erwerb der Schriftsprache im ersten Schuljahr haben sich offensichtlich die den sprachlichen IQ betreffenden Kompetenzen konsolidiert.

Für schlussfolgerndes Denken mit nicht-sprachlichem Material – gemessen mit einer für Kinder geeigneten Version des Matrizentests (siehe Kapitel 1 und 2) – zeigte sich eine Stabilisierung erst in der vierten Klasse. Erklärt werden kann dies damit, dass das für die Entwicklung des nicht-sprachlichen logischen Denkens benötigte mathematische Wissen erst in der zweiten Hälfte der Grundschulzeit erworben wird. Mit zunehmender Rechenkompetenz erhalten die Kinder die Möglichkeit, Gesetzmäßigkeiten bei Zahlenfolgen und numerischen Dimensionen, aber auch bei geometrischen Figuren und Symmetrien von Mustern zu entdecken und sie für das schlussfolgernde Denken anzuwenden (Weinert & Schneider, 1999; Schneider & Bullock, 2009).

In einer Grundschule, die den in unseren Breitengraden üblichen Standards entspricht, werden Kindern also Lernangebote gemacht, die ihnen ermöglichen, ihre Intelligenz voll zu entwickeln. Obwohl innerhalb einer Klasse diese Lernangebote für alle gleich sind, entwickelt sich die Intelligenz der Kinder höchst unterschiedlich: Die Verteilung des IQs in jeder Klasse nähert sich der Normalverteilung. Auch wenn wir uns wiederholen: Gleiche Umwelten machen Menschen in der Intelligenz (und das gilt auch für viele andere Variablen) nicht gleicher, sondern unterschiedlicher. Die Umwelt ermöglicht den genetischen Anlagen Entfaltungsmöglichkeiten.

Dass der Schulbesuch einen wesentlichen Einfluss auf die Intelligenzentwicklung hat, zeigen in unterschiedlichen Ländern durchgeführte Längsschnittstudien zum Alter des Schuleintritts. In manchen Ländern gibt es für die Einschulung einen festen Stichtag, so dass Kinder, die im Alter nur einen Tag auseinander liegen, ein ganzes Schuljahr zwischen sich haben. In Deutschland hat man eine flexible Übergangsfrist, aber auch hier kommt es natürlich zu großen Altersunterschieden innerhalb einer Klasse. Die Ergebnisse sind eindeutig: Bei den eingeschulten Kindern wird ein merklich höherer IQ gemessen als bei gleichaltrigen, noch nicht eingeschulten Kindern. Dieser Vorsprung war bei einer von Wissenschaftlern der Philipps-Universität Marburg durchgeführten Studie auch nach vier Jahren noch zu beobachten: Bei gleicher Intelligenz im Alter von fünf Jahren waren die früher eingeschulten Kinder im Alter von zehn Jahren ihren Alterskameraden um vier IQ-Punkte voraus. Ob sich der Vorsprung bis in das Erwachsenenalter hinein hält oder ob er kompensiert wird, wissen wir derzeit noch nicht. Für eine Kompensierbarkeit spricht die Tatsache, dass in sehr vielen Studien gezeigt werden konnte, dass ein Zusammenhang zwischen der Dauer des Schulbesuchs – also den in der Schule verbrachten Jahren – und der im Erwachsenenalter gemessenen Intelligenz besteht (Ceci, 1991). Menschen, die sieben statt acht Jahre in die Schule gegangen sind, hatten im Durchschnitt drei IQ-Punkte weniger, und dies ließ sich nicht auf unterschiedliche Ausgangsbedingungen zurückführen. Auch hier ist zu beachten, dass der Effekt, der durch die unterschiedliche Länge des Schulbesuchs ausgelöst wird, zwar signifikant, insgesamt aber doch gering ist. Ein Schuljahr mehr macht aus einem Durchschnittsmenschen keinen Hochbegabten, und ein Schuljahr weniger lässt den IQ keineswegs in den Keller rutschen.

Stellen wir uns ein Kind vor, das sehr gute genetische Voraussetzungen für die Ausbildung einer hohen Intelligenz mitbringt und seine ersten Lebensjahre in einer gebildeten Familie verbracht hat. Kurz bevor es eingeschult werden soll, fegt eine mehrjährige Katastrophe über das Land hinweg. An Schulbesuch ist nicht zu denken, und mit zehn Jahren wird das Kind weder flüssig lesen noch schreiben und lediglich kleine Zahlen addieren und subtrahieren können. Was seinen IQ betrifft, den man mit einem nicht-sprachlichen Intelligenztest messen würde, wobei man die Norm für Zehnjährige zugrunde legte, steht zu erwarten, dass dieser 90 kaum überschreiten würde, selbst wenn das Kind unter anderen, besseren Umständen einen IQ von über 130 erreichen könnte. Würde der IQ dieses Kindes mit 90 immer noch höher sein als der eines unter gleichen Bedingungen aufgewachsenen Kindes, das in einer optimalen Umwelt nur einen IQ von 110 erreicht hätte? Hier müssen wir spekulieren, da uns keine Studie bekannt ist, die dies untersucht hätte. Aber wir gehen davon aus, dass sich wahrscheinlich ein kleiner Unterschied von vielleicht 5 IQ-Punkten zeigen würde, so dass das weniger begabte Kind vielleicht einen IQ von 85 erreichen würde. Auf jeden Fall wären die Unterschiede zwischen den Kindern in einer ungünstigen Umwelt deutlich geringer als unter günstigeren Bedingungen.

Doch sind diese Kinder, die zwischen dem sechsten und zehnten Lebensjahr keine Gelegenheit zum Schulbesuch und damit zur Entwicklung von Intelligenz hatten, für alle Zeiten benachteiligt, auch wenn sich die Verhältnisse bessern? Oder anders ausgedrückt: Können diese Kinder, wenn wieder Normalität in ihr Leben einkehrt und sie erst mit zehn Jahren Lesen, Schreiben und Rechnen lernen, dann noch die Intelligenz erreichen, für die sie genetische Voraussetzungen mitbringen? Dafür spricht in der Tat einiges, und begründen können wir das aus der noch nicht allzu lange zurückliegenden Erfahrung in Europa. Als Folge des von den Deutschen begonnenen Zweiten Weltkrieges gab es für Millionen Kinder jüdischer, osteuropäischer und am Ende auch deutscher Herkunft keine oder nur sporadische Schulbildung. Es gibt jedoch keine Hinweise auf geistige Defizite der in den 1930er Jahren geborenen Menschen. Der Erwerb von Schriftsprache sowie systematischer mathematischer Kompetenzen sind zwar Voraussetzung für die Entwicklung von Intelligenz, aber es gibt kein enges Zeitfenster, in dem dies geschehen muss.

Wenn der Schule bei der Ausbildung der Intelligenz eine so entscheidende Rolle zukommt, stellt sich natürlich die Frage, ob sich schulrelevante Merkmale wie die Unterrichtsqualität, das Engagement der Lehrperson oder die in der Schule verbrachte Zeit auf die Intelligenz der Kinder auswirken.

In unzähligen Studien wurde nachgewiesen, dass Schul- und Unterrichtsqualität Einfluss auf den Lernerfolg haben: Wie gut ein Kind Texte versteht, naturwissenschaftliche Sachverhalte erklären und mathematische Aufgaben lösen kann, hängt zwar auch, aber nicht nur von den kognitiven Voraussetzungen der einzelnen Schüler ab. Vielmehr sind verschiedene Facetten der Unterrichtsqualität, auf die wir im letzten Kapitel dieses Buches zu sprechen kommen, entscheidend für den fachlichen Lernerfolg. Sind sie aber auch entscheidend für den IQ? Ist zu erwarten, dass eineiige Zwillinge, die zwar in der gleichen Familie aufwachsen, aber in unterschiedliche Grundschulklassen mit unterschiedlicher Unterrichtsqualität gehen, im IQ abweichen? Die Antwort lautet: Die Kinder werden unterschiedliche Leistungen in den Schulfächern erbringen, aber die Unterschiede in der Unterrichtsqualität müssten schon sehr groß sein, wenn sie sich wirklich auf den IQ auswirken sollten. Jedenfalls kamen Studien, in denen der Einfluss der Schul- und Unterrichtsqualität sowohl auf die Leistung als auch den IQ untersucht wurden, zu diesem Ergebnis. So haben Fritz Staub und Elsbeth Stern beispielsweise im Rahmen der Münchener Längsschnittstudien analysiert, welchen Einfluss ein verständnisorientierter Mathematikunterricht hat, in dem die Schülerinnen und Schüler nicht nur das Einmaleins üben, sondern auch Konzepte und Prinzipien verstehen sollen (Staub & Stern, 2002). Tatsächlich zeigten Kinder, die diesen Unterricht genossen hatten, bessere Leistungen im Lösen mathematischer Textaufgaben, wie sie zu Beginn des Buches vorgestellt wurden. Ein Effekt eines zum logischen Denken anregenden

Mathematikunterrichtes auf die Intelligenz konnte allerdings nicht nachgewiesen werden. Noch einmal: Intelligenz ist eine robuste Persönlichkeitseigenschaft, und Unterschiede im IQ lassen sich nur bei gravierenden Unterschieden in den Umweltbedingungen auf externe Einflüsse zurückführen.

Dafür sprechen auch die Befunde der Zwillingsstudien, die unter der Leitung des Populationsgenetikers Robert Plomin aus London durchgeführt wurden (Kovas et al., 2011). In seiner großen Stichprobe waren unter anderem eineiige Zwillinge, die in unterschiedliche Schulklassen gingen. Dessen ungeachtet waren sie in der Intelligenz und auch in ihrem Sozialverhalten fast identisch, ihre Schulleistungen waren sehr ähnlich.

Die im vorangegangen Abschnitt zur Entwicklung der Intelligenz im Vorschulalter erwähnten Ergebnisse zu Effekten von Frühförderprogrammen gehen in die gleiche Richtung. Wir erinnern uns: Der IQ von Kindern, die an solchen Programmen teilgenommen hatten, war in der Vorschulzeit deutlich höher als der nicht geförderter Kinder. Trotzdem hatten sich gegen Ende der Grundschulzeit diese Unterschiede wieder aufgehoben. Man kann also davon ausgehen, dass es in der Grundschulzeit gelungen ist, Bedingungen herzustellen, die es auch Kindern aus ungünstigen sozialen Bedingungen ermöglicht hat, ihre Intelligenz zu entwickeln. Ob diese Kinder – und das gilt sowohl für die geförderten als auch die nicht geförderten – unter günstigeren familiären Bedingungen einen höheren IQ entwickelt hätten, können wir natürlich nicht sagen. Aber alle Ergebnisse sprechen klar gegen ein eng definiertes Zeitfenster für die IQ-Entwicklung. Selbst wenn die früh geförderten Kinder keinen langfristigen Vorsprung beim IQ hatten, zeigten sie doch einen Vorteil bei der Nutzung ihrer Intelligenz. Sie erbrachten bessere Schulleistungen und wurden seltener kriminell. Unterschiede in den Förderbedingungen wirken sich offensichtlich weniger auf Unterschiede in der Intelligenz selbst aus als in der Nutzung derselben. Dass der Schule die Aufgabe zukommt, Kinder bei der Nutzung ihrer Intelligenz zu unterstützen, wird Thema des letzten Kapitels sein.

Aus der Tatsache, dass man in entwickelten Ländern mit einem hinreichend guten Schulsystem keinen Einfluss der Schul- und Unterrichtsqualität auf die Intelligenzunterschiede findet, darf man natürlich nicht schließen, dass diese ganz und gar unwichtig sind. Vielmehr ist es so: In entwickelten Ländern wird kontrolliert, ob Mindeststandards eingehalten werden, und darauf geachtet, dass grobe Missstände rechtzeitig entdeckt werden. Bezieht man in die Analysen weniger entwickelte Länder mit ein, in denen die Mindeststandards nicht immer zu sichern sind, zeigt sich ein etwas anderes Bild, wie Rindermann und Ceci (2009) belegen konnten: Wenn die durchschnittliche Klassengröße bei 50 liegt und Lehrpersonen keine spezielle Ausbildung brauchen, dann kann sich die Intelligenz von Kindern möglicherweise nicht optimal entfalten.

Spielräume für Intelligenzentwicklung in der Pubertät und im Jugendalter

Ein Kind, das seine ersten zwölf Lebensjahre in einer für die Intelligenz förderlichen Umwelt verbracht hat, hat im Allgemeinen seinen endgültigen IQ entwickelt – nicht absolut, aber in Bezug auf seine individuelle Position in der Gesamtbevölkerung. Allerdings gibt es auch hier noch Spielräume, wie kürzlich veröffentlichte Befunde aus einer am Berliner Max-Planck-Institut für Bildungsforschung durchgeführten Längsschnittstudie zeigen. Hier ging man der Frage nach, ob 13-jährige Schüler aus der ehemaligen DDR, alle mit einem ähnlichen Intelligenz-Ausgangswert, die nach der politischen Wende von 1989 teils auf das Gymnasium gingen, vier Jahre später eine höhere Intelligenzleistung zeigten als diejenigen von ihnen, die in der Hauptschule geblieben waren. Das war tatsächlich der Fall, wie Becker et al. (2012) belegen konnten. Die Ergebnisse sind deshalb so interessant, weil sie beweisen, dass sich die Rangreihen in der Intelligenz als Folge von Umweltbedingungen auch noch in der Pubertät bzw. dem Jugendalter ändern können. Offensichtlich ist es in den unterschiedlichen Schularten unterschiedlich gut gelungen, Einfluss auf die Intelligenzentwicklung der Schüler zu nehmen. Ob das Gymnasium einen Schub geleistet hat oder aber die Regelschule die Intelligenzentwicklung gebremst hat, können wir aus der Studie nicht erschließen. Zu einem ähnlichen Ergebnis kam auch eine in *Nature* veröffentlichte Studie von Ramsden et al. (2011), der zufolge sich bei etwa 20 % der untersuchten Kinder zwischen dem 12. und dem 16. Lebensjahr Veränderungen von 10 bis 15 IQ-Punkten nach oben oder unten ergaben. Interessant an dieser Untersuchung war, dass die größeren Veränderungen im IQ mit größeren strukturellen Veränderungen im Gehirn einhergingen. Im nächsten Kapitel, das sich mit den neurobiologischen Grundlagen der Intelligenz befassen wird, werden wir noch sehen, dass im Jugendalter größere »Umbauten« im Gehirn vorgenommen werden. Es findet ein »Ausputzen« *(pruning)* statt, bei dem Verbindungen zwischen Nervenzellen, die keine Funktion haben, aufgegeben werden. Auf Verhaltensebene zeigen sich insbesondere Veränderungen in der emotionalen Kontrolle. Wir alle wissen aus eigener Erfahrung und aus der Beobachtung anderer: In der Pubertät neigen Menschen dazu, launisch und unkontrolliert zu sein, was sich generell in einer größeren Risikobereitschaft zeigt. Ein Einbruch in der Intelligenz selbst konnte jedoch nicht beobachtet werden. Im Gegenteil: Bei vielen Kindern ist ein Schub im schlussfolgernden Denken zu beobachten, das heißt, die Kinder bekommen ein gutes Gefühl dafür, welche neuen Informationen man aus bestehenden ableiten kann.

Wenn es trotzdem in dieser Phase zu einem Leistungsabfall in der Schule kommt, dann ist das mit großer Wahrscheinlichkeit nicht auf eine Abnahme der Intelligenz zurückzuführen, sondern darauf, dass diese nicht in die Schulleistung investiert wird, da in dem Alter andere Interessen im Mittelpunkt stehen. Manche Schulleistungsstudien zeigen, dass der durchschnittliche Leistungszuwachs in zentralen Fächern wie Englisch oder Mathematik in den Schuljahren 8 und 9 vernachlässigbar ist (Köller, 2008). Die Tatsache, dass es Eltern und Lehrpersonen in diesem Alter nicht besonders gut gelingt, Jugendliche zum Lernen anzuhalten, sollte aber nicht als Naturgesetz interpretiert werden. Vielmehr leisten wir uns den Luxus, der Pubertät und ihren Verwirrungen besonderen Tribut zu zollen, weil wir meinen, es uns leisten zu können. Pubertät, so wie sie in unserer Gesellschaft zelebriert wird, kann nicht auf entwicklungsbiologische Veränderungen reduziert werden. Das Leistungstief ist keine biologische Notwendigkeit, und im letzten Kapitel werden wir uns der Frage zuwenden, wie man auch in herausfordernden Lebensphasen Kinder dazu anhalten kann, ihre Intelligenz zum Lernen zu nutzen.

Auch wenn die in der Pubertät zu beobachtenden Umbauten in der Physiologie des Gehirns die Intelligenzentwicklung nicht negativ beeinflussen – das jugendliche Gehirn ist vulnerabel. Wie anfällig es für psychiatrische Krankheiten ist, wurde von Caspi et al. (2010) dokumentiert. Vergleichsweise harmlose Indikatoren in der Kindheit, etwa die Behauptung, Stimmen zu hören, entwickelten sich mit einer überzufälligen Wahrscheinlichkeit in der Pubertät zu einer Schizophrenie.

Der Vulnerabilität des Gehirns während der Pubertät sollte auch bei der Frage nach Drogen- und Alkoholprävention besondere Beachtung geschenkt werden. Dass ein Missbrauch dieser Substanzen sich insbesondere in einem Zeitraum großer Veränderungen im Gehirn – im Grunde aber zu jedem Zeitpunkt des Lebens – negativ auf die Intelligenzentwicklung auswirkt, konnte ebenfalls von Caspi und Moffitt gezeigt werden (Caspi et al., 2005). In ihrer großen Längsschnittstudie wurden Selektionseffekte kontrolliert. Es könnte ja sein, so die Annahme der Wissenschaftler, dass Jugendliche, die zu Drogen und Alkohol greifen, weniger intelligent sind als solche, die clean bzw. abstinent bleiben. Da man aber die Vorgeschichte der Kinder kannte, konnte man diese Interpretation ausschließen: Bis zum Beginn der Alkohol- und Drogenexzesse waren verglichen mit den anderen Studienteilnehmern keine Unterschiede in der Intelligenz zu beobachten. Erst mit dem Alkohol- und Drogenkonsum blieben die Jugendlichen in der weiteren Intelligenzentwicklung hinter ihren Erwartungen zurück. Es gibt also gute Gründe, Prävention zu betreiben und auf allfällige Probleme schnell zu reagieren.

Gibt es umgekehrt aber auch die Möglichkeit, die Intelligenz positiv zu beeinflussen? Der Begriff »Brain-Enhancer« macht seit einiger Zeit in populären Magazinen die Runde. Medikamente, die eigentlich für Krankheiten wie Hyperaktivität, ADHD und Depressionen vorgesehen sind, sollen angeblich die geistige Leistungsfähigkeit steigern. Tatsächlich wurden jedoch keine Effekte gefunden, wie mehrere Übersichtsstudien berichten (Sauter & Gerlinger, 2012). Intelligenz lässt sich also nicht medikamentös beeinflussen.

Am Ende des Jugendalters ist die absolute und relative Intelligenz bei den meisten Menschen erreicht. Mit anderen Worten, in diesem Lebensabschnitt erreicht der Rohwert, also die Anzahl gelöster Aufgaben in einem Intelligenztest, sein Maximum. Für Psychologen, die Intelligenztests entwickeln, heißt das: Sie müssen unterschiedliche Normen für 16-Jährige und 19-Jährige entwickeln, da man mit 16 noch nicht das Optimum erreicht hat. Für 19- und 21-Jährige hingegen kann man jedoch die gleichen Altersnormen verwenden, da sich der durchschnittliche 19-Jährige in der Anzahl der gelösten Intelligenzaufgaben nicht vom durchschnittlichen 21-Jährigen unterscheidet. Erst ab dem mittleren Erwachsenenalter nimmt die mittlere Anzahl der gelösten Aufgaben in manchen Tests – insbesondere solchen mit Zeitbegrenzungen – ab. Entsprechend müssen die Normen von Intelligenztests an diese Altersspanne angepasst werden. Da der IQ einer einzelnen Person sich ja aus der Abweichung von der mittleren Altersnorm errechnet, ändert sich dieser über die Lebensspanne nur, wenn diese Person eine andere Altersentwicklung zeigt als die gleichaltrigen Menschen der Normstichprobe. Nehmen wir an, die mittlere Anzahl der gelösten Aufgaben liegt bei den 18- bis 35-Jährigen bei 80. Dann hat der 25-jährige Herr XY einen IQ von 100, wenn er 80 Aufgaben gelöst hat. Wenn die mittlere Anzahl der gelösten Aufgaben der 40-Jährigen bei 78 liegt, und Herr XY 15 Jahre später immer noch 80 Aufgaben löst, hat er im Alter einen leichten IQ-Anstieg von ca. 3 Punkten zu verzeichnen. Bei manchen Tests ist ab dem mittleren Erwachsenenalter ein leichter Rückgang zu beobachten, der aber bis in das höhere Erwachsenenalter üblicherweise nicht dramatisch ausfällt. Längsschnittstudien zeigen, dass viele Menschen ihre Intelligenzleistung bis zum Alter von 80 Jahren weitestgehend halten können. Kontrovers diskutiert wird derzeit, ob die geistige Verfassung im Alter durch die frühere Lebensführung beeinflusst wird oder nicht (Salthouse, 2012).

Ein Exkurs: Gilt »Nature via nurture« auch für Persönlichkeitsmerkmale wie Motivation und Interesse?

Wie ein Mensch sich beruflich und persönlich entwickelt, hängt nicht allein von seiner Intelligenz ab. Im Laufe eines Lebens gibt es unzählige Weichenstellungen und Entscheidungsmöglichkeiten, das haben Zwillings- und Adoptionsstudien zu verschiedenen psychologischen Merkmalen, etwa zu Persönlichkeitseigenschaften wie Extraversion und emotionale Stabilität und zu psychologischen Auffälligkeiten wie Alkoholismus, Drogenabhängigkeit, Kriminalität, immer wieder belegt. Solche Persönlichkeitsmerkmale, im Alltag würden wir von Charaktereigenschaften sprechen, beschreiben Unterschiede zwischen Menschen in ihrem Sozialverhalten: zum Beispiel, ob sie gerne auf Partys gehen, gerne und von sich aus Gespräche mit Fremden beginnen etc. Merkmale der emotionalen Labilität beschreiben beispielsweise Verhaltenstendenzen, bei Misserfolg schnell aufzugeben. Dem Thema des Buches entsprechend wollen wir uns hier zwar auf Begabungsmerkmale konzentrieren, dabei aber nicht verschweigen, dass auch Persönlichkeits- bzw. Charaktermerkmale teilweise genetisch beeinflusst sind. Wie Zwillings- und Adoptionsstudien gezeigt haben, können Unterschiede in Temperamentsmerkmalen – Extraversion zu fast 50%, emotionale Stabilität zu rund 35% – durch die Gene erklärt werden.

Bislang sind die Einflüsse bzw. Ursachen individueller Unterschiede in Motivation und Interesse sowie von Temperamentsmerkmalen wie Extraversion/Introversion und emotionaler Stabilität aber weit weniger erforscht als bei der Intelligenz. Sogenannte historiometrische Analysen berühmter Künstler, Wissenschaftler, Politiker oder Manager zeigen, dass diese sich mit einem Ausmaß an Leidenschaft ihrer Aufgabe widmen, das bei anderen Menschen nicht zu beobachten ist. Was aber bringt Menschen dazu, freiwillig 60, 70 oder mehr Stunden pro Woche an einem Kunstwerk oder einer wissenschaftlichen Studie zu arbeiten, nur weil die Tätigkeit an sich schon als belohnend empfunden wird?

Zwischenzeitlich hat man eine Vielzahl an psychologischen Begriffen für die »Leidenschaftlichkeit«, mit der jemand seine Arbeit tut, vorgeschlagen. Beginnend mit klassischen Begriffen wie Motivation (im besonderen Leistungsmotivation) und Interesse (was eigentlich eine auf ein bestimmtes Gebiet bezogene Leistungsmotivation meint) ist in den vergangenen Jahren geradezu eine Inflation von Konzepten zu vermerken, die versuchen, dieses Verhalten in all seinen Facetten zu beschreiben, darunter Selbstwirksamkeitserwartung (worunter landläufig das Wissen um eigene Stärken und Schwächen verstanden wird), Selbstmotivation, Gewissenhaftigkeit, Selbstdisziplin, Perfektionis-

mus, Passioniertheit/Leidenschaft. Ob diese Persönlichkeitseigenschaften für schulische oder berufliche Leistungen wirklich
wichtiger sind als Intelligenz, wie manchmal behauptet wird,
ist noch unklar. Dazu gibt es bislang zu wenige belastbare Studien, die die Vorhersagekraft dieser Konstrukte mit jener der
Intelligenz vergleichen. Das hat zum Teil auch damit zu tun,
dass sich die Psychologie schwertut, diese sogenannten konativen (das heißt antriebhaften) Faktoren valide zu messen. Zwar
wurde eine Vielzahl an Fragebögen und Tests zur Erfassung von
Motivation, Selbstdisziplin, Perfektionismus etc. entwickelt,
allerdings weisen die meisten von ihnen im Gegensatz zu Intelligenztests (teilweise deutlich) geringere, wenn auch oft immer
noch bedeutsame Zusammenhänge mit schulischen Leistungen
auf. Da die konativen Merkmale aber häufig moderat mit Intelligenz korrelieren – intelligentere Menschen sind zumeist auch
leistungsmotivierter –, stellt sich die Frage, ob und inwieweit
Motivation unabhängig von Intelligenz Beiträge zur Vorhersage
schulischer Leistungen liefern kann. Dies ist zwar zumeist der
Fall, aber – und das wird Thema in Kapitel 7 sein – Intelligenz ist
zumeist die erklärungsmächtigere Variable; die motivationalen
Variablen liefern oft nur kleine Beiträge zur Erklärung individueller Unterschiede in der Schulleistung. Ähnliches gilt für die
Interessen von Menschen. Hier zeigen einzelne Studien moderate Zusammenhänge mit den (Schul-)Leistungen, untersuchen
aber leider nicht, ob Interessensfaktoren auch unabhängig von
Intelligenz schulische oder berufliche Leistungen vorhersagen
können.

Offen bleibt, wie stark andere Begabungsfaktoren als Intelligenz durch unsere Gene bestimmt werden bzw. wie groß deren
Reaktionsnorm ist. So gibt es beispielsweise zur Kreativität
gerade mal elf Zwillingsstudien (Überblick bei Cropley & Reuter, 2010), die einen deutlich geringeren genetischen Einfluss
von nur rund 20 % gezeigt haben, der zudem größtenteils auf
den Zusammenhang von Kreativität mit Intelligenz zurückzu-

führen ist; wer kreativ ist, ist zumeist auch intelligent. Wird dieser auf die Intelligenz zurückgehende Anteil kontrolliert, dann unterscheiden sich eineiige von zweieiigen Zwillingen in ihren Zusammenhängen kaum mehr, was hieße, dass Kreativität überhaupt nicht genetisch beeinflusst wird. Ob kreative Genialität erblich ist, ist vor allem aus zwei Gründen schwer zu untersuchen: Zum einen ist das Merkmal Kreativität psychometrisch (das heißt mit Tests) weitaus schwerer zu fassen als das Merkmal Intelligenz. Während Intelligenztests nachweislich bedeutsam mit Erfolg in Schule, Ausbildung, Beruf und im Leben allgemein zusammenhängen (und diesen Zusammenhang tatsächlich sehr gut vorhersagen können, siehe Kapitel 6), kann das von sogenannten Kreativitätstests nicht behauptet werden, die, so wurde immer wieder kritisiert, kaum etwas mit der Kreativität in Kunst und Wissenschaft zu tun haben (Weisberg, 1986). So schneiden herausragende Wissenschaftler und Künstler in solchen Tests – anders als man annehmen würde – nicht überdurchschnittlich gut ab, und umgekehrt fallen Menschen, die darin hohe Werte erzielen, oft nicht gerade durch besondere kreative Leistungen auf, weder in der Kunst noch in der Wissenschaft oder in anderen Domänen. Weitere Zweifel an der auf Psychotests basierenden Kreativitätsforschung resultieren aus der Vermutung, dass Kreativität ein weniger stabiles Personenmerkmal als Intelligenz sei; vielmehr wird Kreativität als ein bestimmter Zustand gesehen, in dem das Gehirn in der Lage ist, besonders Schöpferisches hervorzubringen; neuere neurowissenschaftliche Befunde weisen in diese Richtung.

Noch weniger gesichert ist die wissenschaftliche Faktenlage für die sozial-emotionalen Kompetenzen. Die Forschung dazu firmierte im Laufe der Zeit unter ganz unterschiedlichen Begriffen: soziale Intelligenz, soziale Kompetenz/Fertigkeit, emotionale Intelligenz, interpersonale Intelligenz/Wahrnehmung, intrapersonale Intelligenz/Kompetenz, um nur einige zu nennen. Obgleich Unterschiede in den Schwerpunktsetzungen in den verschiedenen Konzepten auszumachen sind, ist der Kern zumeist ein ähnlicher: Getestet werden einerseits Unterschiede in der Fähigkeit oder Fertigkeit, das Verhalten/die Emotionen/ die Motive etc. anderer Menschen richtig wahrzunehmen (oft auch als interpersonale Wahrnehmungskompetenz bezeichnet). Andererseits versucht man, die Fähigkeit/Fertigkeit, eigene Emotionen/Motive/Wünsche adäquat wahrzunehmen (und auszudrücken), sowie die Fähigkeit/Fertigkeit zur Regulation eigener Emotionen und der Emotionen anderer zu erfassen:

- Wie kann ich mich nach Rückschlägen wieder motivieren?
- Wie kann ich andere Personen, die sich in Trauer/Wut/etc. befinden, wieder aufrichten/beruhigen etc.?

Die Schwierigkeit der Untersuchung der genetischen versus Umwelteinflüsse dieser Merkmale beginnt damit, dass sich diese Kompetenzen kaum adäquat messen lassen (etwa durch intelligenztestartige Aufgaben, bei denen es gilt, auf eine vorgegebene Situation zu reagieren). Aber wie reagiert man richtig in folgender Situation?

- Eine Freundin hat dich gebeten, für sie etwas zu besorgen. Leider hast du das Falsche gekauft, und sie regt sich darüber auf.

Wer oder was bestimmt, was hier die richtige Antwort bzw. ein adäquates Verhalten ist? Die betroffene Person selbst, Experten (aber wer wäre das dann?), eine große Stichprobe?

Eine andere Möglichkeit, soziale und emotionale Kompetenzen zu messen, besteht darin, die Personen sich selbst einschätzen zu lassen, indem sie Aussagen bejahen oder verneinen sollen. Beispiele dafür sind:

- Es ist für mich kein Problem, mich in die Lage eines anderen hineinzuversetzen.
- Es ist einfach für mich, die richtigen Worte zu finden, um meine Gefühle zu beschreiben.

Diese Methode birgt allerdings die auch bei Persönlichkeitsfragebögen übliche Gefahr, dass Personen verzerrte (sozial erwünschte)

Antworten geben, sich also besser bewerten, als sie tatsächlich sind.

Nichtsdestoweniger ist der zuletzt genannte Ansatz der einzige, für den wir derzeit über Zwillingsdaten verfügen, und diese zeigen in etwa die gleichen genetischen Effekte, wie wenn man andere, verwandte soziale oder emotionale Persönlichkeitsmerkmale untersucht, wie z. B. Extraversion versus Introversion oder emotionale Labilität versus Stabilität (vgl. z. B. Vernon et al., 2008). Emotionale, soziale und konative Verhaltensmerkmale lassen sich nicht immer voneinander abgrenzen, und dies erklärt auch, dass ähnliche Erblichkeitsschätzungen für diese Eigenschaften zu beobachten sind. Abschließend können wir sagen, dass für konative, soziale und emotionsbezogene Charaktermerkmale die Gene eine Rolle spielen und somit eine Reaktionsnorm haben, das heißt Umwelteinflüsse das Merkmal in einem recht weiten Bereich verändern können. Aber auch hier gilt wie bei der Intelligenz: Das Merkmal kann sich nur dann entfalten, wenn entsprechende förderliche Umweltbedingungen vorliegen. Und es spricht einiges dafür, dass die Gene, die Motivation und Persönlichkeitsmerkmale steuern, eine deutlich größere Reaktionsnorm haben, als die Gene, die die Intelligenz steuern. Im letzten Kapitel werden wir noch ausführlich darauf eingehen, welche Rolle emotionalen und motivationalen Merkmalen bei der Nutzung der Intelligenz zukommt.

Welche praktische Bedeutung haben die Erblichkeitsschätzungen?

Es wurde mehrfach hervorgehoben, dass Erblichkeitsschätzungen nur aus Populationsschätzungen gewonnen werden und daher nicht auf das Individuum übertragen werden dürfen. Kommt eine populationsgenetische Studie zu dem Ergebnis, dass 50 % der Intelligenzunterschiede auf Unterschiede in den

Genen zurückzuführen sind – ein Wert, der in wirtschaftlich entwickelten, demokratischen Ländern häufig gefunden wird –, besagt dies, dass längst nicht das gesamte Intelligenzpotenzial ausgeschöpft wird. Es kann davon ausgegangen werden, dass rundum geförderte Akademikerkinder mehr oder weniger das Maximum aus ihrem genetischen Potenzial herausholen. Erreichen sie einen IQ von 110, können wir mit einiger Sicherheit sagen, dass ihre Gene einfach nicht mehr hergeben. Kommt hingegen eine türkischstämmige Tochter aus einem eher bildungsfernen Haushalt in einem Intelligenztest auf den gleichen Wert, gibt es gute Gründe für die Annahme, dass sie ihr genetisches Potenzial nicht optimal umsetzen konnte. Wäre sie in einem weniger bildungsfernen Umfeld aufgewachsen, hätte sie mit einiger Wahrscheinlichkeit einen höheren IQ erreicht, auch wenn wir im Einzelfall nicht sagen können, wie hoch dieser hätte ausfallen können.

Was also würden wir einem Arbeitgeber raten, der eine Lehrstelle mit langfristiger Perspektive im administrativen Bereich anzubieten hat und jemanden sucht, der möglichst selbständig arbeitet und flexibel reagieren kann, wenn er die Wahl zwischen einem Akademikerkind und einem Nicht-Akademikerkind hat, bei denen der gleiche IQ gemessen wird? Wenn wir davon ausgehen, dass sie sich nicht wesentlich in anderen Persönlichkeitsmerkmalen unterscheiden, ist dem Nicht-Akademikerkind in punkto geistige Flexibilität mehr zuzutrauen: Es hat mit größerer Wahrscheinlichkeit sein Intelligenzpotenzial noch nicht ausgeschöpft und wird sich bei entsprechender Förderung das für die neuen Aufgaben nötige Wissen aneignen.

Wo können Erblichkeitsschätzungen einer Gesellschaft ansonsten noch Entscheidungshilfen geben? Manche Wissenschaftler (Carroll, 1989) schlagen vor, auf Basis von Erblichkeitskoeffizienten nur abzuschätzen, welchen Effekt eine »Umweltoptimierung« (z. B. optimal förderliches Schulsystem; umfangreiche außerschulische Angebote, keine finanziellen Restriktionen) auf den mittleren IQ-Gewinn z. B. in einem Land haben könnte. Sie kommen zu dem Schluss, dass bei einer angenommenen Erblichkeit der Intelligenz von 50 % im Mittel ein IQ-Gewinn von elf Punkten zu erzielen wäre; was knapp einer Streuungseinheit = Standardabweichung entsprechen würde. Größere Veränderungen findet man selten bei Interventionen jeglicher Natur, seien sie sozial, psychologisch oder medizinisch. Dies wäre immer noch ein beträchtlicher Gewinn, wenn man berücksichtigt, dass es sich ja um einen Mittelwert über alle Schüler hinweg handelt. Einzelne Schüler könnten sich durchaus noch stärker verbessern (vielleicht um 20 IQ-Punkte), während andere aufgrund bereits ausgereizter Fördermöglichkeiten auf demselben IQ-Niveau verbleiben würden.

Wir werden im letzten Kapitel argumentieren, dass »Investitionen« in ein besseres Bildungssystem dazu beitragen, die Intelligenzreserven in einem Land auszunutzen. Damit allein ist es aber nicht getan. Solche Investitionen lohnen sich nur, wenn Intelligenz auch wirklich intelligent genutzt wird. Zunächst wenden wir uns jedoch dem für die Intelligenz entscheidenden Körperteil zu: dem Gehirn.

5 Der Blick ins Gehirn: Wie das intelligente Gehirn aussieht

»Als aber jene … Weltweisen auftraten, so bewiesen sie aus unzähligen Gründen & Erfahrungen, dass das Gehirn der vornehmste Sitz der vernünftigen Seele sey. … keiner von den jetzigen Weltweisen wird es noch in Zweifel ziehen daß das Gehirn dasjenige Werkzeug sey welches die Natur bestimmt habe den Menschen verständig und fähig zu machen. Nur kommt es darauf an daß man erkläret wie dieser Theil beschaffen sein müsse wenn er wohl beschaffen und der Knabe aus diesem Grunde von Genie und Fähigkeit sein soll.«

Juan Huarte de San Juan, 1575

Wie schaut man ins Gehirn? – Methoden der modernen Neurowissenschaften

Das menschliche Gehirn besteht aus rund 100 Milliarden Neuronen, die unvorstellbare 100 Billionen (10^{14}) Verbindungen zueinander aufweisen. Ein Neuron besitzt üblicherweise eine größere Anzahl von Eingangsverbindungen, die Kontakt zu anderen Neuronen aufnehmen, sowie eine Ausgangsverbindung, das Axon, das elektrische Nervenimpulse vom Zellkörper wegleitet. Damit das Signal auch über längere Distanzen hinweg keine zu großen Verluste erleidet, sind die Axone mehr oder minder stark von einer sogenannten Myelinschicht umgeben (siehe Abbildung 5.1); sie erhöht die Leitungsgeschwindigkeit und sorgt für einen zuverlässigen Signaltransport. Myelin ist eine aus Lipiden und Proteinen bestehende Fettschicht und wird aufgrund der weißen Färbung auch als weiße Substanz bezeichnet, während die Nervenzellen (Zellkörper) selber sowie ihre Dendriten (Leitungen zu anderen benachbarten Neuronen) grau erscheinen (graue Substanz; nicht umsonst spricht man im Volksmund gerne von den »grauen Zellen«).

Der Beginn der Gehirnforschung wird häufig mit Franz Joseph Gall (1758–1828) datiert. Die von ihm begründete Lehre der Phrenologie ging davon aus, dass Charaktereigenschaften (z. B. Willenskraft, Frohsinn und Handfertigkeit; siehe Abbildung 5.2 oben) in bestimmten Gehirnteilen lokalisiert seien und dass man durch ein »Abtasten des Gehirns« die Ausprägung dieser Eigenschaften feststellen könne. Diese Idee gilt heute als obskur und ist – in der von Gall vorgeschlagenen Form – durch keinerlei wissenschaft-

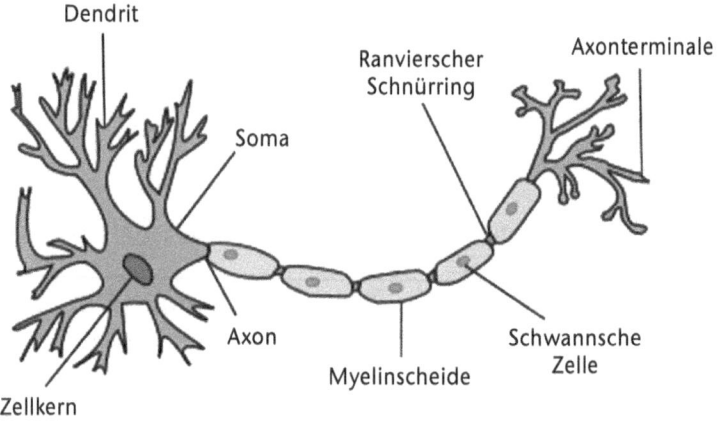

Abbildung 5.1: Der Aufbau einer Nervenzelle (Neuron)

Abbildung 5.2 (gegenüberliegende Seite) zeigt historische Vorstellungen über die Lokalisation von Gehirnfunktionen (oben) und die Gehirnkartographie der modernen Gehirnforschung (unten) im Vergleich. Es sind also nicht bestimmte Persönlichkeitseigenschaften, sondern hauptsächlich sensorische, motorische und kognitive Funktionen, die wir den verschiedenen Gehirngebieten inzwischen relativ genau zuordnen können. (nach Nichols & Newsome, 1999)

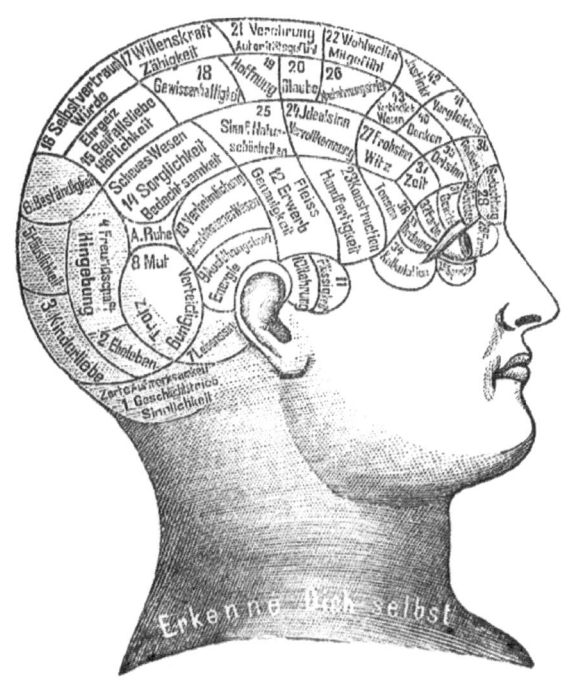

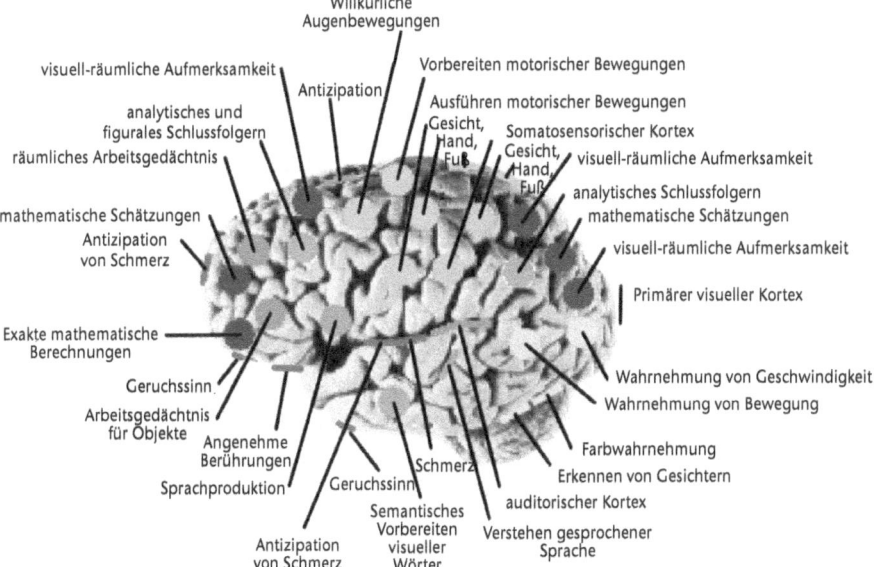

liche Studien erhärtet. Dennoch verdanken wir Gall die grundlegende Konzeption des Lokalisationismus, also die Annahme, dass bestimmte Gehirnfunktionen in spezialisierten Gehirngebieten gleichsam »eingelagert« sind, nur dass wir heute ein gänzlich anderes Bild von den Funktionen des Gehirns, insbesondere der Gehirnrinde (Kortex), zeichnen (Abbildung 5.2 unten). Aber bis zu dieser doch recht detaillierten »Kartierung« des Gehirns war es ein langer Weg. Den eigentlichen Beginn der modernen Gehirnforschung kann man mit Hans Bergers Entwicklung der Methode der Elektroenzephalographie (EEG) im Jahre 1924 an der Universität Jena ansetzen. Bei dieser auch heute noch gebräuchlichen Methode werden auf der intakten Schädeldecke Elektroden angebracht (heute zumeist mit einer Haube fixiert), um die von den unterhalb liegenden Nervenzellenverbänden generierten elektrischen Signale zu messen. Da diese Signale sehr schwach sind (nur einige Mikrovolt), muss der Übergangswiderstand möglichst gering gehalten werden: Ein sogenanntes Elektrodengel, in den Raum zwischen Elektrode und Kopfhaut eingebracht, stellt einen verbesserten und auch flexibleren elektrischen Kontakt her. Die so gewonnenen elektrischen Signale werden mittels hochempfindlicher EEG-Messgeräte verstärkt und aufgezeichnet. Aus dem Rohsignal werden dann in weiterer Folge anhand der Frequenz bestimmte Messgrößen (Parameter) berechnet bzw. analysiert, die beispielsweise Aufschluss darüber geben können, welche Gehirnareale gerade besonders aktiv sind.

Aber auch die Geschwindigkeit, mit der bestimmte Neuronengruppen ein Signal verarbeiten, lässt sich messen. Hierzu bietet man einer Person zig- oder gar hundertfach ein und dasselbe Signal (z. B. einen Lichtblitz oder einen Klickton), mittelt die dabei gewonnenen EEG-Kurven und kann dann bestimmte Komponenten des sogenannten Evozierten Potenzials (EP) isolieren (siehe Abbildung 5.3 – diese Abbildung zeigt die Kurven zweier unterschiedlicher Personen). Diese charakteristische

Reaktion im EEG hat zwar bei allen Menschen eine sehr ähnliche Grundform, aber die einzelnen Kurven nach oben oder unten sind bei manchen Menschen stärker, bei anderen schwächer ausgeprägt; und es gibt Unterschiede in der Schnelligkeit, mit der das Gehirn auf die einfachen Reize reagiert. Wie später zu zeigen sein wird, konzentrierte sich die frühe neurowissenschaftliche Erforschung der menschlichen Intelligenz gerade auf diesen Parameter.

Diese Analysemethode ist die beste zur Messung schnell ablaufender Prozesse im Gehirn, auch wenn sie nur die Aktivierung in der an der Außenseite des Kopfes gelegenen Gehirnrinde (Kortex) messen und nicht tiefer liegende Gehirnstrukturen erfassen kann.

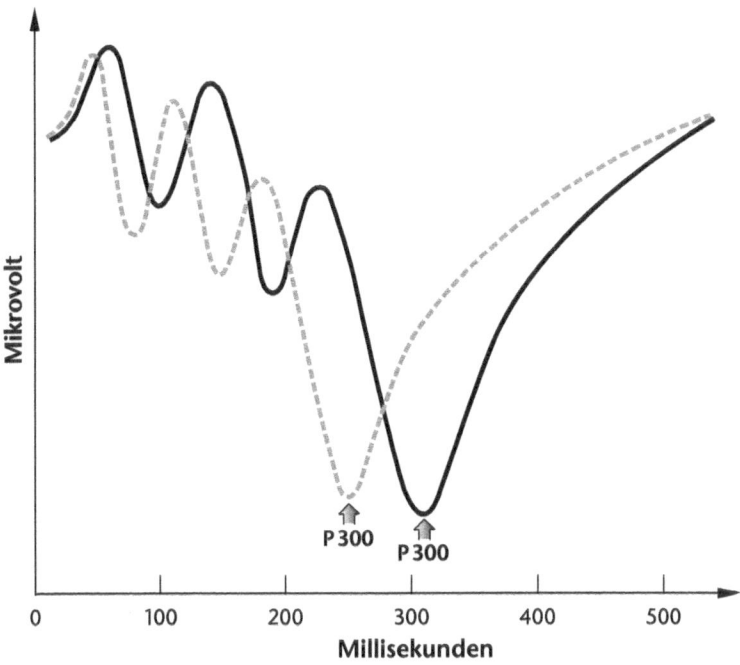

Abbildung 5.3: Evozierte Potenziale von zwei Personen

Den nächsten großen Schritt in der Gehirnforschung markiert in den 1970er Jahren die Entwicklung der Positronen-Emissions-Tomographie (PET). Sie misst nicht die rasch ablaufenden elektrischen Prozesse im Gehirn, sondern den deutlich langsamer reagierenden Blutfluss bzw. den Gehirnstoffwechsel (Glukosemetabolismus). Diesem Nachteil gegenüber dem EEG steht der Vorteil einer höheren räumlichen Auflösung gegenüber, vor allem kann man nun auch die Nutzung bzw. Aktivierung von Gehirngebieten, die unterhalb des Kortex (subkortikal) liegen, erfassen. Die Methode basiert auf der Beobachtung, dass Blut bzw. Glukose im Gehirn dort konzentriert wird, wo gerade intensive elektrochemische Prozesse ablaufen (welche die Grundlage der Informationsübertragung im Gehirn darstellen). Die PET misst also, wie viel »Energie« in Form von Glukose im Gehirn gerade wo verbraucht wird. Dieses Verfahren hat allerdings den Nachteil, dass den Probanden eine schwach radioaktive Markiersubstanz (Tracer) injiziert werden muss; aufgrund der damit verbundenen Belastung für die Probanden, der hohen Kosten und da sie im Vergleich zur nachfolgend entwickelten Kernspintomographie für die psychologisch orientierte (nicht-klinische) Gehirnforschung kaum Vorteile hat, wird sie heute – außer für spezielle medizinische Diagnostik – nur mehr selten eingesetzt.

Mit der Kernspintomographie, im Englischen als Magnetic Resonance Tomography (MRT) bezeichnet, kann man zweierlei Aspekte messen: die Gehirnstruktur, das heißt, die Größe der Gehirnareale in anatomischer Hinsicht (strukturelles MRT), sowie die Gehirnfunktion, also die regionale Durchblutung (funktionelles MRT). Egal ob die Struktur oder die Funktion erfasst wird, die MRT-Methode hat eine hohe räumliche Auflösung (im Bereich von Quadratmillimetern), sie erfasst auch subkortikale Gehirnstrukturen und belastet den Probanden weniger, da keine Markiersubstanz verabreicht werden muss. In gehirnstruktureller Hinsicht kann man mit dem Kernspintomographen zudem zwei wichtige anatomische Aspekte unterscheiden, die sogenannte graue versus die weiße Substanz, was auch im Hinblick auf die Intelligenz wichtig ist. Die Messung mittels eines MRT-Scans stellt die mächtigste Methode der Gehirnforschung dar. Aus Sicht des Probanden ist ein EEG mit einer weitaus geringeren (subjektiven) Belastung verbunden. Das Anlegen einer Elektrodenhaube, das Einbringen des Elektrodengels etc. hat für ihn allenfalls den Nachteil, dass er sich anschließend die Haare waschen muss.

Wer dagegen schon einmal in einem MRT-Scanner lag, kennt die Situation: Man wird mit dem Kopf voran in eine Röhre geschoben, die geringfügig breiter als die Schultern ist, und muss dort bis zu einer Stunde liegend und möglichst bewegungsarm verbleiben, während das Gerät selbst laute Brumm-, Klopf- und sonstige Geräusche von sich gibt (durch Ein- und Ausschalten der Elektromagneten), die man nur sehr wohlmeinend nicht als Lärm bezeichnen würde (sie erreichen einen Pegel über 100 Dezibel). Diese sehr spezielle Situation erschwert naturgemäß die Durchführung psychologischer Untersuchungen, speziell wenn es um akustische Stimulation geht (z. B. wie reagiert das Gehirn auf Musik von Beethoven versus Mozart), aber auch wenn man Personen z. B. Denkaufgaben wie in Intelligenztests lösen lassen möchte, geschweige denn, wenn man sie kreativ zu einem Thema assoziieren lassen möchte. Auch das ist einer der Gründe, warum nach wie vor viel Forschung mit dem EEG betrieben wird.

Neben EEG und MRT gibt es weitere bildgebende Verfahren: Magnet-Enzephalographie (MEG), Nah-Infrarot-Spektroskopie (NIRS) oder Transkranielle Magnetische Stimulation (TMS), die allerdings – zumindest im Bereich der Begabungsforschung – eher selten eingesetzt werden und daher hier nicht erklärt werden.

Schließlich soll eine fast schon als traditionell zu bezeichnende Methode nicht unerwähnt bleiben, mit der auch in jüngster Zeit aufsehenerregende Erkenntnisse gewonnen wurden: Die Untersuchung von Patienten mit fokalen (das heißt regional eingegrenzten) Gehirnläsionen (Verletzung bzw. Störung einer anatomischen Struktur oder physiologischen Funktion). Wurde ein bestimmtes Gehirnareal (irreversibel) geschädigt (z. B. aufgrund eines Unfalls oder Schlaganfalls), sind oft Ausfälle in kognitiven, affektiven oder motivationalen Funktionen zu beobachten, die vormals in diesem Areal angesiedelt waren. So kann man solche Patienten mit strukturellen Intelligenztests testen und beispielsweise feststellen, welche Begabungsbereiche etwa bei Läsionen des Stirnhirns eingeschränkt sind, zu welchen Leistungsminderungen es kommt, wenn der Scheitellappen lädiert ist, etc. Solche Läsionsstudien zeigen vor allem, wie erstaunlich anpassungsfähig das menschliche Gehirn ist. Ist ein Bereich des Gehirns geschädigt, können andere Teile dessen Funktion übernehmen, ein Phänomen, das in der Gehirnforschung als Neuroplastizität oder neuronale Plastizität bezeichnet wird. So kann – wenn die Läsion schon einige Zeit zurückliegt – bereits ein anderes Gehirnareal diese Funktion übernommen haben; oftmals zwar nicht in der ursprünglichen Leistungshöhe, aber doch weitaus besser als unmittelbar nach der Läsion. Übernimmt ein bestimmtes Gehirnareal neue Funktionen, kann es sogar passieren, dass sich die ursprünglich dort angesiedelten Funktionen verschlechtern.

Die Neuroplastizität des Gehirns lässt sich auch eindrucksvoll demonstrieren bei Menschen mit Sinnesstörungen. So ist bekannt, dass blinde Menschen überdurchschnittlich gut hören. Brigitte Röder konnte mit den beschriebenen neurophysiologischen Verfahren an der Universität Marburg (die auf blinde Studierende eingerichtet ist) zeigen, dass Teile des Gehirns, die bei sehenden Menschen zur Verarbeitung visueller Information genutzt werden, bei Blinden für die Verarbeitung akustischer Information genutzt werden. Das Phänomen der Neuroplastizität existiert aber nicht nur nach Gehirnschädigungen, sondern auch das gesunde Gehirn weist – zumindest in manchen Gehirnarealen – eine erstaunliche Veränderbarkeit auf.

Wie verändert sich unser Gehirn durch Lernen?

Bis vor etwa 20 Jahren waren sich Gehirnforscher einig, dass der Mensch mit einem fixen Satz an Nervenzellen in seinem Gehirn auf die Welt kommt. Man ging davon aus, dass diese sich in den ersten Lebensjahren – stimuliert durch Lernvorgänge – miteinander vernetzen, indem sie synaptische Verbindungen eingehen. Weiterhin glaubte man lange, dass zwischen dem dritten und vierten Lebensjahr die Gehirnentwicklung abgeschlossen sei. Tatsächlich ging man davon aus, dass sich schon vor Schuleintritt keine neuen Nervenzellen mehr bilden würden und auch das Zusammenwachsen der Nervenzellen über synaptische Verbindungen erschwert sei. Dies löste noch in den Neunzigern selbst unter seriösen Wissenschaftlern eine regelrechte Frühförderhysterie aus, weil man meinte, kritische Phasen der Hirnentwicklung fürs Lernen nutzen zu müssen, nach dem Motto »Was Hänschen nicht lernt, lernt Hans nimmermehr«.

Die Befunde der vergangenen zwei Jahrzehnte, die zum Teil in hochrangigen wissenschaftlichen Zeitschriften wie *Nature* und *Science* publiziert wurden, sprechen jedoch eine andere Sprache. Heute geht man davon aus, dass es sich bei unserem Gehirn um ein lebenslang lernfähiges und veränderbares Organ handelt, sofern nicht Gehirnkrankheiten wie Alzheimer diese Fähigkeit einschränken. Für die Studien, die zur Plastizität des Gehirns durchgeführt wurden, wählte man zwei verschiedene Ansätze: Zum einen analysierte man die Gehirne von Personen mit besonderen Fertigkeiten, zum anderen untersuchte man, wie sich das Gehirn durch genau definierte Lernvorgänge verändert. Gemessen wurde dabei im ersteren Fall zumeist die Gehirnstruktur, man konzentrierte sich also ausschließlich auf anatomische Unterschiede (graue Substanz) zwischen Experten und Nicht-Experten (Amateuren, Novizen), während man in den Studien der zweiten Gruppe sowohl Veränderungen der Gehirnstruktur als auch in der Gehirnnutzung bzw. -aktivierung nachgegangen ist.

Die Gehirne von Menschen mit hohen Fertigkeiten
oder besonderem Wissen

Bei diesem Ansatz werden Personen, die über besondere Fertigkeiten oder ein spezielles Wissen verfügen (z. B. bilinguale Personen, professionelle vs. Amateurmusiker, Taxifahrer, Schachspieler etc.), nach bereits erfolgten, umfangreichen Lernvorgängen mittels bildgebender Verfahren untersucht. Die Analyse der Gehirne derartiger Experten sollte Aufschluss darüber geben, ob Menschen mit einer hohen Expertise (das heißt weit überdurchschnittlichem Wissen, Können, Fertigkeiten) in bestimmten Gehirnarealen Besonderheiten, vor allem in Form von viel grauer Substanz, aufweisen. Die Studien gehen davon aus, dass die durch die intensivierten Lernvorgänge beanspruchten Gehirnareale im Laufe vieler Jahre »gewachsen« seien, vor allem durch die vermehrte Ausbildung von Dendriten (Leitungen zu anderen Neuronen) und Synapsen (Schaltstellen zwischen den Nervenzellen). Die Grundannahme, die dahintersteckt, ist alt und geht auf den Psychologen Donald Hebb zurück, der 1949 folgende Lernregel verfasste: *What fires together, wires together* (Was gemeinsam feuert, verdrahtet sich). Anders gesagt: Wenn Neuronen in einem Gehirnteil besonders beansprucht werden, werden sich zwischen den Neuronen dieses Areals mehr synaptische Verbindungen gebildet haben. Somit sollte z. B. bei Musikern über die vielen Jahre des (spezialisierten) Lernens hinweg das Hörzentrum (Gyrus Heschl) besonders stark gewachsen und folglich größer sein als bei Nicht-Musikern, bei Taxifahrern das Gehirnzentrum für räumliche Navigation etc. Manche Gehirnforscher gehen sogar noch weiter und nehmen an, dass sich – zumindest in gewissen Gehirnteilen – durch das Lernen neue Neuronen bilden; sie glauben also, dass Menschen auch nach der Geburt noch in der Lage seien, Nervenzellen neu zu generieren (adulte Neurogenese). Diese Annahme ist allerdings selbst unter Neurowissenschaftlern umstritten, lässt sie sich doch selbst mit den modernsten bildgebenden Verfahren am lebenden menschlichen Gehirn nicht zuverlässig nachweisen. Denn was im Scanner als graue Substanz erscheint, ist immer das Konglomerat aus Neuronen, Dendriten, Synapsen und anderen speziellen Zellen. Ob Menschen mit besonders hohen Fertigkeiten, Wissen, Können nun in speziellen Gehirnarealen mehr Neuronen oder einfach nur mehr Dendriten und Synapsen haben, ist im MRT-Bild nicht zu erkennen. Es lässt sich lediglich schließen, dass sich die Gehirne derartiger Personen strukturell, also in anatomischer Hinsicht, von denen anderer Menschen, die die fragliche Fertigkeit, das spezifische Wissen etc. nicht oder nur in geringem Ausmaß haben, unterscheiden. Einige Beispiele:

Gaser und Schlaug (2003) verglichen die Gehirne von Profimusikern, Amateurmusikern und Nicht-Musikern und fanden umso mehr graue Substanz in bestimmten motorischen, auditorischen und auf visuell-räumliche Wahrnehmung spezialisierten Arealen, je länger und damit je mehr die Person ihr Instrument (es waren alles Keyboarder) gespielt hat. Mechelli et al. (2004) verglichen monolinguale Personen mit frühen und späten Bilingualen und erhielten zwei Befunde: 1. Je höher die Fremdsprachenkompetenz, desto größer war ein bestimmtes Areal im linken parietalen Kortex. 2. und vielleicht noch interessanter: Je früher die Zweitsprache erworben wurde, desto weniger graue Substanz war in diesem Areal zu beobachten. Das heißt auch, dass möglicherweise ein frühes Lernen das Gehirn auf eine spätere höhere »neurale Effizienz« vorbereitet, ein Konzept, das weiter unten noch näher vorgestellt werden wird.

Vielleicht am bekanntesten wurde aus dieser Gruppe an Forschungsarbeiten jene von Eleanor Maguire und Mitarbeitern, die die Gehirne einer Gruppe von Londoner Taxifahrern scannten und dabei (im Vergleich zu ansonsten vergleichbaren Kontrollpersonen) einen signifikant größeren (rechten) posterioren Hippocampus fanden. Das Ergebnis wurde damit erklärt, dass dieses Gehirnareal bei den Taxifahrern durch die intensive räumliche Navigation (die Londoner Taxifahrer müssen rund 10 000 Straßennamen räumlich zuordnen können) über die Jahre gewachsen und daher größer als bei Normalpersonen sei.

Veränderung des Gehirns durch kontrollierte Lernvorgänge

Die Studien, wie sie im vorhergehenden Abschnitt beschrieben wurden, haben einen erheblichen Nachteil: Man kann nicht zuverlässig schließen, ob die Beobachtung einer Vergrößerung von spezialisierten Gehirnarealen tatsächlich auf das jahrelange Lernen zurückzuführen ist oder ob möglicherweise die jeweils untersuchten Personen mit besonderer Expertise schon vor Einsetzen der Lernvorgänge, die zur Expertise geführt haben, ein im jeweiligen Bereich vergrößertes Gehirnareal hatten, möglicherweise sogar genetisch bedingt. So könnte man sich durchaus vorstellen, dass die oben erwähnten Profimusiker schon mit einem deutlich größeren Gyrus Heschl auf die Welt gekommen sind, oder zumindest in ihren Genen das Potenzial zu einer besonderen Entwicklungsfähigkeit dieses Areals festgeschrieben war. Diese Interpretation ist zwar nach Sichtweise der Autorinnen und Autoren der oben genannten Studien aus verschiedenen Gründen weniger plausibel als die Annahme, dass sich die betreffenden Gehirnareale tatsächlich durch das Lernen verändert haben, wirklich entkräften lässt sich das Argument aber nicht.

Das wohl plausibelste Gegenargument gegen die genetische Erklärung lieferten bislang Maguire und Mitarbeiter, die für die Londoner Taxifahrer mit einem zweiten, viel wichtigeren Befund aufwarteten. Das (im Vergleich zu Nicht-Taxifahrern) vergrößerte Areal, der rechte posteriore Hippocampus, war nämlich auch bei den Taxifahrern untereinander unterschiedlich groß, und die Größe korrelierte mit der Anzahl der Monate bzw. Jahre, die die Taxifahrer diesen Beruf ausübten. Kurz: Je länger jemand

Taxi fuhr, desto größer war dieses spezielle Gehirnareal. Obgleich auch dieser Befund eine genetische Interpretation nicht gänzlich widerlegt, erscheint es bei einer so eindeutigen Beziehung doch recht unwahrscheinlich, dass genetische Effekte verantwortlich sind. Dies würde ja bedeuten, dass die genetisch festgelegte Größe dieses Areals determiniert, wie lange jemand in dem Beruf verweilt, Personen mit kleinem posterioren Hippocampus würden kürzere Taxifahrerkarrieren haben also solche mit einem größeren. Diese Interpretation ist nicht zuletzt deshalb unplausibel, da die Taxifahrer ja nicht am Ende ihrer Laufbahn untersucht wurden und man daher nicht weiß, wie lange sie noch den Beruf ausüben, abgesehen davon, dass eine derartige berufliche Entscheidung mit Sicherheit durch viele Faktoren (multifaktoriell) bedingt ist (familiäre Aspekte, Schicksalsschläge, Persönlichkeitsmerkmale, die bestimmen, ob sich jemand in dem Job wohlfühlt oder nicht).

Wir halten also fest: Die Annahme des »Wachsens« von spezialisierten Gehirnarealen durch jahrelanges Trainieren, Lernen, Üben in einer bestimmten Domäne ist durchaus plausibel. Fest steht aber auch, dass ein wesentlich eindeutigerer Nachweis der Neuroplastizität erfordert, dass man Personen experimentell klar definierten Lernvorgängen aussetzt und ihre Gehirne zumindest einmal vor dem Lernvorgang und einmal danach gescannt werden, um festzustellen, wo welche Veränderungen aufgetreten sind.

Verglichen mit den oben genannten »Expertenstudien«, bei denen eine (strukturelle) Veränderung des Gehirns durch jahrelange Lernvorgänge angenommen wird, stellt sich bei kontrollierten Lernstudien naheliegenderweise die Frage, wie lange derartige Lernvorgänge andauern müssen, damit die Veränderung des Gehirns längsschnittlich, also über die Zeit, nachweisbar wird. Die Antwort auf diese Frage hängt nicht zuletzt davon ab, was man misst: Veränderungen der Struktur (vornehmlich graue Substanz) oder Veränderungen der Gehirnnutzung (also elektrische

Aktivierung gemessen mittels EEG oder lokale Gehirndurchblutung erfasst mittels funktioneller Magnetresonanztomographie). Während sich Veränderungen der Gehirnnutzung bzw. -funktion vermutlich schon nach kürzeren Lernvorgängen beobachten lassen (die z. B. nur Stunden oder wenige Tage umfassen und sich sogar innerhalb einer einzigen Trainingssitzung mit Vorher-Nachher-Vergleich der Gehirnaktivierung zeigen), geht man davon aus, dass strukturelle Veränderungen sich nur infolge intensiver Nutzung eines Gehirnareals über Wochen, Monate oder sogar Jahre hinweg zeigen. Erst wenn ein Gehirngebiet wiederholt intensiv beansprucht, das heißt aktiviert wird, wird sich auch die Gehirnstruktur dahingehend ändern, dass in dem beanspruchten Gehirngebiet mehr Synapsen und dendritische Verbindungen entstehen, die dann im Scanner als vermehrte graue Substanz erscheinen.

Somit sind sogenannte gehirnstrukturelle Lernstudien sehr viel aufwendiger und daher erheblich seltener durchgeführt worden als Studien zur Veränderung der Gehirnaktivierung. So haben zum Beispiel Regensburger Wissenschaftler um Bogdan Draganski 2004 eine Gruppe von 24 Erwachsenen in zwei bestmöglich vergleichbare Gruppen (hinsichtlich Alter und Geschlecht) geteilt: Die Versuchsgruppe musste drei Monate Jonglieren trainieren, bis sie eine bestimmte Jonglierfigur beherrschte, und diese dann auch weiter üben. Zu Beginn des Trainings, nach dem Training und noch einmal drei Monate später wurden strukturelle Magnetresonanzscans vorgenommen, das heißt, die Gehirne werden mittels eines MRT-Scanners anatomisch vermessen, und zwar sowohl die der trainierten als auch die der nicht-trainierenden Personen der Kontrollgruppe. Wie die Scans zeigten, waren in einigen für die Aufgabe relevanten Gehirnarealen (nämlich denen für visuelle Verarbeitung und motorische Prozesse) der Trainingsgruppe tatsächlich Veränderungen in Richtung einer Vermehrung der grauen Substanz im Vergleich zur untrainierten Kontrollgruppe festzustellen. Bemerkenswerterweise hatten sich diese Veränderungen aber schon drei Monate später, in denen die Probanden nicht mehr jonglierten, weitestgehend zurückgebildet. Dieselbe Forschergruppe legte drei Jahre später eine nach dem gleichen Muster konzipierte Studie vor, nur dass diesmal eine komplexe kognitive Leistung trainiert wurde. Die Autoren scannten die Gehirne von Medizinstudenten drei Monate bevor sie eine große Prüfung innerhalb ihres Studiums ablegen mussten, unmittelbar danach und ein drittes Mal drei Monate später. Von der ersten zur zweiten Messung waren Zunahmen der grauen Substanz in einigen weiter hinten gelegenen Gehirnregionen sowie im Hippocampus, einem für Lernen zentralen Gebiet, zu beobachten. Interessanterweise waren diesmal aber keine »Rückbildungen« der grauen Substanz drei Monate nach Ende des Lernvorgangs zu vermerken, das Volumen in den Gehirnarealen blieb teilweise gleich, teilweise stieg es sogar weiter an. Ein Befund, der wegen der »Unkontrolliertheit« dieser Phase (was machen die Versuchspersonen, lernen sie weiter für andere Prüfungen oder nicht), wohl nicht überinterpretiert werden sollte.

Halten wir als Fazit dieser Studien fest: Mehrmonatige Lernvorgänge führen zu messbaren Veränderungen in den jeweils relevanten Gehirnstrukturen. Dass auch Erwachsene noch lernen können, ist natürlich eine Binsenweisheit – das wissen wir aus eigener Erfahrung oder der Beobachtung anderer. Dass aber das Lernen im Erwachsenenalter mit so deutlich sichtbaren Veränderungen im Gehirn einhergeht, überrascht. Eine Erkenntnis, die die Annahme, dass unsere Lernfähigkeit mit dem Alter dramatisch abnimmt, eindeutig widerlegt.

Lernen führt aber nicht nur zu strukturellen Veränderungen im Gehirn, sondern – und das gegebenenfalls auch recht kurzfristig – zu funktionellen Änderungen. Letztere lassen sich (wegen des geringeren erforderlichen Zeitabstands) einfacher untersuchen und können daher auch besser andere Einflussfaktoren (andere parallele Lernprozesse, motivationale Effekte etc.) berücksichtigen. Dementsprechend liegen relativ viele Studien dazu vor. Allerdings gilt auch hier: Je intensiver man ein Phänomen wissenschaftlich untersucht, desto häufiger stößt man auf Ausnahmen und Befunde, die dem allgemeinen Trend widersprechen. Wie ein Überblick von Clare Kelly und Hugh Garavan über Lernstudien zeigt, führt Training, Übung oder Lernen – anders als man vielleicht erwarten würde – nicht zu einer generellen Aktivierungszunahme, sondern in vielen Fällen sogar zu dem gegenteiligen Befund, einer Aktivierungsabnahme. Ist eine Aufgabe gut trainiert, brauchen bestimmte Gehirnareale fortan nicht einfach mehr Energie, sondern die gleiche Aufgabe wird nun mit weniger Energieeinsatz bewältigt, ein Phänomen, das wir in Zusammenhang mit Begabungsunterschieden als neurale Effizienz bezeichnen. Die Frage der Zu- versus Abnahme von Gehirnaktivierung mit zunehmender Geübtheit hängt sowohl von der Art der Aufgabe als auch vom beobachteten Gehirnareal ab.

Während bei sensorischen oder motorischen Fertigkeiten (z. B. Spielen eines Musikinstruments, Schreibmaschineschreiben etc.) die relevanten Gehirnareale mit zunehmender Übung immer aktiver werden, ist bei kognitiven Vorgänge (Denken und Problemlösen im sprachlichen, rechnerischen, visuell-räumlichen Bereich) oft das Gegenteil der Fall, oder es finden »Verlagerungen« der Gehirnaktivierung statt: Bei solchen Aufgaben greift man, ehe es zu einem intensiveren Training kommt, vor allem auf das im Frontalhirn gelegene Arbeitsgedächtnis zurück (z. B. Kopfrechnen). Mit zunehmender Übung wird die Belastung durch das Arbeitsgedächtnis allerdings geringer: Gewisse Grundelemente, Kernoperationen (z. B. die Ergebnisse gewisser Multiplikationen wie das große Einmaleins) sind dann schon im Langzeitspeicher verfügbar und müssen nur mehr abgerufen werden. Jetzt kommt es zu verstärkten Zugriffen auf das im Parietallappen (Scheitellappen) lokalisierte Langzeitgedächtnis.

Die Frage der lokalen Zunahmen versus Abnahmen von Aktivierung in bestimmten Gehirnarealen spielt auch eine Rolle, wenn es um die Gehirnunterschiede zwischen unterschiedlich begabten Personen geht.

Wie sieht das intelligente Gehirn aus?

Wir haben gesehen, wie man die Gehirne von Personen mit unterschiedlicher Expertise, unterschiedlichen Kompetenzen etc. analysieren kann. Mit den gleichen Methoden lassen sich aber auch die Gehirne unterschiedlich begabter Personen miteinander vergleichen. Dies kann prinzipiell auf zweierlei Weise geschehen: zum einen indem man die Gehirne berühmter Persönlichkeiten seziert und auf Auffälligkeiten in der Gehirnstruktur, in der Größe bestimmter Gehirnareale, in der Gyrifizierung (Furchenbildung der Großhirnrinde) u.ä. hin untersucht. Da »berühmte Gehirne« jedoch nur sehr vereinzelt verfügbar und die so gewonnenen Befunde nicht generalisierbar sind, ist dieser Ansatz interessant, aber nicht wirklich zielführend. Zum anderen kann man (bevorzugt mittels Intelligenztests) die Begabungen lebender Personen erfassen und dann – hinsichtlich der Gehirnstruktur und der Gehirnnutzung/-aktivierung – einen Blick in deren Gehirne werfen. Im Prinzip lassen sich derartige Untersuchungen für verschiedene Begabungen (kognitive, kreative, soziale, musische etc.) durchführen; bislang hat man sich aber systematisch nahezu ausschließlich dem Bereich kognitiver Begabungen gewidmet, also der Intelligenz und ihren verschiedenen Teilfähigkeiten wie mathematisch-rechnerisches Denken, verbale Kompetenz und räumliches Vorstellungsvermögen.

Zunächst wollen wir die funktionalen Gehirnkorrelate vorstellen, also die unterschiedliche Gehirnaktivierung/-nutzung von intelligenteren gegenüber weniger intelligenten Personen, um dann die gehirnstrukturellen Korrelate der Intelligenz zu erörtern, das heißt, der Frage nachzugehen, ob und inwiefern sich intelligentere und weniger intelligente Gehirne in ihrer Gehirnstruktur unterscheiden.

Der Beginn der neurowissenschaftlichen Erkundung der Intelligenz ist bereits in den 1960er Jahren anzusiedeln. John Ertl und Edward Schafer zeigten als Erste, dass sich intelligentere Personen von weniger intelligenten (gemessen anhand eines Intelligenztests) in den sogenannten Evozierten Potenzialen (EP), genaugenommen in der Schnelligkeit dieser EPs, unterscheiden. Wie bereits erwähnt, konfrontiert man dabei die Versuchspersonen wiederholt (100 Mal und mehr) mit ganz einfachen Reizen wie Lichtblitzen oder Klicktönen und misst die Reaktion des Gehirns auf diese Reizung mittels des EEGs. Das Resultat ergibt immer eine charakteristische Wellenform (siehe Abbildung 5.3); und – obgleich diese für alle Personen sehr ähnlich ist – es zeigen sich doch individuelle Unterschiede in der Ausgeprägtheit (Amplitude) der einzelnen Komponenten sowie in der Verzögerung (Latenz). So wird z. B. die mit P300 bezeichnete Komponente (siehe Abbildung 5.3) bei manchen Menschen schneller nach der Reizdarbietung auftreten (250 msec, graue Kurve), während bei anderen dieselbe Komponente erst nach 320 msec (schwarze Kurve) zu beobachten wäre. Diese sogenannte EP-Latenz kann man für die einzelnen Komponenten messen – mit dem Ergebnis, dass diese umgekehrt proportional zur gemessenen Intelligenz stehen: Intelligentere haben kleinere (also kürzere) Latenzwerte, weniger Intelligente zeigen längere Latenzen. Da diese Latenzen gleichsam die Geschwindigkeit der Informationsverarbeitung im Gehirn widerspiegeln, nimmt man an, dass intelligentere Gehirne Informationen schneller verarbeiten können; bei einem Computer würde man von einer größeren Prozessorgeschwindigkeit sprechen.

Dieser Zusammenhang wurde vielfach repliziert und stimmt zudem mit anderen, nicht neurowissenschaftlichen Intelligenzstudien überein, die die Verarbeitungsgeschwindigkeit eines Gehirns rein verhaltensbezogen mittels relativ einfacher Reaktionszeittests gemessen haben. Wenn man zum Beispiel Personen (ebenfalls vielfach wiederholt) mit einer ganz einfachen Aufgabe konfrontiert, z. B. zu beurteilen, ob zwei Buchstaben die gleiche Bedeutung haben (a und A, b und B) oder ob zwei Wörter synonym sind (z. B. Rauchfang und Schornstein), und dabei die Reaktionszeit vom Erscheinen der Testaufgabe auf dem Bildschirm bis zur Antwort (Drücken einer Ja- oder Nein-Taste) misst, dann zeigen intelligentere Personen ebenfalls kürzere Reaktionszeiten, was als Hinweis auf eine höhere zentralnervöse Informationsverarbeitungsgeschwindigkeit interpretiert wird.

Wie benutzen intelligente Menschen ihr Gehirn?

Ab den späten 1980er Jahren hat sich der Fokus der neurowissenschaftlichen Intelligenzforschung gewandelt: Mit dem Aufkommen bildgebender Verfahren war es nun möglich, nicht nur die Gehirnaktivität in einzelnen Gehirnregionen zu messen, sondern auch mit Methoden wie der Positronen-Emissions-Tomographie (PET), später der funktionellen Magnet-Resonanz-Tomographie (fMRT) und mittels Vielkanal-EEG-Messungen die Beteiligung des gesamten Gehirns am Denkprozess zu studieren. Der erste Einsatz eines dieser bildgebenden Verfahren (PET) in der Intelligenzforschung geht auf Richard Haier von der Universität Irvine (Kalifornien) zurück. An einer kleinen Stichprobe von acht Personen hat er festgestellt, dass intelligentere Menschen beim Bearbeiten eines bekannten Intelligenztests (Ravens Matrizentest; siehe auch Kapitel 1) in ihrem Gehirn weniger Stoffwechsel, also Energieverbrauch, aufweisen als weniger intelligente Personen. Abbildung 5.4 zeigt exemplarisch die Gehirnbilder einer weniger (links) und einer höher intelligenten Person (rechts): Hellere Schattierungen zeigen hier eine

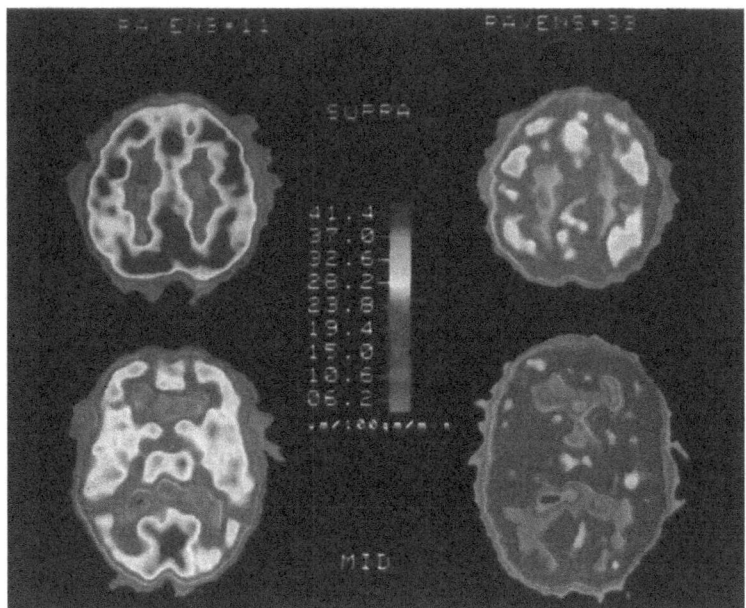

Abbildung 5.4: Die Gehirnbilder einer weniger (links) und einer höher intelligenten Person (rechts)

höhere Gehirnaktivität, während dunklere Töne auf niedrigere Aktivität hinweisen. Diesen Befund interpretierte Haier dahingehend, dass intelligentere Gehirne gleichsam »neural effizienter« seien, indem sie offensichtlich beim Denken und Problemlösen nur selektiv jene Gehirnteile oder neuronalen Netzwerke aktivieren, die auch tatsächlich für die Aufgabenlösung gebraucht werden.

Haiers Pionierstudie zu Intelligenz und Gehirnaktivierung zog eine Vielzahl von Nachfolgeuntersuchungen nach sich. Inzwischen liegen rund 50 Einzelstudien vor, die die Neurale-Effizienz-Hypothese mehrheitlich bestätigt haben. Das Muster dieser Studien war immer das gleiche: Man maß die Gehirnaktivierung (mittels EEG oder fMRT), während die Probanden kognitive Aufgaben bearbeiteten, wobei man in manchen

Studien Intelligenztests zugrunde legte, während in anderen Studien spezielle kognitive Aufgaben verwendet wurden, die für die Messung durch EEG bzw. im fMRT-Scanner besonders geeignet sind. Der negative Zusammenhang zwischen Gehirnaktivierung und Intelligenz (je höher die Intelligenz, desto weniger »Energieverbrauch« im Gehirn) zeigte sich zumeist unabhängig davon, mit welchem Gerät gemessen wurde bzw. welche kognitiven Aufgaben oder Intelligenztests zur Anwendung kamen.

Wie Aljoscha Neubauer und Andreas Fink in einer Überblicksarbeit zeigen konnten, gibt es jedoch auch Untersuchungen mit widersprüchlichen Ergebnissen. So scheint sich der Zusammenhang von Intelligenz und Gehirnaktivierung umzudrehen, wenn Personen besonders schwierige Aufgaben bearbeiten: Bei diesem Aufgabentypus scheinen die besonders Intelligenten weiter Gehirnenergie zu investieren, während die weniger Intelligenten gleichsam abschalten, also ihren Energieeinsatz vermindern. Ob dem eine bewusste Entscheidung zugrunde liegt, weil man merkt, dass die Aufgabe außerhalb der kognitiven Möglichkeiten liegt oder man schlichtweg keine Energie mehr hat, weil ein Großteil der Gehirnressourcen (z. B. Glukose) bereits bei den leichteren und mittelschweren Aufgaben aufgebraucht wurde, ist Gegenstand aktueller Forschung.

Zudem scheint die neurale Effizienz nicht in allen Gehirnarealen gleichermaßen zu beobachten zu sein. So lässt sich der Effekt eher für das Frontalhirn bestätigen, also den Bereich, der maßgeblich an Arbeitsgedächtnisfunktionen beteiligt ist. Interessanterweise zeigt sich aber bei weniger intelligenten Menschen eine besonders ausgeprägte Nutzung des Frontalhirns beim Lösen von Intelligenzaufgaben. Für intelligentere Personen dagegen stellt dieselbe Aufgabe in einem Intelligenztest keine so große Herausforderung dar, sie lösen diese vermutlich weniger mit Hilfe des Arbeitsgedächtnisses, sondern greifen auf überlernte Routinen des Langzeitgedächtnisses zurück.

Intelligentere Personen haben im Laufe der Zeit mehr Lerngelegenheiten wahrgenommen und verfügen daher über ein
breiteres Repertoire an Handlungsroutinen. Sie beherrschen
beispielsweise das Einmaleins besser, kennen mehr schwierige,
teils fremdsprachliche Wörter und haben mehr Erfahrung im
Umgang mit geometrischen Figuren. Dass die Intelligenteren
deshalb für die gleichen Aufgaben eher den Parietalkortex nutzen als das Frontalhirn, ist allerdings noch weitestgehend spe-
kulativ, obgleich sehr plausibel, wie wir im folgenden Abschnitt
sehen werden.

Sind intelligente Gehirne größer? – Intelligenz und Gehirnstruktur

Erst nach dieser ersten Welle bildgebender Gehirnstudien zur
Intelligenz hat man Versuche unternommen, auch die Gehirnstruktur mit Intelligenzunterschieden in Beziehung zu setzen. Sie
waren motiviert durch die Frage, ob es einen Zusammenhang
zwischen den beobachtbaren intelligenzabhängigen Unterschieden in der Gehirnnutzung und der anatomischen Struktur des
Gehirns gibt. Populärpsychologisch geht man schon seit Jahrhunderten davon aus, dass *big brains* auch *smart brains* seien –
eine Ansicht, die allerdings einer Vermutung zuwiderläuft, die
der erwähnte Psychologe Richard Haier selbst zur Erklärung der
von ihm entdeckten neuralen Effizienz vorgeschlagen hat: Ihm
zufolge ist die effizientere Gehirnaktivierung der Intelligenteren dadurch bedingt, dass diese Personen *weniger* synaptische
Verbindungen im Gehirn hätten, was mit einem intelligenzab-
hängig unterschiedlichen Verlauf des bekannten *Neural Prunings*
begründet wurde: Es beschreibt das Phänomen als »Jäten im
Gehirn«. Nach einem anfänglichen starken Synapsen- und Den-
dritenwachstum im Gehirn des Säuglings und Kleinkindes wird
ab dem vierten Lebensjahr, vor allem aber auch in der Pubertät,

das Gehirn gleichsam ausgemistet, indem überflüssige Dendriten (also kurze »Kabelverbindungen«) und ihre Synapsen (gleichsam die Steckkontakte zu anderen Gehirnzellen) gekappt werden mit dem Ziel, das Gehirn letztlich effizienter (auch im Sinne des Energieverbrauchs) zu machen. Es hat den biologischen Sinn, das frühkindliche Gehirn auf viele (Lern-)Möglichkeiten vorzubereiten, von denen allerdings nicht alle genutzt werden, je nachdem ob entsprechende Lerngelegenheiten zur Verfügung stehen oder nicht. Ein Kind, das zum Beispiel keine Möglichkeit zum Spielen eines Musikinstruments bekommt, würde die dafür vorgesehenen Gehirnareale wieder zurückbilden, weil es ja unsinnig wäre, diese weiter mit Energie zu versorgen, wenn sie gar nicht genutzt werden (so wie man auch einen ungenutzten Raum zu Hause im Winter nicht oder nur schwach heizen würde).

Wenn, so Haiers Vermutung, intelligentere Menschen besonders gut »bereinigte« Gehirne hätten, also Gehirne mit sehr wenigen überflüssigen Synapsen und Dendriten, würden deren Gehirne letztlich weniger Energie beim Problemlösen benötigen – ein Effekt, der mit der Neuralen-Effizienz-Hypothese zusammenpasst. Es würde aber eigentlich auch bedeuten, dass intelligentere Gehirne im MRT-Scanner weniger graue Substanz zeigen müssten.

Zwischenzeitlich wurden viele solcher strukturellen Gehirnuntersuchungen an mehr oder weniger intelligenten Personen durchgeführt, und es zeigt sich: Haiers Vermutung hat sich nicht bestätigt. Im Gegenteil: Die intelligenteren Gehirne wiesen in diversen Gehirnteilen mehr sogenannte graue Substanz auf als die weniger Intelligenten. Allerdings ist die graue Substanz ein Gemisch aus den »grauen Zellen« selbst (den eigentlichen Neuronen), den Dendriten und den Kontakten zwischen Dendriten und anderen Nervenzellen. Ein Gehirn, das mehr graue Substanz aufweist, kann also einfach über mehr Nervenzellen verfügen, aber trotzdem weniger Synapsen haben. Da man die Menge der Synapsen nicht messen kann (außer an Leichen, deren Kopf man seziert), lässt sich die Neural-Pruning-Hypothese der Intelligenz mittels MRT (das heißt am lebenden Gehirn) nicht eindeutig bestätigen oder widerlegen. Es könnte nämlich durchaus sein, dass Intelligentere wirklich weniger Synapsen, dafür aber mehr Neuronen, Dendriten, Gliazellen etc. haben. Derzeit wissen wir verlässlich nur, dass eine höhere Intelligenz zumeist mit mehr grauer Substanz assoziiert ist, und zwar primär in den Gehirngebieten, von denen schon die Rede war: dem Frontalhirn und dem Parietalkortex (sowie vereinzelten kleineren Teilen des Schläfenlappens und des Hinterhauptslappens). Warum die intelligenteren Gehirne trotz eines Mehrs an »grauen Zellen« effizienter arbeiten, ist bislang ungeklärt.

Hierzu bräuchte man Studien, in denen sowohl die Gehirnstruktur als auch die Gehirnnutzung derselben Personen (unterschiedlicher Intelligenz) beim Lösen kognitiver Aufgaben gemessen wird. Aus derartigen Daten könnte man rückschließen, ob es gerade die besonders reichhaltig bestückten Gehirnareale sind, die vielleicht besonders effizient funktionieren. Diese Annahme erscheint insofern plausibel, als es in einem Gehirn mit mehr Verbindungen zwischen den Neuronen leichter ist, kürzere und dadurch weniger energieverbrauchende Wege des Informationstransports zu finden. Eine Analogie könnte sein: In einer Stadt mit wenigen und selten verkehrenden öffentlichen Verkehrsmitteln brauche ich deutlich länger, um von A nach B zu kommen als in einer Stadt mit einem gut ausgebauten Bus-, Bahn- und U-Bahn-Netz, deren Transportmittel in einer höheren Frequenz verkehren. Ein dichteres Netz erlaubt effizientere Wege, die insgesamt kürzer sind, weniger »Haltestellen« (Synapsen) haben und in denen die Intervalle kürzer sind und/oder die Züge/Busse schneller fahren.

Womit wir zum zweiten zentralen gehirnstrukturellen Aspekt kommen, der – obgleich weniger häufig untersucht – mindestens genauso wichtigen weißen Substanz. Es sind die Teile des Zentralnervensystems, die aus Leitungsbahnen bestehen. Die weiße Färbung entsteht aus den Myelinscheiden der Nerven-

166

fasern. Wie bereits erwähnt, ist Myelin eine aus Lipiden und Proteinen bestehende Substanz, die den langen, faserartigen Fortsatz einer Nervenzelle, das Axon, umgibt und gleichsam eine Isolierung der Nervenbahnen bzw. Axone darstellt (siehe Abbildung 5.1). Je stärker Axone myelinisiert sind, desto schneller ist die Informationsübertragung und -weiterleitung im Gehirn: Die Unterschiede können mehr als ein Zehnfaches betragen – von 10 Meter/Sekunde bis 120 Meter/Sekunde. Je besser die Myelinisierung, desto geringer ist auch der Energieverlust und damit der Energieverbrauch. Außerdem ist die Gefahr, dass elektrische Impulse unerwünscht von einem »Kabel« im Gehirn auf ein anderes überspringen, damit weitaus geringer. Kurz: Stärker myelinisierte Axone bewirken weniger Fehler bei der Informationsübertragung. Ausgehend von den bereits dargelegten Beobachtungen, wonach intelligentere Gehirne

- schneller in der Informationsverarbeitung sind (das heißt, kürzere Reaktionszeiten bei einfachen Aufgaben zeigen),
- beim Problemlösen weniger Energie verbrauchen,
- kleinflächiger aktivieren (neurale Effizienz) sowie generell
- Informationen besser verarbeiten (im Sinne von weniger »Denkfehlern«),

hat Edward M. Miller bereits 1994 die Vermutung aufgestellt, dass intelligentere Gehirne stärker myelinisiert seien. Seine These wird gestützt durch eine interessante Parallele im Altersverlauf der Gehirnmyelinisierung und des Intelligenzauf- bzw. -abbaus: Myelin wird von Geburt an stetig aufgebaut, ein Prozess, der sicherlich bis zum Alter zwischen 15 und 20 Jahren andauert, in einzelnen Gehirnarealen möglicherweise sogar länger. Erst im Alter von 65 bis 70 Jahren kommt es zu einer altersbedingten Demyelinisierung, einem Abbau des Myelins. Myelinisierung und Intelligenzentwicklung verlaufen ontogenetisch, das heißt, hinsichtlich der individuellen Altersentwicklung, weitgehend parallel. Dass die Myelinisierung tatsächlich mindestens ebenso wichtig für die Intelligenz ist wie die »grauen Zellen«, konnte in einer Reihe von Studien bestätigt werden; im Mittel sind die Zusammenhänge sogar geringfügig höher (Gignac et al., 2003). Wir können festhalten, dass sich intelligentere Gehirne durch besser isolierte, das heißt myelinisierte, Nervenbahnen (Axone) auszeichnen, die verschiedene (auch entfernte Gehirnareale) miteinander verbinden. Darüber hinaus sind bei kognitiv Begabteren manche Teile der Hirnrinde in Form von mehr grauer Substanz (Neuronen, Dendriten, Synapsen) offensichtlich leistungsfähiger. Wie ein großangelegter Überblick aus knapp 40 neurowissenschaftlichen MRT-Studien zur Intelligenz zeigt, betrifft dies vor allem zwei Gehirngebiete, die jeweils unterschiedliche, aber für komplexes kognitives Denken zentrale Funktionen ausfüllen (siehe Abbildung 5.5 nach Jung & Haier, 2007):

1. Der Frontalkortex (das Stirnhirn), der vor allem für das sogenannte Arbeitsgedächtnis zuständig ist. Das Arbeitsgedächtnis ist gleichsam der (flüchtige) RAM-Speicher des Gehirns, den wir immer dann benötigen, wenn wir z. B. einen Satz lesen und inhaltlich verstehen müssen, wenn wir eine Berechnung mit

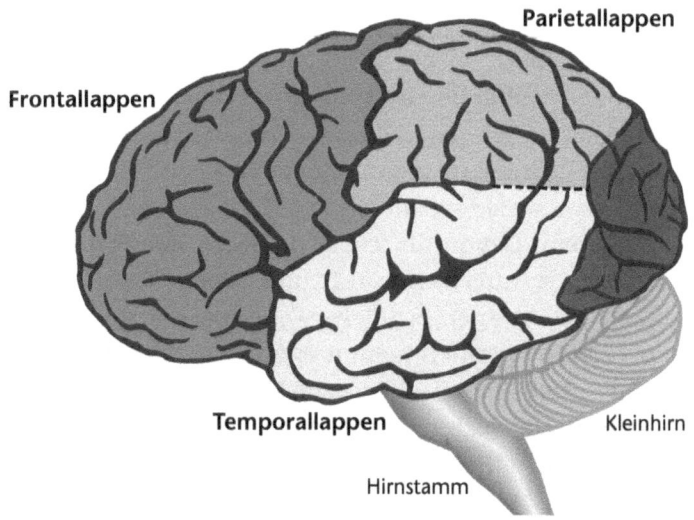

Abbildung 5.5: Kortexareale

mehreren Zwischenschritten durchführen müssen (klassische Textaufgabe) grundsätzlich immer dann, wenn man bei einer geistigen Anforderung mehrere Inhalte bzw. Elemente (Wörter, Zahlen, geometrische Formen etc.) im Kurzzeitgedächtnis speichern muss.

2. Der Parietalkortex (der Scheitellappen), in dem Wissen gespeichert ist (und daher auch dort abgerufen wird), aber in dem auch andere Prozesse wie symbolische Verarbeitung, Abstraktion und Elaboration angesiedelt sind; wie wir aus neueren Untersuchungen wissen, sind diese teilweise auch im Temporalkortex (Schläfenlappen) eingelagert.

Begabung, das Gehirn und der Einfluss von Genen oder Umwelt

In diesem Abschnitt wollen wir Befunde aus drei Bereichen zusammentragen und mit neuesten Erkenntnissen der »populationsgenetischen Gehirnforschung« kombinieren bzw. zu diesen kontrastieren – mit dem Ziel, eine Hypothese bezüglich der Entwicklungsfähigkeit bzw. der Trainierbarkeit der Intelligenz abzuleiten. Diese Hypothese soll dann in den folgenden Kapiteln anhand von Befunden zum Spannungsverhältnis zwischen Begabung und Schule/Schulbildung auf den Prüfstand gestellt werden. Dabei gehen wir von drei zentralen Befunden aus:

1. Die ungefähr gleichanteiligen Einflüsse von Anlage (Genetik) gegenüber Umwelteinflüssen auf Begabungen (jeweils rund 50 %; vgl. Kap. 3), vor allem auch die hohe Stabilität der Intelligenz über lange Zeiträume (wie erwähnt, fand Ian Deary über rund 60 Jahre eine erstaunlich hohe Korrelation von über r=.7).

2. Die oben dargelegte Veränderbarkeit des Gehirns durch Lernen, Üben, Training.

3. Die soeben erörterten Zusammenhänge zwischen Intelligenz und Gehirnstrukturen bzw. Gehirnnutzung.

In den vorangegangenen Kapiteln wurde das Zusammenwirken von genetischer Ausstattung und Lerngelegenheiten bei der Intelligenzentwicklung ausgiebig gezeigt. Wenn also Intelligenz einem bedeutsamen genetischen Einfluss unterworfen ist, dann muss das letztlich dadurch bedingt sein, dass auch die Gehirnstruktur (das Ausmaß an grauer und weißer Substanz) durch Gene gesteuert wird. Vermutlich müssen es also bestimmte Gene sein, die bewirken, dass manche Gehirnteile bei manchen Menschen mehr graue Substanz entwickeln (können), wenn sie gefördert werden. So wie genetisch bessere Weizenkeime größere, ertragreichere Weizenähren hervorbringen als genetisch schlechtere Weizenkeime. Allerdings steht die Vorstellung, dass das Ausmaß an »grauen Zellen«, die ein Mensch hat, durch seine Gene vorbestimmt ist, im Gegensatz zu den weiter oben vorgestellten Befunden zur Neuroplastizität, der Beobachtung, dass Gehirne durch Lernen wachsen (können), zumindest in gewissen Teilen. Wenn alle Gehirnareale so neuroplastisch sind, wie es vereinzelte Studien dazu nahelegen, warum sollte es dann Grenzen der Lernfähigkeit geben, wie wir sie im Konzept der Intelligenz annehmen?

Dem scheinbaren Widerspruch zwischen der Annahme genetisch bedingter Grenzen unserer Begabungen und den Befunden zur beliebigen Lernfähigkeit des Gehirns lässt sich auf Basis des derzeitigen Wissensstands Folgendes entgegensetzen: Tatsächlich existiert beides – es gibt sowohl Gehirnareale, deren Struktur eher genetisch festgelegt ist und in denen die Grenzen der Veränderbarkeit als moderat betrachtet werden müssen, als auch andere Gebiete, bei denen das Gegenteil der Fall zu sein scheint. Bei ihnen ist der genetische Einfluss äußerst gering, und ihre Struktur lässt sich tatsächlich durch Lernvorgänge deutlich verändern: Sie wachsen mit dem Lernen und schrumpfen mit dem Aussetzen des jeweiligen Lernvorgangs, und das schon innerhalb einiger Wochen.

Die Erkenntnis, dass es sich mit der Erblichkeit der verschiedenen Gehirnareale unterschiedlich verhält, verdanken wir ebenfalls einer Zwillingstudie. Paul Thompson und Mitarbeiter von der University of California in Los Angeles scannten die Gehirne von je zehn eineiigen und zweieiigen erwachsenen Zwillingspaaren und berechneten daraus die Anlage- versus Umwelteinflüsse für verschiedene Gehirnareale. Dabei haben die vorderen Teile des Gehirns höhere Erblichkeitsschätzungen ergeben; in den hinteren Teilen des Gehirns wird der genetische Einfluss zunehmend geringer. Bezugnehmend auf die für Intelligenz relevanten Gehirnteile (Frontalhirn für Handlungsplanung und Arbeitsgedächtnis und Parietalhirn für Abstraktion und vor allem für das Langzeitgedächtnis) lässt sich aus dieser Studie ablesen, dass die individuelle Intelligenz eines Menschen also das Ergebnis des Zusammenspiels zweier ganz unterschiedlich stark genetisch festgelegter Strukturen ist: Des eher durch die Gene geprägten Frontalhirns und des stark durch die Umwelt geformten Scheitellappens. So wird erklärbar, dass es individuell unterschiedliche Grenzen der Lernfähigkeit gibt, die aber durch entsprechenden Arbeitseinsatz bzw. Lernaufwand in Teilen bzw. bis zu einem bestimmten Punkt kompensiert werden können.

Diese Annahmen sind allerdings noch als vorläufig zu betrachten, vor allem im Hinblick auf die sehr kleine Stichprobe, die Thompson und seine Mitarbeiter untersuchten. Wie (bislang allerdings nur sehr vereinzelte) Zwillingsnachfolgestudien (Hulshoff Pol et al., 2006) zeigen, sind Thompsons Erblichkeitsschätzungen für den Kortex keinesfalls zu hoch gegriffen. Für andere, posteriore Gehirnareale fanden sich ebenfalls recht hohe Erblichkeitsschätzungen; das galt vor allem für weiße Substanz – also für die langen Verbindungen zwischen Gehirngebieten, wie das Corpus Callosum, das dicke Faserbündel, über das die beiden Gehirnhälften miteinander kommunizieren. Aber auch ein durch die moderne Forschung recht bekannt gewordenes Kerngebiet des Gehirns, die Amygdala, die vor allem bei Angst und Furcht eine große Rolle spielt, ist, wie man inzwischen weiß, hinsichtlich ihrer Struktur eher genetisch bedingt. Für den Hippocampus, jenes Areal, das sich – wie in der erwähnten Taxifahrerstudie – in Abhängigkeit von Lernerfahrung vergrößert, zeigt die Studie von Hulshoff dagegen eine nur moderate Erblichkeit. Im Gegensatz zur Gehirnstruktur hat man bei den Gehirnfunktionen, also für die Muster der Gehirnaktivierung, die man misst, wenn Testpersonen bestimmte Aufgaben bearbeiten müssen, lediglich eine geringe bis mittlere Erblichkeitsschätzungen gefunden; allerdings liegen dazu bislang nur wenige Studien vor.

Stellt man sich die Gehirnstruktur analog zur Hardware und die Gehirnfunktionen analog zur Software eines Computers vor, so lässt sich vereinfacht sagen, dass die Möglichkeiten der Hardware (CPU-Geschwindigkeit, Größe des RAMs etc.) die Leistungsfähigkeit des Computers zwar limitieren, allerdings in Abhängigkeit davon, wie effizient die Programme sind, die auf dem Computer laufen. Und diese Effizienz ist möglicherweise eher erlernbar und trainierbar, als man Gehirnstrukturen ändern kann. Bevor wir uns diesem Aspekt näher widmen, halten wir fest: Die stärker genetisch bedingte Gehirnhardware stellt gleichsam das Fundament oder auch den Rohbau des Hauses dar; auf diesem aufbauend kann dann die Detailausstattung vorgenommen werden, durch die sich – durch geschickte Raumaufteilung – das Innere eines Hauses möglicherweise besser nutzen lässt; die durch die Außenmauern (die Hardware) festgelegte Gesamtgröße bleibt jedoch dieselbe.

Wenn wir davon ausgehen, dass es zumindest in Teilen unseres Gehirns genetisch bedingte Grenzen der Modifizierbarkeit gibt, stellt sich die Frage, inwieweit man eine effizientere Gehirnnutzung trainieren kann. Das heißt, verbrauchen Gehirne im Laufe der Zeit wirklich weniger Energie, wenn sie in der Aufgabe entsprechend trainiert sind? Dieser Frage sind wir vor einigen Jahren in Graz nachgegangen. Hierzu haben wir unter Federführung von Roland Grabner Taxifahrern unterschiedlicher Intelligenzniveaus zwei Aufgaben gestellt: eine, die sich auf die Kenntnis des (Grazer) Stadtplans bezog, sowie eine andere intelligenzabhängige, sonst aber weitgehend vergleichbare. Während die Taxifahrer das Problem lösten, wurde jeweils die Gehirnaktivität gemessen, und dabei zeigte sich Folgendes: Während sich bei der für die Teilnehmer der Studie neuartigen Intelligenzaufgabe das erwartete Muster einer höheren neuralen Effizienz bei den intelligenteren Personen zeigte, waren bei der »Expertenaufgabe« (Abrufen des Grazer Stadtplans) intelligentere und weniger intelligente Taxifahrer genauso neural effizient. Wir interpretieren das so, dass auch weniger intelligente Personen die Effizienz ihrer Gehirnnutzung steigern, wenn sie sich nur lange genug mit einer speziellen Aufgabe oder Wissensdomäne beschäftigen.

Bedeutet dieser Befund, dass jeder alles erlernen und damit auch alles im Leben erreichen kann? Dies ist mitnichten der Fall, wie eine andere Studie aus dem Grazer Forschungslabor belegt: Lässt man nämlich Menschen kurzzeitig eine kognitive Aufgabe trainieren, so werden sie auch in einem solchen Kurzzeitlernexperiment neural effizienter. In einer Studie haben wir gesunde Probanden mit einem Test zum schlussfolgernden Denken konfrontiert (Prätest) und anschließend diese Fähigkeit durch ähnliche Aufgaben trainiert. Danach wurden die Probanden in einem Posttest mit anderen, dem Prätest ähnlichen Schlussfolgerungsaufgaben konfrontiert. So stellten wir fest, welche Personen vom Training mehr, welche weniger profitierten: Manche Personen verbesserten sich stark (wir bezeichnen sie als die »Lernfähigen«), andere Personen zeigten trotz Trainings kaum Leistungszuwachs. Anhand der Messung der Gehirnaktivierung im Prä- und Posttest war wie erwartet zu beobachten, dass intelligentere Personen (entsprechend einem zuvor erhobenen Intelligenztest) ihre neurale Effizienz mehr steigern können als weniger intelligente; das höhere Lernpotenzial der Intelligenteren zeigt sich also auch in einer stärkeren Zunahme der neuralen Effizienz in der Gehirnnutzung; der Energieverbrauch vom Prätest zum Posttest nimmt ab (Neubauer et al., 2004).

Zusammenfassend lässt sich sagen:

1. Menschen unterscheiden sich in ihrer Gehirnstruktur, das heißt in den lokalen Ausprägungen von grauer und weißer Substanz; und diese Unterschiede sind in manchen Gehirnstrukturen stark genetisch determiniert, während andere Gehirnteile eher durch Umwelteinflüsse modifizierbar erscheinen. Vor allem die Gehirnstruktur, die für rasches und effizientes Lernen wichtig ist, der Präfrontalkortex, weist auf Grundlage von (allerdings wenigen) Zwillingsstudien eine hohe Erblichkeit auf. Menschen mit einer hohen Intelligenz verfügen dort über mehr »graue Zellen«, und das scheint sie dafür zu prädestinieren, schneller und effizienter lernen zu können als Menschen mit geringerer Intelligenz.

2. Intelligenz ist aber auch eine Funktion des genetisch deutlich weniger prädisponierten Parietalkortex. Außerdem spielt der Hippocampus eine zentrale Rolle für das Lernen, jenes Areal, für welches sogar diskutiert wird, ob dort nicht auch nach der Geburt noch eine Neubildung von Neuronen möglich ist. Jedenfalls ist auch der Hippocampus eher lernabhängig als andere Gehirngebiete.

3. Diese Befunde zusammengenommen, lassen sich aus psychologischer wie auch aus neurowissenschaftlicher Sicht zwei zentrale Schlussfolgerungen ziehen:

• In Grenzen kann ein Weniger an Begabung durch ein Mehr an Lernen kompensiert werden; wenn man genügend Zeit zum Lernen hat bzw. gezielt übt, lässt sich – mit Ausnahme sehr komplexer Wissensdomänen wie Mathematik, Naturwissenschaften, Technik etc. – auch mit etwas weniger Begabung einiges erreichen. Dies wurde andernorts ausführlich von uns erörtert (Neubauer & Stern, 2007).

- Begabte Gehirne sind durch ein besonders ausgeprägtes Frontalhirn gekennzeichnet, das heißt, sie haben dort mehr »graue Zellen«; zudem weisen sie mehr und besser myelinisierte Axone auf, sowie ein Parietalhirn mit mehr grauer Substanz. Zumindest die ersten beiden Aspekte sind in erheblichem Maß auch genetisch bedingt.

6 Intelligenz intelligent nutzen: Welche Vorteile haben intelligente Menschen, wenn sie gute Entwicklungsbedingungen haben?

»Das Maß an allgemeiner geistiger Fähigkeit –
auch Faktor g genannt – ist wohl der wichtigste Erfolgs-
faktor, wenn es darum geht, seine soziale Rolle in der
Gesellschaft zu finden.«
Nathan Brody, 1999

In den vergangenen Kapiteln wurde erörtert, dass die menschliche Intelligenz (im Sinne der allgemeinen kognitiven Leistungs- bzw. Lernfähigkeit) ein individuelles Persönlichkeitsmerkmal ist, das

- klar beschrieben werden kann,
- mit Intelligenztests sehr gut erfassbar ist,
- auch über längere Zeiträume erstaunlich stabil ist (vgl. die in Kapitel 2 referierte Studie von Ian Deary über die Stabilität vom 11. bis zum 77. Lebensjahr),
- individuelle Variation aufweist, welche mindestens zur Hälfte genetisch bedingt ist, wobei der genetische Einfluss mit dem Alter sogar deutlich steigt.

Verglichen mit anderen menschlichen Persönlichkeitsmerkmalen wie Kreativität, Motivation, Interessen oder den sogenannten »Big Five« (das sind die Persönlichkeitsmerkmale Extraversion, Emotionale Stabilität, Gewissenhaftigkeit, Verträglichkeit, Offenheit) ist Intelligenz auch über längere Zeiträume deutlich weniger Fluktuationen unterworfen und kann, nach allem, was wir wissen, auch weniger leicht verändert (das heißt verbessert, trainiert) werden als praktisch alle anderen psychologischen Persönlichkeitsmerkmale. Zieht man eine Analogie zu körperlichen Merkmalen, so könnte man Intelligenz mit der Körpergröße vergleichen, während Motivation/Interesse eher dem Körpergewicht entspräche. Letzteres lässt sich durch Ernährungs- und Bewegungsverhalten beeinflussen, genauso wie sich bestimmte Lebensereignisse massiv auf unsere Interessen, unsere Motivation und unseren Umgang mit Mitmenschen auswirken. Die einmal erworbene Intelligenz hingegen bleibt davon weitgehend unberührt, so wie unsere Körpergröße immer dieselbe bleibt. Aber auch die Intelligenz kann durch physische Einwirkungen in das Gehirn selbst, also durch Verletzung, Krankheit oder toxische Stoffe, beeinträchtig werden.

Dennoch wird die Aussagekraft des Merkmals Intelligenz bzw. von Intelligenztests gerne in Frage gestellt, indem etwa auf Einzelfälle verwiesen wird, in denen es unintelligente Menschen zu Geld, Macht und Ruhm gebracht haben. So wird immer wieder behauptet, Intelligenz mache nur einen geringen Teil des Lebenserfolgs eines Menschen aus, der Rest sei durch soziale, emotionale Intelligenz, Eifer, Fleiß etc. erklärbar. Diese Sichtweise ist aus wissenschaftlicher Perspektive falsch. Im Folgenden werden wir zeigen, dass Intelligenz das erklärungsmächtigste psychologische Persönlichkeitsmerkmal ist, wenn es um die Vorhersage von Lebenserfolg geht; und zwar nicht nur für schulischen oder beruflichen Erfolg, sondern für Lebenserfolg schlechthin. Die diesbezügliche Forschung wird Thema dieses Kapitels sein; um die Vorhersagekraft anderer Persönlichkeitsmerkmale wird es im nachfolgenden Kapitel gehen.

Die empirische Intelligenzforschung hat in ihrer rund 100-jährigen Geschichte in Dutzenden, in manchen Bereichen sogar in mehreren Hundert Studien zeigen können, dass Intelligenz tatsächlich ein vorteilhaftes Merkmal ist, wenn es um schulische und berufliche Erfolge geht. Aber welche anderen Vorteile sind mit einer höheren Intelligenz verbunden? Verdienen Intelligentere mehr, sind sie gesünder, leben sie länger, sind sie glücklicher? Zu all diesen Fragen wurden viele, teilweise großangelegte empirische Studien durchgeführt, die in diesem Kapitel vorgestellt werden sollen. Obwohl in der Öffentlichkeit wie auch in der Wissenschaft Intelligenz und Intelligenztests kritisch bis skeptisch gesehen werden, gehört menschliche Intelligenz zu den am besten erforschten Phänomenen innerhalb der Sozialwissenschaften. Und es gibt in diesem Bereich kaum andere Messinstrumente, die zukünftiges Verhalten und zukünftige Lebenssituationen so exakt vorhersagen können wie Intelligenztests. Diese hohe Vorhersagegenauigkeit von Intelligenztests bzw. kognitiven Begabungstests bedeutet, dass die mit ihrer Hilfe erfassten Merkmale, also die einzelnen Facetten der Begabung, hoch mit bedeutsamen Indikatoren des realen Verhaltens von Menschen korrelieren. Für keine anderen sozialwissenschaftlichen Messverfahren bzw. Tests lassen sich so hohe und konsistente Korrelationen mit dem aktuellen und vor allem auch dem zukünftigen Verhalten von Menschen beobachten.

Zur Validität: Psychologische Tests auf dem Prüfstand

Das wichtigste Gütesiegel für psychologische Tests ist die sogenannte Validität. Von vielen Artikeln des täglichen Konsums (Lebensmittel, Reinigungsmittel etc.) und Alltagsgegenständen (Zahnbürsten, Kinderspielzeug, Steckdosen, Computer etc.) erwarten wir, dass man sie auf ihre Verträglichkeit und Sicherheit hin geprüft hat (was durch Prüfzeichen, Normen wie die DIN etc. nachgewiesen wird). Dasselbe gilt auch für psychologische Tests. Sie müssen einem langen Entwicklungsprozess und mit komplexen mathematisch-statistischen Verfahren strengen Qualitätskontrollen unterzogen werden, damit sichergestellt werden kann, dass das höchste und wichtigste Gütekriterium, eben jenes der Validität oder der Gültigkeit, letztlich auch erfüllt wird. Dabei muss nachgewiesen werden, dass ein solcher Test tatsächlich bedeutsame Aussagen über ein reales aktuelles oder zukünftiges Verhalten ermöglicht: So muss ein psychologischer Test für Ängstlichkeit einem Psychologen oder Psychotherapeuten Hinweise über das Ausmaß und die Beschaffenheit einer Angststörung oder einer Phobie geben können.

Die Validität eines Tests wird überprüft, indem man ihn beispielsweise in einer größeren Stichprobe von Personen (100 oder besser mehrere Hundert) durchführt, das Ergebnis berechnet (den IQ bzw. die Begabungsprofile) und dann, entweder zeitgleich oder auch Monate/Jahre später, von denselben Personen Indikatoren für den Erfolg in Bildung, Ausbildung oder Beruf – das können Schulnoten, Vorgesetztenurteile über den Erfolg von Lehrlingen, Einkommen oder Indikatoren beruflichen Aufstiegs sein – erhebt.

Im Laufe der Geschichte der Intelligenzforschung wurden viele solche Untersuchungen durchgeführt. Wenn man eine größere Zahl (einige Dutzend) solcher Studien vorfindet, die in wissenschaftlichen Fachzeitschriften publiziert sind, kann man diese in Form sogenannter Meta-Analysen zusammenfassen. Dabei sucht man alle Studien, die bestimmten Qualitätskriterien genügen, zusammen und berechnet aus den Einzelresultaten ein Gesamtergebnis, wie z. B. in diesem Fall einen Mittelwert der Korrelation zwischen Intelligenz und Indikatoren des Schul-, Hochschul- und Berufserfolgs. Wie das aussehen kann, sei an folgendem Beispiel demonstriert: Nehmen wir an, man hätte in drei verschiedenen Studien die Leistungen vieler Schüler erhoben (über Schulnoten oder mit einem Schulleistungstest wie PISA) und diese darüber hinaus einem Intelligenztest unterzogen. Man hätte zum Beispiel gesehen, dass in Italien eine Korrelation von r=.4, in Deutschland eine von r=.5 und in den USA eine von r=.6 gefunden worden wären (fiktives Beispiel). Nehmen wir weiterhin an, dass die Stichproben in allen drei Ländern gleich groß waren, die verwendeten Intelligenztests weitestgehend vergleichbar und dass Schulleistungen (Noten) aus den gleichen Schulfächern herangezogen wurden. Aus den drei Werten ergibt sich ein Mittelwert, in unserem Beispiel r=.5.

Erbringen intelligentere Kinder bessere Schulleistungen?

Erinnern wir uns kurz an Kapitel 4, in dem wir hervorgehoben haben, dass die Intelligenz eines Menschen sich erst durch den Schulbesuch entwickeln kann. Gleichzeitig bringt aber die Schule überhaupt erst die Unterschiede in der Intelligenz zum Vorschein. Die Frage, ob intelligentere Kinder auch bessere Schulleistungen erbringen, konnte der bekannte amerikanische Intelligenzforscher Arthur Jensen von der Universität Berkeley bereits 1980 schlüssig beantworten. Auf der Grundlage aller bis dahin publizierter Studien, die Intelligenztestergebnisse mit Schulleistung korrelierten, stellte er fest, dass der Zusammenhang mit dem Alter, und damit auch in Abhängigkeit vom Schultyp, abnimmt: Während die Korrelation zwischen Intelligenz und Schulerfolg in der Elementary School sehr hoch ist (r=.6 bis .7) und in der Highschool immer noch bei r=.5 bis .6 liegt, reduziert er sich im College auf r=.4 bis .5 und in den universitären Abschlussklassen auf r=.3 bis .4. Studien im deutschen Sprachraum bestätigen im Wesentlichen diese Ergebnisse (Süss, 2001). Dass die Korrelationen mit dem (Aus-)Bildungsniveau immer geringer werden, hat vor allem zwei Gründe:
1. Zum einen werden die Schulen/Bildungseinrichtungen mit dem Alter immer selektiver, das heißt, die Intelligenzunterschiede zwischen den Kindern werden innerhalb eines Schultyps immer geringer. In die Grund- bzw. Primarschule gehen noch alle Kinder gemeinsam, dann erfolgt eine Differenzierung nach Schultypen, so dass in den nachfolgenden Schulen

(z. B. Hauptschulen versus Gymnasien) die Schüler in ihrer Intelligenz nicht mehr so unterschiedlich sind. Eine verringerte Streuung bringt es statistisch einfach mit sich, dass sich die Zusammenhänge vermindern. So werden wohl nur mehr Personen auf die Universität gehen, die zumindest durchschnittlich intelligent sind. Die Intelligenzunterschiede sind hier nicht mehr so groß und können Leistungsunterschiede daher nicht mehr so gut erklären.

2. Zum anderen spielen mit zunehmendem Alter Wissensunterschiede eine immer größere Rolle, wenn es um die Erklärung von Unterschieden in Schulleistungen geht. Längsschnittstudien wie LOGIK oder SCHOLASTIK, die wir bereits ausführlich in unserem Buch *Lernen macht intelligent* dargestellt hatten, zeigen deutlich, dass Schulleistungen z. B. bei älteren Gymnasiasten mehr davon abhängen, wie viel Wissen in den vielen Schuljahren zuvor erworben wurde. Das heißt nicht, dass Intelligenz unwichtig ist, sondern dass sie zuerst in Wissen investiert werden muss. Intelligentere Schüler haben über viele Jahre mehr und qualitativ hochwertigeres Wissen erworben.

Das Problem vieler Untersuchungen zu diesem Thema besteht darin, dass zumeist Schulnoten als Indikatoren für Schulleistungen herangezogen werden. Noten hängen aber nicht allein von der Leistung der Schüler ab, sondern auch davon, wie der Lehrer Fleiß und Einsatz und die Motivation eines Schülers bewertet. Außerdem wissen wir aus eigener Erfahrung, dass verschiedene Lehrer unterschiedliche Bezugsrahmen haben, ein und dieselbe Leistung wird nachweislich von verschiedenen Lehrern unterschiedlich beurteilt.

Zu aussagekräftigeren Ergebnissen gelangt man, wenn man die Schulleistung durch objektive Leistungstests erfasst, und hier zeigen sich zumeist höhere Korrelationen. Schließlich hat man auch herausgefunden, dass Intelligenz hoch mit der Schulbesuchsdauer (ca. $r=.7$) und mit der Höhe der Schulabschlüsse

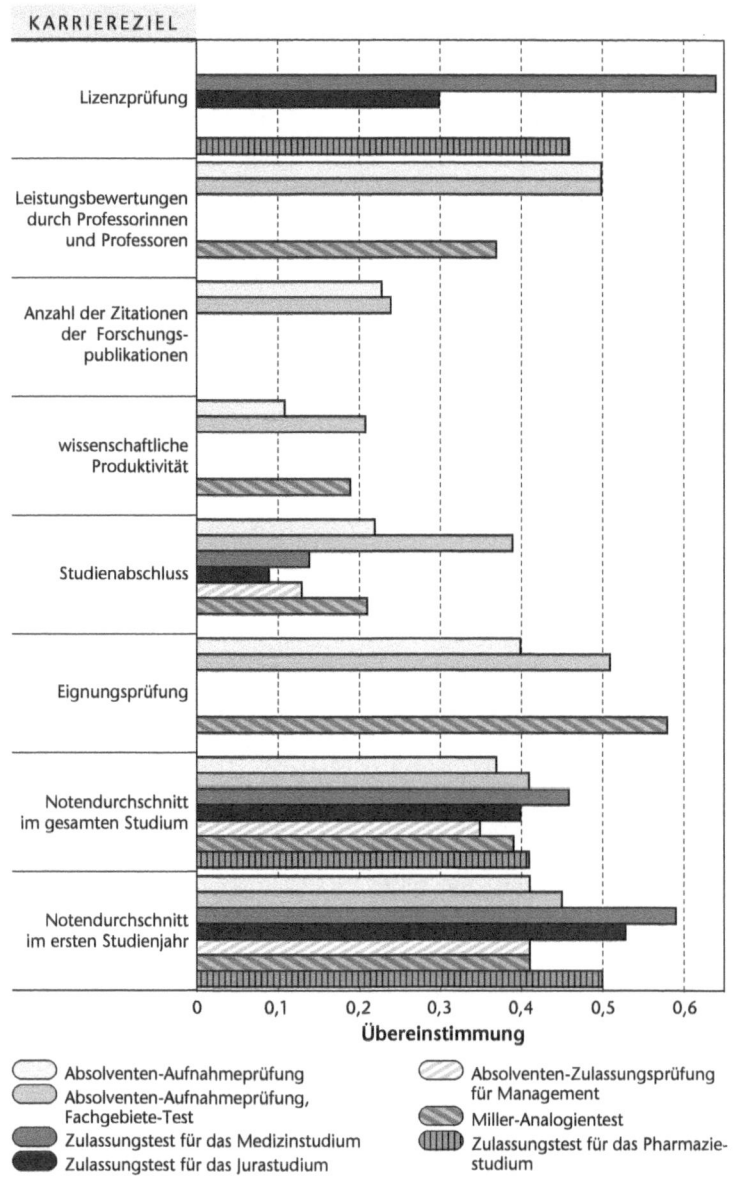

Lizenzprüfung

Leistungsbewertungen
durch Professorinnen
und Professoren

Anzahl der Zitationen
der Forschungs-
publikationen

wissenschaftliche
Produktivität

Studienabschluss

Eignungsprüfung

Notendurchschnitt
im gesamten Studium

Notendurchschnitt
im ersten Studienjahr

    0   0,1   0,2   0,3   0,4   0,5   0,6
Übereinstimmung

◯ Absolventen-Aufnahmeprüfung
◯ Absolventen-Aufnahmeprüfung,
   Fachgebiete-Test
◖ Zulassungstest für das Medizinstudium
● Zulassungstest für das Jurastudium

⬛ Absolventen-Zulassungsprüfung
   für Management
◖ Miller-Analogientest
▥ Zulassungstest für das Pharmazie-
   studium

Abbildung 6.1: Korrelationen verschiedener Begabungs-/Leistungs-/
Wissenstests mit verschiedenen studienbezogenen Leistungen

korreliert (ca. r=.5 bis r=.7), wie bei Ceci & Williams (1997) berichtet wird. Insgesamt gehören die für den Zusammenhang zwischen Intelligenz und Schulerfolg berichteten Korrelationen zu den höchsten, die man in empirischen Sozialwissenschaften überhaupt findet.

Intelligenztests können aber nicht nur schulische Leistungen, sondern auch Erfolge in weiterführenden Bildungsinstitutionen vorhersagen. Nathan Kuncel und Sarah Hezlett (2007) von der Universität von Minnesota und des Personnel Decisions Research Institutes verglichen die Vorhersagekraft verschiedenster standardisierter Begabungs- und Zulassungstests für höhere Schulen (Highschools, Colleges etc.).

In Abbildung 6.1 sind die Korrelationen verschiedener Begabungs-/Leistungs-/Wissenstests mit verschiedenen studienbezogenen Leistungen abgetragen. Man sieht, wie die verschiedenen Tests (mit unterschiedlichen Schraffierungen markiert) verschiedene Leistungen überzufällig gut vorhersagen können. Nur wenige Zusammenhänge liegen in niedrigen Bereichen von r=.1 bis .15; zum Teil waren Korrelationen über r=.5 zu beobachten.

Gerade der zuvor angesprochene Zusammenhang von Intelligenz mit Schulbesuchsdauer legt allerdings auch die umgekehrte Interpretation nahe: Dass höhere Intelligenz nicht nur mehr Schulerfolg ermöglicht, sondern umgekehrt längerer Schulbesuch und damit mehr Wissenserwerb auch höhere gemessene Intelligenztestergebnisse bzw. IQs bewirkt. Wissenschaftlich hat sich hiermit vor allem Stephen Ceci ausführlich beschäftigt. In einer vielzitierten Reanalyse der wissenschaftlichen Befunde streicht er heraus (Ceci & Williams, 1997):

1. Personen, die ihren Schulbesuch vorzeitig oder zwischendurch abbrachen, hatten als Erwachsene später geringere IQ-Werte.

2. Wer insgesamt länger in die Schule geht, hat als Erwachsener später einen höheren gemessenen IQ; jedes zusätzliche Schuljahr wird in einer groben Schätzung mit zusätzlichen

drei IQ-Punkten veranschlagt. Dies weiß man aus Studien, in denen man die Dauer des Schulbesuchs mit dem späteren IQ korreliert hat.

3. Ein anderer Befund ist schließlich die Analyse sogenannter Grenzalterskinder: In den meisten Ländern gibt es einen Stichtag, bis zu dem Kinder im nachfolgenden Herbst eingeschult werden; sind sie danach geboren, werden sie ein Jahr zurückgestellt. Untersucht man Schüler, die kurz vor und kurz nach diesem Stichtag Geburtstag haben, einige Jahre später im Hinblick auf ihre Intelligenz, so ergibt sich eine Differenz im IQ um drei Punkte, sind die vor dem Stichtag geborenen den anderen, kurz danach geborenen Kindern doch um ein Schuljahr voraus. Auch diese Studien bestätigen, dass jedes Schuljahr den IQ um eine gewisse Anzahl von Punkten steigert.

Diese und vergleichbare Befunde anderer Autoren (Cliffordson & Gustafsson, 2008) belegen, dass nicht nur die übliche Kausalinterpretation in der Richtung – Intelligenz beeinflusst spätere (Schul-)Leistungen – plausibel sein dürfte, sondern dass es auch reziproke Effekte von mehr und besserer Schulbildung auf höhere gemessene Intelligenz geben dürfte. Weiter oben haben wir betont, dass Unterschiede in der Intelligenz als Folge der Schulbildung gerade nicht reduziert werden. Mit dem Prinzip »Nature via nurture« lässt sich dies am besten beschreiben. Deshalb ist es ein Fehlschluss, zu meinen, nur weil Intelligenz sich erst durch Schulbildung entwickeln kann, seien Intelligenzunterschiede ein Produkt von Umwelteffekten. Aus einer Korrelation darf man nicht auf Kausalität schließen. Das lernt man bereits in den ersten Statistiklektionen. Nur wenn man den zeitlichen Verlauf kontrolliert, wie das in Längsschnittstudien möglich ist, kann man sich zu Aussagen über Ursache und Wirkung vorwagen. Dies ist der Fall, wenn nicht wie in einer einfachen Validitätsuntersuchung Intelligenz und Schulleistung zum gleichen Zeitpunkt erfasst und dann miteinander korreliert werden, sondern wenn an einer Stichprobe von Personen zu einem Zeitpunkt Intelligenz gemessen und einige Jahre später ihre Schulleistung erfasst wird.

Eine solche, aufgrund der Größe der Stichprobe sehr aussage-kräftige, Untersuchung wurde von Ian Deary und Mitarbeitern von der Universität Edinburgh an 70 000 englischen Kindern durchgeführt. Im Alter von elf Jahren hatte man von den Probanden Intelligenztestdaten erhoben. Fünf Jahre später lagen von den inzwischen Jugendlichen die Leistungen in immerhin 25 verschiedenen Schulfächern bzw. Lehrgegenständen vor – mit dem Ergebnis, dass die allgemeine Intelligenz (als Aggregat ermittelt aus einer umfangreichen Intelligenztestbatterie) sehr hoch (rund r=.8) mit der einige Jahre später erhobenen Gesamt-Schulleistung korrelierte. Differenziert nach Fächern zeigte sich, dass vor allem Mathematikleistungen sehr gut vorhergesagt werden konnten (Korrelation von r=.75). Etwas schlechter, aber immer noch erstaunlich gut gelang die Vorhersage für die Leistungen in Bildnerischer Erziehung/Design (Korrelation von r=.7).

So beeindruckend diese Studie auch ist, es lassen sich doch keine kausalen Schlussfolgerungen ableiten. Die mit elf Jahren intelligenteren Schüler könnten ja auch diejenigen gewesen sein, die in diesem Alter bessere Schulleistungen erzielt bzw. mehr Wissen erworben hatten. Und da Wissen nachweislich eine zentrale Grundlage für den Erwerb weiteren, komplexeren, aufbauenden Wissens ist (vgl. Neubauer & Stern, 2007), kann der von Deary berichtete hohe Zusammenhang auch zum Ausdruck bringen, dass die Intelligenteren von ihnen bereits mit elf Jahren besser in der Schule waren, was ihnen wiederum bessere Mög-lichkeiten gegeben hätte, auch im Alter von 16 Jahren höhere Schulleistungen zu erzielen. Zudem wissen wir nicht, wie hoch ihre Intelligenz mit 16 Jahren war. Vielleicht gab es ja auch einen umgekehrten Effekt, wonach das größere Wissen der Elfjährigen sich positiv auf ihren IQ mit 16 Jahren auswirkte.

Um die Kausalität wirklich schlüssig erklären zu können, braucht es eigentlich eine Studie, bei der man beide Merkmale (hier also Intelligenz und Schulleistungen) zu beiden Zeitpunkten erhebt. In der Psychologie bezeichnet man eine solche Studie als Kreuz-Sequenz-Panel-Design. Eine jüngere Studie, die diesen Ansprüchen genügt (Watkins, 2007), hat den bekannten Wechsler-Intelligenztest an Kindern im Alter von 6 bis 14 Jahren vorgegeben, zeitgleich die schulischen Leistungen erhoben und (im Mittel) drei Jahre später beide Maße noch einmal erhoben. In der Kreuz-Sequenz-Analyse untersuchte man dann, ob Intelligenz mit neun Jahren stärker die Schulleistung mit zwölf Jahren beeinflusst hat oder umgekehrt die Schulleistung im jüngeren Alter stärker die Intelligenz der älter gewordenen Kinder bestimmt hat. Es zeigte sich, dass der Effekt von früher gemessener Intelligenz auf spätere Schulleistung etwas höher (r=.47) war als der umgekehrte Effekt von früherer Schulleistung auf spätere Intelligenzentwicklung (r=.40). Richtig ist also weiterhin: Gute Schulleistungen setzen voraus, dass Intelligenz in Wissen investiert wird. Aber auch in den Münchener Längsschnittstudien LOGIK und SCHOLASTIK konnte kein direkter Einfluss der Schulleistung auf die spätere Intelligenz nachgewiesen werden, während das Umgekehrte ganz klar galt. Es spricht also alles für eine hohe Langzeitstabilität der Intelligenz und für ihren Einfluss auf die Schulleistungen.

Wird in einer wissenschaftlichen Studie der umgekehrte Effekt beobachtet, legt dies eine andere Interpretation nahe: Dann unterscheiden sich die Teilnehmer mit großer Wahrscheinlichkeit in ihren Bildungsmöglichkeiten. Ein Teil hatte optimale Möglichkeiten, seine Intelligenz auszubilden, während ein anderer Teil eine so rudimentäre Schulbildung genoss, dass die in den Genen vorgesehene Intelligenz nicht erreicht werden konnte. Zur Erinnerung: Wir waren in Kapitel 4 davon ausgegangen, dass die in Mitteleuropa angebotene Schulbildung den Kindern, die die Landessprache beherrschen, eine optimale Entfaltung ihrer Intelligenz ermöglicht. Wie gut diese für den Aufbau von schulischem Wissen genutzt wird, ist dann eine Frage der Unterrichtsqualität.

Soziale Herkunft oder Intelligenz –
was ist wichtiger für den Studienerfolg?

Eine häufig vorgebrachte Kritik an Intelligenztests ist, dass sie für sich genommen nicht wirklich aussagekräftig seien, wenn es um die Vorhersage von Schul- und Studienerfolg geht. Wenn es einen Zusammenhang zwischen IQ und Schul- und Studienerfolg gäbe, dann nur, weil auch Intelligenz und der sozioökonomische Status (engl. Socio Economic Status, kurz SES) korreliert seien. Letzteres ist in sogenannten meritokratischen Gesellschaften, in denen sich der Status und das Einkommen nicht überwiegend aus der Herkunft, sondern vor allem aus der Leistung ergeben, natürlich zu erwarten. Eine Gesellschaft, in der der sozioökonomische Status und Intelligenz nicht in Wechselwirkung miteinander stehen, wäre eine Gesellschaft, in der Menschen mit einem überdurchschnittlichen geistigen Potenzial ohne entsprechenden sozialen Hintergrund keine Chance hätten, ihre Kompetenzen in der Schule und später an der Universität zu entfalten. Es gilt: Je höher in einer Gesellschaft die Korrelation zwischen Intelligenz und Status sowie Einkommen ist, um so gerechter im Sinne der Meritokratie ist sie, vorausgesetzt, die in den Kapiteln 3 und 4 diskutierten Grundbedingungen für eine optimale Entwicklung der Intelligenz sind für alle gegeben. Wie wir gesehen haben, kann der Vorteil, den ein hoher SES mitbringt, nicht zu einer Steigerung der Intelligenz führen, die über das genetische Potenzial hinausgeht. Aber es bleibt natürlich die Frage, in welchem Maße der Erfolg in unseren Bildungsinstitutionen wirklich von der Intelligenz bestimmt wird. Können wir guten Gewissens einen Intelligenztest einsetzen, um über den Zugang zu einer Bildungsinstitution zu entscheiden, die hohe Ansprüche stellt? Oder ist zu erwarten, dass ein Mensch, der gut in einem IQ-Test abschneidet, allerdings keinen entsprechenden sozialen Hintergrund mitbringt, einen weniger erfolgreichen Schul- oder Studienabschluss erbringt? Das würde zwar noch nicht per se gegen Intelligenztests sprechen, aber es würde ihren Wert als Diagnoseinstrument in Frage stellen.

Um herauszufinden, ob Intelligenztests wirklich geeignet sind, den Bildungserfolg unabhängig von der sozialen Herkunft vorherzusagen, braucht man einen Datensatz, in dem der sozioökonomische Status quantifiziert werden kann. Dazu haben Soziologen inzwischen international akzeptierte Standards entwickelt. Weiterhin braucht man einen Intelligenztest, der vor Beginn der Ausbildung absolviert wird, sowie einen Indikator für den Bildungserfolg, wie beispielsweise die Abschlussnote an Gymnasium oder Hochschule.

Wissenschaftler der Universität Minnesota um Paul Sackett (2009) haben diesen Zusammenhang in sogenannten Meta-Re-Analysen näher unter die Lupe genommen. Sie haben – wie bei Meta-Analysen üblich – die bereits publizierten Arbeiten zum Thema zusammengetragen, die Datensätze neu zusammengefasst und ausgewertet. In den USA liegen diese in anonymisierter Form in großen Mengen vor, weil der Zugang zu den Universitäten dort anders als in Deutschland, Österreich und der Schweiz nicht von einem erfolgreichen Gymnasialabschluss, sondern dem Scholastic Aptitude Test (SAT) abhängt. Dieser standardisierte Test verlangt vor allem die Anwendung von schulischem Wissen in neuen Kontexten. Wie bei Intelligenztests ist auch hier der Schulbesuch eine gute Voraussetzung, aber keineswegs eine Garantie für gutes Abschneiden.

Wie die Forschergruppe zeigen konnte, hängt der sozioökonomische Status tatsächlich bedeutsam mit den Ergebnissen des Studierfähigkeitstests zusammen, und zwar immerhin zu r=.42. Und auch die SAT-Werte erfüllten die in sie gesetzte Erwartung: Sie korrelierten hoch mit den späteren Studienleistungen an der Universität, und zwar im Mittel zu r=.47. Was aber war die Ursache für diesen Zusammenhang? War in Wirklichkeit die soziale Herkunft und nicht die Intelligenz (gemessen mit dem SAT) entscheidend für den Studienerfolg? Um dies herauszufinden, wurde eine spezielle Korrelationstechnik (Partialkorrelationen) verwendet, bei der man den Einfluss einer Variablen aus dem Zusammenhang zweier anderer Variablen herausrechnen kann. Also berechneten die Autoren der Studie den SAT-Noten-Zusammenhang noch einmal, indem sie die SES-Unterschiede statistisch eliminierten. Mit anderen Worten: Die Forscher ermittelten, wie hoch der Zusammenhang zwischen der Intelligenztestleistung und der Abschlussnote wäre, wenn alle Personen den gleichen SES hätten. Das Ergebnis war eindeutig: Der Zusammenhang von r=.47 verringerte sich nur ganz geringfügig auf r=.44, wenn man den sozialen Hintergrund unberücksichtigt ließ. Wäre man zu dem umgekehrten Befund gelangt, nämlich dass ohne den sozioökonomischen Hintergrund kein Zusammenhang mehr zwischen Schulleistung und Intelligenz besteht, hätte dies bedeutet, dass nur die soziale Herkunft für den Studienerfolg zählt. Stattdessen zeigte sich: Wer es einmal an die Universität geschafft hat, dessen Erfolg hängt überwiegend von seiner Intelligenz ab. Natürlich sagt die Studie nichts darüber aus, ob Menschen mit einem niedrigen SES und einer hohen Intelligenz genauso gute Chancen haben zu studieren wie Menschen mit einem höheren SES. Eines können wir aber mit Sicherheit sagen: Selbst wenn alle Menschen gleiche sozioökonomische Bedingungen hätten, gäbe es immer noch Leistungsunterschiede, und diese erlauben eine bedeutsame Vorhersage der späteren Studierfähigkeit und, wie wir weiter unten noch sehen werden, auch des beruflichen Erfolgs.

Sind intelligentere Menschen beruflich erfolgreicher?

Dass Intelligenztests in der Lage sind, auch beruflichen Erfolg vorherzusagen, ist in der akademischen Psychologie spätestens seit den vielzitierten, um nicht zu sagen berühmten Meta-Analysen von Frank Schmidt und John Hunter klar. Die beiden Wissenschaftler haben alle in den vergangenen 85 Jahren veröffentlichten Studien zum Zusammenhang von Intelligenz und beruflichen Leistungen bzw. beruflichem Erfolg gesichtet und auf dieser Grundlage ebenfalls eine mittlere Korrelation mit, wie sie es nannten, General Mental Ability (GMA), berechnet. In den USA hat der Begriff Intelligenz inzwischen eher den Status eines Tabuwortes, weshalb amerikanische Wissenschaftler den Terminus GMA bevorzugen. Auf Basis von 32 000 Personen, die aus insgesamt 515 unterschiedlichen Berufen kamen, ermittelten sie einen mittleren Zusammenhang von r=.5; eine Korrelation, die also genauso hoch war wie der mittlere Zusammenhang von Intelligenz und Schulleistungen (s.o.). Spätere Überblicksarbeiten und Meta-Analysen konnten diese Befunde bestätigen bzw. zeigten teilweise sogar noch höhere Zusammenhänge (Carretta & Ree, 2000, 2001, Kramer, 2009, Salgado et al., 2001, Salgado & Anderson, 2003, Kuncel et al., 2004). Aber auch bezüglich dieser Korrelationen haben Kritiker verschiedene Einwände vorgebracht:

1. Intelligenz spiele vor allem bei Personen mit geringer Berufserfahrung eine Rolle; je länger jemand im Job sei, desto wichtiger sei die Berufserfahrung für den Erfolg, die Intelligenz hingegen werde zunehmend unwichtiger. Wie eine im Jahr 2004 veröffentlichte Meta-Re-Analyse bestehender Daten von den bereits oben erwähnten Psychologen Schmidt und Hunter jedoch zeigte, ist dies nicht zutreffend – vielmehr gibt es einen gegenläufigen Trend: Während bei unter dreijähriger Berufserfahrung Intelligenz mit beruflicher Leistung nur zu r=.35 korrelierte, stieg die Wechselwirkung mit der Länge der Tätigkeit kontinuierlich an und zeigte schließlich für die Personengruppe mit zwölf oder mehr Jahren Berufserfahrung sogar eine Zusammenhang von fast r=.60! Der Zusammenhang zwischen Berufserfahrung und beruflicher Leistung nahm praktisch im gleichen Ausmaß ab: von r=.49 bei bis zu drei Jahren Joberfahrung auf nur mehr r=.15 bei zwölf und mehr Jahren (Hambrick & Meinz, 2011).

2. Wie schon bei der Vorhersage der Schulleistung hat man sich auch hier die Frage gestellt, ob nicht der sozioökonomische Status letztlich die vorhersagekräftigere Variable für den Berufserfolg sei. Der estnische Forscher Tarmo Strenze (2007) hat sich ihr in einer bemerkenswerten Meta-Analyse gewidmet und gefunden, dass wiederum die Variable Intelligenz für die Vorhersage der hier analysierten drei Kriterien des Berufserfolgs (höchste Ausbildung, Berufsstatus, Einkommen) in der Mehrzahl der Fälle den höheren Zusammenhang liefert als der SES (lediglich bei der Vorhersage des Einkommens war für die letztere Variable ein kleiner Vorteil zu beobachten). Aus dieser Meta-Analyse ging allerdings auch hervor, dass Intelligenz zwar den erreichten Bildungsabschluss und den beruflichen Status sehr gut vorhersagen kann (mit substantiellen Korrelationen von r=.56 und r=.45), aber der Zusammenhang mit dem erzielten Einkommen war mit r=.23 deutlich niedriger. Dafür, wie viel jemand verdient, bzw. für den Wohlstand einer Person scheinen auch andere Faktoren ausschlaggebend zu sein. Welche das sind, wird in der genannten Studie allerdings nicht analysiert.

Gerne wird auch behauptet, Persönlichkeitsmerkmale wie soziale Intelligenz oder Gewissenhaftigkeit könnten beruflichen Erfolg besser vorhersagen als Intelligenz. Dass dem nicht so ist, zeigen andere Meta-Analysen und Überblicksarbeiten. Dabei untersuchte man, ob sich die Zuverlässigkeit der Vorhersage des beruflichen Erfolgs noch signifikant, also statistisch überzufällig, erhöhen lässt, wenn man zusätzlich zur Intelligenz Merkmale wie Integrität, Zuverlässigkeit, Arbeitserfahrung u. v. m. diagnostiziert. Lediglich drei zusätzliche diagnostische Informationsquellen können (wiederum nach Schmidt und Hunter) die Vorhersage beruflichen Erfolgs noch verbessern:

1. Integrität (Wie zuverlässig ist ein [zukünftiger] Mitarbeiter?);
2. strukturierte (!) Job-Interviews, in der eine standardisierte Folge von Fragen gestellt wird, nicht aber unstrukturierte Interviews;

3. Arbeitsproben, die allerdings naturgemäß nur Verwendung finden können, wenn es bereits Vorwissen oder bereits erworbene Fertigkeit gibt (z. B. Computerkenntnisse oder handwerkliche Fertigkeiten).

Die Meta-Analyse von Schmidt und Hunter hat zudem gezeigt, dass einige andere, in manchen Ländern nach wie vor sehr beliebte Methoden wie z. b. die Graphologie keinerlei Vorhersage beruflichen Erfolgs erlauben: Die Korrelation ist gleich null. Auch andere Studien zeigen, dass Graphologen Vorhersagen über Menschen nur aus dem Inhalt eines handgeschriebenen Lebenslaufs, nicht aber aus seiner Handschrift ziehen können. Ein genauso verheerendes Zeugnis haben bislang alle seriösen Studien der Astrologie ausgestellt. Die Analyse von Sternzeichen, Aszendent und anderen astrologischen Indikatoren erlaubt nachweislich keinerlei sinnvolle psychologische Aussagen über die Persönlichkeit oder das zukünftige Verhalten eines Menschen. Diese Befunde überraschen die meisten Psychologen nicht wirklich. Unerwartet war aber ein weiteres Ergebnis der Meta-Analyse von Schmidt und Hunter, nämlich dass auch die Erhebung von beruflichen Interessen keinen überzufälligen Beitrag zur Vorhersage von Berufserfolg liefert. Mehr dazu im nächsten Kapitel.

Trotz der eindeutigen Befunde der Meta-Analysen von Schmidt, Hunter, Strenze und anderen trifft man immer wieder auf Studien, die die Brauchbarkeit von Intelligenztests für die Vorhersage des beruflichen Erfolgs in Frage stellen. Solche negativen Ergebnisse sind bei näherer Betrachtung allerdings zumeist darauf zurückzuführen, dass bereits ausgewählte Berufsgruppen mit überdurchschnittlicher Intelligenz untersucht wurden. So sind für Personengruppen, die im Hinblick auf Intelligenz direkt oder indirekt vorausgewählt worden sind (etwa Akademiker), Intelligenztests für die Vorhersage des Berufserfolgs wenig geeignet, was aber wenig verwundert: Wenn jemand ein Studium erfolgreich abgeschlossen hat, wird er/sie das nicht zuletzt auf Grundlage einer überdurchschnittlichen Intelligenz geschafft haben; für den beruflichen Erfolg spielen dann möglicherweise andere Merkmale wie Kreativität, Motivation und Persönlichkeit eine größere Rolle und erlauben die besseren Vorhersagen.

Manche Begabungsforscher sind der Meinung, der IQ spiele nur als Mindestanforderung eine Rolle, ab einem bestimmten Schwellenwert (häufig wird hier für komplexere Berufe der Wert 120 genannt) sei ein weiteres Mehr an Intelligenz nicht hilfreich. Hierfür werden auch gerne die beeindruckenden historiometrischen Studien an amerikanischen Präsidenten und anderen Führungspersönlichkeiten angeführt, für die der in Kalifornien tätige Psychologe Dean K. Simonton (2006) weltberühmt wurde. Historiometrie bezeichnet dabei den Versuch, die Biographien berühmter Persönlichkeiten zu analysieren, um herauszufinden, ob diese durch Gemeinsamkeiten im Lebenslauf (z. B. Kindheitsereignisse, Geschwisterposition etc.) oder eben durch Persönlichkeitsmerkmale wie Intelligenz charakterisierbar seien. Auf der Basis der Analyse der amerikanischen Präsidenten kam er zu dem Schluss, dass erfolgreiche Führer nicht zu intelligent sein dürfen (max. IQ von rund 130), ansonsten agierten sie so abgehoben und seien in ihrer Argumentation so komplex, dass sie von der Durchschnittsbevölkerung nicht mehr verstanden würden.

So interessant dieser Befund auch sein mag; er ist nicht generalisierbar. Die bereits erwähnten Studien von Kuncel und Hezlett (2010) an Tausenden von amerikanischen College-Studenten und an Zigtausenden berufstätigen Personen zeigen, dass auch bei einem IQ von 120 und mehr noch bedeutsame Zusammenhänge zwischen der Intelligenz und schulischen Leistungen einerseits und beruflichem Erfolg andererseits bestehen. Noch beeindruckender ist der Befund aus der Langzeitstudie von David Lubinski und Camilla Benbow von der Vanderbilt University, in der gezeigt werden konnte, dass selbst unter den Höchstintelligenten (oberes 1 % entsprechend einem IQ über 135) das untere Viertel etwas weniger erfolgreich war als das obere Viertel: Die Personen mit IQs von 135 hatten 20 Jahre später im Mittel weniger Publikationen veröffentlicht und weniger Patente angemeldet als diejenigen mit IQs von 145 und höher.

Selbst wenn man dem Argument folgt, wonach die Zusammenhänge zwischen Intelligenz und Ausbildungs- und/oder Berufserfolg bei höheren IQs abnehmen – sie sind immer noch bedeutsam, auch wenn sie unter r=.4 oder r=.5 liegen. Fälschlicherweise werden sie selbst unter Wissenschaftlern nicht immer angemessen interpretiert. Eine beliebte Fehlinterpretation geht folgendermaßen: Die Bedeutung einer Korrelation erschließt sich aus der sogenannten gemeinsamen Varianz der beiden Merkmale, die miteinander korreliert werden. Der Prozentsatz der gemeinsamen Varianz ergibt sich, indem man die Korrelation quadriert und mit 100 multipliziert. So legt eine Korrelation von r=.3 die Interpretation nahe, dass zwischen den beiden Merkmalen nur knapp 10% gemeinsame Varianz bestünde und bei einer Korrelation von r=.2 gäbe es nur mehr 4% Gemeinsames zwischen den beiden Variablen. Auf den ersten Blick könnte man beides als gering bis vernachlässigbar bezeichnen – ein Urteil, das heute allerdings als voreilig gilt. In den vergangenen Jahren setzte sich nämlich eine andere Lesart durch, die Statistiker als *binomial effect size display* bezeichnen. Dabei fragt man sich, um wie viel Prozent die Wahrscheinlichkeit des Eintretens von Ereignis B (z. B. Lungenkrebs) sich erhöht, wenn Ereignis A (Rauchen) eingetreten ist. Stellen wir uns vor, eine repräsentative Stichprobe von 1000 Personen sei gezogen worden. 20% rauchen und 10% sind an Lungenkrebs erkrankt:

Rauchen	Lungenkrebs ja	nein
ja	30	170
nein	70	730

Wir sehen, dass 30 der 200 Raucher an Lungenkrebs erkrankt sind, also 15%. 170 Raucher (85%) sind nicht erkrankt. 70 der 800 Nichtraucher sind an Lungenkrebs erkrankt, das sind 8,75%. Vergleicht man 15% mit 8,75%, so gilt: Die Wahrscheinlichkeit, an Lungenkrebs zu erkranken, liegt für Raucher um 71% höher als für Nichtraucher. Dieser Unterschied ist beachtlich, und es kann davon ausgegangen werden, dass selbst statistisch geschulte Menschen eine eher hohe Korrelation zwischen Lungenkrebs und Rauchen erwarten. Tatsächlich beträgt der in dem soeben durchgerechneten Zahlenbeispiel ermittelte Korrelationskoeffizient nur r=.08, ein Wert, der übrigens der Realität entspricht. Es gibt also gute Gründe für Wissenschaftler, sich auch niedrigere Korrelationen anzuschauen und daraus Empfehlungen abzuleiten.

Ein Vergleich von Korrelationen in unterschiedlichen Fachgebieten ist auch insofern interessant, als man feststellen konnte, dass viele Zusammenhänge in der Medizin nicht höher sind als in der Psychologie oder in anderen Sozialwissenschaften; siehe Kasten: Was ist eine hohe Korrelation?

Nehmen wir einen Aufnahmetest für eine Universität oder Fachhochschule, der über eine moderate Validität von r=.3 verfügt. Der Zusammenhang zwischen Studienerfolg und Testleistung wäre hier folgendermaßen:

Ergebnis im Aufnahmetest	Studium abgeschlossen	
	ja	nein
überdurchschnittlich	65	35
unterdurchschnittlich	35	65

Zwar werden in diesem Test 70 von 200 Personen fehlklassifiziert, aber er leistet dennoch einen zusätzlichen Beitrag zur Entscheidungsfindung: Wer im Test überdurchschnittlich gut war, hat eine fast doppelt so hohe Wahrscheinlichkeit, das Studium erfolgreich zu absolvieren, wie jemand, der dabei unterdurchschnittlich abgeschnitten hat.

Was ist eine hohe Korrelation?

In alten Statistik-Lehrbüchern liest man oft, dass r=.3 eine kleine Korrelation, r=.5 mittelhoch und r=.7 eine hohe Korrelation sei. Dieser Irrtum wurde zwischenzeitlich korrigiert. Nach neuesten Erkenntnissen zur Abschätzung der praktischen Bedeutsamkeit statistischer Effekte (Cohen, 1992) kommt man zu folgender Einteilung: niedrige Korrelation: r=.1; mittlere Korrelation: r=.3; hohe Korrelation: r=.5. Interessant ist auch ein Vergleich von Korrelationen in der Psychologie und anderen Sozialwissenschaften mit jenen in der Medizin (Meyer et al., 2001); vgl. nachfolgende kleine Auswahl:
- Rauchen und Lungenkrebs korrelieren zu r=.08.
- Konsum von Gewaltdarstellung in Medien und spontane Aggression gegen andere Menschen: r=.13.
- Urteile von Personalverantwortlichen aus Bewerbungs-/Einstellungsinterviews und spätere berufliche Leistung: r=.2.
- Diagnostizierte Klinische Depression und reduziertes Immunsystem: r=.32.
- Psychotherapie und daraus folgende Symptomverbesserung: r=.32.
- Körpergewicht und Köpergröße: r=.44.
- Abnahme der Informationsverarbeitungsgeschwindigkeit mit dem Alter: r=.52.

Schließlich lassen sich auch Gruppenunterschiede, z.B. zwischen den Geschlechtern, in Korrelationen umrechnen; dabei erscheinen manche Zusammenhänge erstaunlich niedrig:
- Männer sind schwerer als Frauen: r=.26.
- Männer sind kräftiger als Frauen (gemessen über Armstärke beim Gewichtheben): r=.55.
- Selbst der größte Geschlechtsunterschied – Männer sind größer als Frauen – erreicht »nur« eine Korrelation von r=.67.

Fazit: Vereinfacht ausgedrückt könnte man sagen, dass ein Zusammenhang zwischen Intelligenz und Schulleistung/Berufserfolg von r=.5 in etwa so groß ist wie der Unterschied in der Armkraft zwischen Männern und Frauen. Der Zusammenhang zwischen Intelligenz und Schulbesuchsdauer von r=.7 entspricht etwa der Größe des Geschlechtsunterschieds in der Körpergröße.

Die meisten Intelligenztests oder sonstige Begabungs-, Aufnahmetests etc. haben aber, wie beschrieben, höhere Validitäten, die oft bei r=.4 oder r=.5 liegen. In Anbetracht dieser Befunde bei Personalentscheidungen auf solche Tests zu verzichten und sich stattdessen nur auf den persönlichen Eindruck beim Gespräch zu verlassen, wäre so ähnlich, als wenn ein Arzt seinem Patienten eine Gehirntumoroperation vorschlägt, nur weil dieser über wiederholte und heftige Kopfschmerzen klagt.

Sind Intelligenztests unfair gegenüber Minderheiten?

Gegner von Intelligenztests führen den sogenannten prädiktiven Bias (engl. *bias* = Verzerrung) ins Feld. Damit ist gemeint, dass der Test gegenüber bestimmten Gruppen, etwa Frauen oder ethnischen Minderheiten, unfair sein könnte. Wenn in einem Begabungstest beispielsweise Frauen oder Immigranten im Mittel schlechter abschneiden als Männer beziehungsweise Einheimische, dann würde der Einsatz dieses Tests diese Gruppen benachteiligen, wenn auf seiner Basis Auswahlentscheidungen für Zulassungen zu Schulen, Fachhochschulen, Universitäten, Jobs etc. getroffen würden. Ein aktuelles Beispiel sind die Medizinertests, wie sie derzeit an einigen österreichischen Universitäten als Eignungstest für den Studiengang durchgeführt werden. Dabei erreichen Frauen im Mittel niedrigere Testwerte als die Männer, insbesondere in den Aufgaben, in denen es um räumliche Wahrnehmung und Orientierung geht; sie werden in der Folge weniger häufig zum Studium zugelassen als Männer. Ist das nun ein Argument gegen den Test?

Die systematische Erforschung von solchen Verzerrungen liefert eine klare Antwort: Mittlere Leistungsunterschiede sind per se kein Anzeichen für einen Bias. Vielleicht sind Frauen ja tatsächlich schlechter in räumlicher Wahrnehmung? Jeder valide Test hat seine Berechtigung. Von einem Bias darf man nur dann sprechen, wenn eine Gruppe im Grunde genauso gut ist wie eine andere, aber trotzdem durch den Test benachteiligt wird. Entscheidend ist vielmehr, ob räumliches Vorstellungsvermögen tatsächlich dazu geeignet ist, einen guten Mediziner bzw. eine gute Medizinerin vorherzusagen, und ob es das gleichermaßen für beide Geschlechter ist. Es gilt also zu überprüfen, ob das Abschneiden im Raumvorstellungstest statistisch mit dem Studien- oder besser noch dem Berufserfolg von Medizinerinnen und Medizinern korreliert. Empirisch konnte das bislang allerdings nur für einzelne Fächer der Medizin, wie z. B. Koloskopie (Darmspiegelung), belegt werden. Ist räumliches Vorstellungsvermögen aber nur für einzelne Fächer relevant, darf man die generelle Zulassung zum Medizinstudium eigentlich nicht von dieser Testleistung abhängig machen. Das wäre, etwas überspitzt gesagt, so ähnlich, als würde man die Körpergröße zu einem Zulassungskriterium für das Medizinstudium machen.

Bleiben wir einen Moment beim räumlichen Vorstellungsvermögen, das zwar kein generell valider Prädiktor für den Erfolg als Arzt ist, für Berufe wie Bauingenieur oder Architekt hingegen schon. In diesen Fällen könnte man es nicht als Diskriminierung werten, wenn weniger Frauen als Männer für diese Studiengänge zugelassen werden, weil sie schlechtere Testergebnisse zeigen. Woher rühren aber die Ursachen für die Geschlechtsunterschiede in räumlich-visuellen Tests? Zumal es immer wieder Beweise dafür gibt, dass die Leistungen in dem Test sehr gut trainierbar sind. So konnte Aljoscha Neubauer belegen, dass bei Aufgaben zur mentalen Rotation, bei denen die Geschlechtsunterschiede besonders groß sind, sich der Nachteil von Frauen in nur zwei Wochen praktisch wegtrainieren lässt. Auch andere Studien haben gezeigt, dass räumliche Fähigkeiten sehr stark von einem regelmäßigen Üben abhängen: Wer z. B. regelmäßig Computerspiele wie Tetris spielt,

Origami betreibt oder sich oft im Wald aufhält (z. B. Orientierungslauf), kann sein räumliches Vorstellungsvermögen binnen kurzer Zeit beachtlich verbessern.

Im Lichte dieser Ergebnisse erscheint die bislang dominierende Erklärung des Nachteils von Frauen in räumlicher Orientierung, die Jäger-Sammler-Hypothese, höchst fraglich. Sie macht unser evolutionäres Erbe dafür verantwortlich, nach dem Motto: Als unser genetischer Bauplan seine weitgehend endgültige Form angenommen hat, also nach derzeitigem Kenntnisstand vor ca. 40 000 Jahren, waren Männer Jäger und Frauen Sammler. Das ist aus heutiger Sicht zu kurz gegriffen. Erinnern wir uns an Kapitel 3, in dem wir gesehen haben: Gene, die psychologische Merkmale steuern, brauchen Umweltbedingungen, um aktiv zu werden (Stichwort: »Nature via nurture«). Möglicherweise bringen Frauen aber nicht prinzipiell schlechtere genetische Voraussetzungen für räumlich-visuelle Kompetenzen mit, sie haben nur weniger Gelegenheiten, diese Begabungen zu entfalten. Dafür sprechen auch große Unterschiede zwischen verschiedenen Ländern und Regionen in der Geschlechterdiskrepanz: So findet man nach J. W. Berry (1976) bei den Eskimos gar keinen Geschlechtsunterschied in räumlich-visuellen Tests, und in Island so wie bei den Cree-Indianern sind Frauen in diesen Tests den Männern sogar überlegen.

Mit anderen Worten: Wenn ein Test für räumlich-visuelle Fähigkeiten den Frauen zum Nachteil gereicht, dann vielleicht nur deshalb, weil die entsprechenden Fähigkeiten nicht ausreichend gefördert wurden. In Kapitel 4 wurde erörtert, welche Umweltbedingungen gegeben sein müssen, damit sich die genetischen Anlagen zur allgemeinen Intelligenz entfalten können. So wie Kinder bildungsferner Familien mit größerer Wahrscheinlichkeit hinter ihrem Intelligenzoptimum zurückbleiben als Kinder aus Akademikerfamilien, so bleiben Frauen bei den räumlich-visuellen Kompetenzen mit größerer Wahrscheinlichkeit hinter ihrem Optimum zurück.

Als Fazit kann an dieser Stelle festgehalten werden: Psychologische Tests, und im Besonderen die häufig diskreditierten Intelligenztests, zu verbannen, hieße letztlich, das Kind mit dem Bade auszuschütten, ohne dass das eigentliche gesellschaftliche Problem gelöst wäre. Beim gegenwärtigen hohen Entwicklungsstand von Intelligenztests kann mangelnde Chancengleichheit nicht darauf zurückgeführt werden, sie ist vielmehr das Ergebnis gesellschaftlicher Benachteiligungen, die durch die Tests nur reflektiert werden. Gerade Intelligenztests können zur Chancengerechtigkeit beitragen: Bei Menschen, die die Landessprache nicht perfekt beherrschen, können Intelligenztests, die wenig sprachabhängig sind, die geistigen Fähigkeiten einer Personen sogar besser abbilden als Indikatoren, in die Sprachleistungen eingehen (z. B. Schulnoten).

Leben intelligentere Menschen gesünder und länger?

Wie wir bereits gesehen haben, gibt es bedeutsame Zusammenhänge zwischen kognitiven Begabungen, insbesondere Intelligenz, und Erfolg in Schule, Studium, Ausbildung und im Beruf selbst. Die Robustheit der bislang referierten Befunde legt nahe, dass menschliche Intelligenz ein zentrales Persönlichkeitsmerkmal des Menschen ist. Aber wirkt sich Begabung auch auf andere Bereiche des Lebens aus? Mit anderen Worten: Lässt sich durch in Intelligenztests gemessene Fähigkeiten Lebenserfolg vorhersagen, der sich etwa in zufriedenstellenden sozialen Beziehungen, einer glücklichen Partnerschaft, Gesundheit, einem langen Leben und anderen positiv bewerteten privaten Aspekten zeigt? Tatsächlich erlebt die Forschung auf dem Gebiet der sogenannten kognitiven Epidemiologie gerade eine Blüte. Diese Disziplin erforscht die Zusammenhänge zwischen Intelligenz und Merkmalen der individuellen Gesundheit. Dazu gehören Ernährung, Sport, Rauchen,

Alkohol, Auftrittshäufigkeit von chronischen Erkrankungen, aber auch von Unfällen und letztlich der Langlebigkeit von Menschen. Dass Intelligenz für Gesundheit und Langlebigkeit von Bedeutung sein dürfte, belegen inzwischen eine Reihe von hochkarätigen Studien, in denen man sich den glücklichen Umstand zu Nutze machte, dass manche Länder Intelligenztests schon seit Jahrzehnten großflächig (also an Zigtausenden Menschen) einsetzen, so dass Daten von Kindern und Jugendlichen aus den 1920er und 1930er Jahren zur Verfügung stehen. Anhand dieser Datensätzen hat man analysiert,

– ob die teilnehmenden Personen noch leben,
– wenn sie verstorben sind, woran,
– bzw., falls sie noch am Leben sind, ob sie an chronischen Erkrankungen (und welcher Art) leiden bzw.
– wie ihr genereller Gesundheitszustand ist.

Ian Deary von der Universität Edinburgh, der auf diesem Gebiet führende Forscher, gab 2009 ein Sonderheft der renommierten wissenschaftlichen Zeitschrift *Intelligence* heraus, in dem mehr als ein Dutzend zum Teil großangelegter Studien mit mehreren Tausend Personen aus Schottland, England, Wales, den USA und Australien referiert werden. Die Hauptbefunde weisen eine erstaunliche Übereinstimmung auf:

– Intelligentere Personen zeigen mehr gesundheitsförderliches Verhalten, sie trinken weniger Alkohol, sie rauchen weniger, sie machen mehr Sport und ernähren sich gesünder.
– Intelligentere leiden weniger unter chronischen Krankheiten wie koronaren Herzerkrankungen, Erkrankungen des Magen-Darm-Bereichs, Lungenerkrankungen; die Befunde für Krebserkrankungen sind allerdings uneinheitlich.
– Intelligentere sterben weniger wahrscheinlich an diesen Erkrankungen und kommen auch seltener durch Autounfälle ums Leben. Sie leben somit insgesamt länger. Auch hier wurden lediglich bei Krebserkrankungen uneinheitliche Zusammenhänge gefunden (Gottfredson & Deary, 2004).

Die Zusammenhänge ergaben sich überwiegend aus Längsschnittuntersuchungen, die einen großen Teil der Lebensspanne abdeckten. Aus der in den frühen Lebensjahren gemessenen Intelligenz konnten Rückschlüsse auf spätere Krankheiten und den Todeszeitpunkt gezogen werden. Dennoch lässt sich aus den Resultaten keine einfache Ursache-Wirkungs-Beziehung ableiten. Theoretisch wäre es nämlich auch möglich, obgleich unwahrscheinlich, dass Anzeichen einer Erkrankung schon im Kindesalter auftreten und die Intelligenzentwicklung beeinträchtigen. Bezüglich der Ursache des Zusammenhangs zwischen Intelligenz und Gesundheit werden derzeit zwei Erklärungen diskutiert (vgl. Deary, 2009):

1. Dass Intelligentere weniger chronische Erkrankungen aufweisen und länger leben, sei auf deren generell gesünderen und auch weniger risikoreichen Lebenswandel (s.o.) zurückzuführen. Auf Basis der nachgewiesenen positiven Effekte von Nichtrauchen, Konsum von wenig Zucker, gesättigten Fetten und Alkohol, viel körperlicher Bewegung und gesunder Ernährung kann man davon ausgehen, dass Intelligentere, die diese Regeln in ihrem Lebensstil berücksichtigen, gesünder sind und länger leben. Intelligentere Menschen nehmen auch häufiger an Früherkennungsuntersuchungen teil, sind eher in der Lage, den (bei manchen chronischen Erkrankungen wie Diabetes recht komplexen) ärztlichen Empfehlungen zur Medikamenteneinnahme und den Beipackzetteln von Medikamenten Folge zu leisten. Die Wirkungsrichtung wäre also Intelligenz -> gesunder Lifestyle -> Gesundheit/Langlebigkeit.

Inwiefern Zusammenhänge wie jener zwischen Intelligenz und Gesundheit/Lebensdauer indirekt über eine andere Variable (hier Lifestyle) vermittelt werden, lässt sich mittels des bereits weiter oben in diesem Kapitel diskutierten statistischen Verfahrens der Partialkorrelationen herausfinden, wenn es einen Datensatz gibt, in dem Informationen über die Intelligenz, den gesundheitsbezogenen Lebensstil und den Gesundheitszustand vorliegen. Tatsächlich weiß man, dass ein gesundheitsbewusster Lebensstil zwar eine gewisse Rolle für den Zusammenhang von Intelligenz und Gesundheit spielt, ohne dass man ihn vollständig erklären könnte. Mit anderen Worten: Auch wenn man den gesundheitsbewussten Lebensstil herausrechnet, also statistisch konstant hält, bleibt noch ein substantieller Zusammenhang bestehen. Das heißt vereinfacht ausgedrückt: Dass Intelligentere gesünder sind und länger leben, hat nur teilweise mit deren gesünderem Lebenswandel zu tun, vielmehr müssen noch weitere Faktoren vorhanden sein, die den größeren Teil des Zusammenhangs erklären (siehe Punkt 2 weiter unten).

Eine Spezialvariante der Lifestyle-Erklärung konzentriert sich auf den – mit dem Lifestyle korrelierten – sozioökonomischen Status (SES). Menschen, die in finanzieller Hinsicht von Anfang an bessergestellt sind, können sich auch eine bessere medizinische Behandlung, bessere Rehabilitations-, aber auch Gesundheitsvorsorgemaßnahmen (z. B. Wellness-Urlaube etc.) leisten. Insofern müsste der Zusammenhang von Intelligenz und Gesundheit also schwinden, wenn man den SES statistisch herausrechnet bzw. kontrolliert. Empirisch finden sich dafür jedoch nur schwache Belege: Der Zusammenhang reduziert sich kaum, ähnlich wie wir das für den Zusammenhang von Intelligenz und Schulerfolg bereits zuvor gezeigt haben, aufgrund des »Mixes« aus genetischen und Umwelteffekten: Intelligentere Kinder verfügen dank ihrer nachweislich ökonomisch besser situierten Eltern ja nicht nur über bessere Entwicklungsbedingungen, sondern sie haben auch mehr intelligenzförderliche Gene mitbekommen.

Ob tatsächlich Intelligenz oder die sozioökonomische Herkunft eine größere Rolle für Gesundheit/Krankheit/Langlebigkeit spielt, ist bislang nur auf Basis einer amerikanischen Studie (Lubinski & Humphreys, 1992) abschätzbar, bei der die Forscher aus einem großen Pool von fast 100000 Personen das obere 1 % in der Intelligenzverteilung (IQ > 135) zogen und es mit den obersten 1 % in der Verteilung des sozioökonomischen Status verglichen; die Überlappung beider Gruppen war verschwindend gering. Dabei zeigte sich, dass Personen, die zum obersten Prozent der Intelligenzverteilung gehörten, insgesamt gesünder waren als das oberste Prozent der Wohlhabendsten. Diese und einige andere neuere Befunde (vgl. Lubinski, 2009) legen nahe, dass Intelligenz im Vergleich zum sozioökonomischen Status die bedeutsamere Variable für Gesundheit/Krankheit/Langlebigkeit zu sein scheint.

2. Der zweite Erklärungsansatz setzt bei der These an, wonach intelligentere Kinder von ihren Eltern ja nicht nur bessere intellektuelle Entwicklungsbedingungen, sondern auch mehr Intelligenz-Gene mitbekommen haben: Teile der intelligenzförderlichen Gene könnten allgemeine »Fitness«-Gene sein, in dem Sinne, dass generell physisch und psychisch gesündere, fittere Menschen mehr von diesen Genen besitzen. Je mehr jemand von diesen Genen mitbringt, umso höher ist seine Intelligenz (das heißt der erblich bedingte Anteil davon), aber gleichzeitig ist er auch körperlich robuster, mit mehr körperlicher Widerstandskraft ausgestattet etc. Ein solcher genetischer Effekt wäre nur im Rahmen eines Zwillings- oder Adoptionsdesigns herauszurechnen. Längsschnittstudien zu Intelligenz und Gesundheit, die Zwillinge oder Adoptierte untersuchten, liegen aber unseres Wissens derzeit noch nicht vor.

Gegenwärtig können wir also sagen, dass intelligentere Menschen, unter einer längerfristigen Perspektive betrachtet, gesünder sind, länger gesund bleiben bzw. seltener erkranken und insgesamt länger leben. Dieser Effekt ist keinesfalls vollständig auf unterschiedliche finanzielle Ausgangsbedingungen und auch nur teilweise auf einen gesünderen Lebensstil zurückzuführen. Dass allgemeine »Fitness«-Gene den Zusammenhang (mit-)bedingen, ist empirisch bislang nicht untersucht worden, auch wenn es plausibel ist.

Sind intelligentere Menschen glücklicher?

Intelligenz scheint sich aber nicht nur positiv auf die Gesundheit und ein langes Leben auszuwirken, sondern auch auf ein glückliches Leben generell. Die wenigen bisher dazu vorliegenden Studien sprechen dafür, dass Intelligenz gleichsam ein protektiver Faktor gegen negative Lebensereignisse ist. Dazu gehören fehlende Schulabschlüsse, längere Arbeitslosigkeit, Scheidung, ungewollte Schwangerschaften, Armut bzw. Abhängigkeit von der Wohlfahrt (Sozialhilfeempfänger), Verurteilung/Inhaftierung für Straftaten. Während der Effekt bei der Arbeitslosigkeit noch relativ gering ist (weniger intelligente Menschen haben diesbezüglich ein 1,5-faches Risiko im Vergleich zu sehr intelligenten), ergibt sich z. B. bei den Verurteilungen für Straftaten bereits ein siebenfach höheres Risiko für Menschen mit IQs unter 75 versus solchen mit IQs über 125 (Gottfredson, 1997). Kein eindeutiger Effekt war hingegen für das Begehen von Straftaten zu beobachten. Dies zeigt: Intelligentere sind keine besseren Menschen, aber sie scheinen eher dazu in der Lage, ihren Kopf aus der Schlinge zu ziehen.

Jüngst konnte in einer US-Studie an 1000 LKW-Fahrer-Trainees gezeigt werden, dass die Intelligenteren in ökonomischen Entscheidungssituationen finanzielle Risiken besser einschätzen können. Zudem können sie in interaktiven Entscheidungs- bzw. Dilemmasituationen das Verhalten des Gegenübers besser vorhersagen und darauf basierend ihr eigenes Verhalten ökonomisch vorteilhafter steuern. Außerdem blieben mehr intelligente »Trucker-Trainees« im Job, wenn sie wussten, dass sie bei Kündigung vor Ablauf von 12 Monaten die Kosten für die Ausbildung (zwischen 5000 und 10000 Dollar) selbst tragen müssen. Die Autoren schließen daraus, dass höhere Intelligenz mit Präferenzen und Entscheidungen einhergeht, die den eigenen ökonomischen Erfolg begünstigen (Burks et al., 2009).

Intelligenz oder kognitive Begabung hat also einen eindeutig positiven Effekt nicht nur auf schulische und berufliche Leistungen, sondern wirkt sich auch ganz allgemein positiv auf den Lebenserfolg aus. Diese mehrfach replizierten empirischen Befunde stehen diametral zu Behauptungen von Vertretern alternativer Intelligenzen (z. B. Daniel Goleman), dass kognitive Intelligenz für beruflichen und allgemein für Lebenserfolg unwichtig sei im Vergleich zur sogenannten emotionalen oder sozialen Intelligenz. Eine kürzlich publizierte Meta-Analyse (O'Boyle et al., 2011) hat etwas mehr Licht in diese nach wie vor kontrovers diskutierte Frage gebracht : Zwar können manche Tests für emotionale Kompetenzen einen bedeutsamen zusätzlichen Beitrag zur Vorhersage beruflichen Erfolgs leisten (5 bis 7 %), das mit Abstand beste Maß war aber auch in dieser Analyse die klassische kognitive Intelligenz, die allein mehr als 30 % des unterschiedlichen Lebenserfolgs von Menschen vorherzusagen vermag. Dieser Aspekt wird im folgenden Kapitel noch vertieft werden.

Hat hohe Intelligenz auch Nachteile?

Die oben beschriebene Wissenschaft der kognitive Epidemiologie hat bislang ein einziges Korrelat gefunden, das man allgemein als nicht wünschenswert betrachten würde: Überdurchschnittlich Begabte und im Besonderen Hochbegabte sind wesentlich häufiger kurzsichtig als durchschnittlich begabte Menschen. Camilla Benbow hat im Rahmen einer US-amerikanischen Hochbegabtenstudie (Schüler mit IQs > 135) 57 % Kurzsichtige gefunden, was deutlich über dem Anteil bei vergleichbar alten Gymnasiasten (15 %) lag (Benbow 1988). Der Zusammenhang zwischen Myopie (Kurzsichtigkeit) und Intelligenz wurde korrelativ auf r=.2 bis .3 geschätzt, was umgerechnet in IQ-Punkte einem mittleren Unterschied von bis zu 8 IQ-Punkten zwischen Kurz- und Normalsichtigen entspricht. Allerdings gibt es noch keine schlüssige Erklärung für diesen Zusammenhang. Die derzeit favorisierte Hypothese nimmt einen sogenannten pleiotropischen genetischen Effekt an, dem zufolge das Größenwachstum des Auges und des Gehirns von den gleichen Genen gesteuert wird. Da Gehirngröße positiv mit Intelligenz assoziiert ist, hätten intelligentere Menschen auch größere Augäpfel, was wiederum Myopie begünstigt.

Ansonsten lassen sich kaum Nachteile überdurchschnittlicher Intelligenz nachweisen. Wenn solche manchmal berichtet werden, geht dies auf einige Studien zu extrem hoher Intelligenz, also Hoch- und Höchstbegabung (IQs > 130 bzw. > 145) zurück. Erwähnt wurden bereits die Studien an politischen Führungspersönlichkeiten, die Dean Simonton historiometrischen Analysen unterzog. Er stellte fest, dass amerikanische Präsidenten weniger intelligent als britische Premiers sind und erklärte das damit, dass erstere vom Volk, letztere vom Parlament gewählt werden. Und um vom Volk gewählt zu werden, ist eine sehr hohe Intelligenz mutmaßlich deshalb ungünstig, da man dann weniger leicht verstanden wird, als wenn man überdurchschnittlich, aber nicht hochintelligent ist. So beeindruckend Simontons historiometrische Analysen sind, sie weisen eine gravierende Einschränkung auf: Der IQ der betreffenden Personen wird indirekt aus biographischen Daten erschlossen (wann begann die Person aufrecht zu gehen, wann zu sprechen, lesen, schreiben etc.), und diese Entwicklungsindikatoren sind als IQ-Schätzungen – obgleich bedeutsam mit der erwachsenen Intelligenz korreliert – mit deutlich größerer Unsicherheit behaftet als direkte Schätzungen aus IQ-Tests, zumal wenn diese ab einem Alter von ca. 12 bis 13 Jahren erhoben wurden. Wie wir bereits an anderer Stelle (Neubauer & Stern, 2007) dargelegt haben, erreichen Intelligenztests erst ab diesem Altersbereich ihre maximale Vorhersagekraft.

Dennoch sind bezüglich möglicher Nachteile einer (sehr) hohen Intelligenz zwei Effekte zu bedenken:

1. Hohe Intelligenz hat sicher Nachteile, wenn es um die Zufriedenheit in Berufen mit eher repetitiven Tätigkeiten und eher geringen Anforderungen an die Intelligenz geht. Wer bei hoher Intelligenz einer intellektuell wenig anspruchsvollen Tätigkeit nachgeht, wird mutmaßlich unzufriedener sein, als jemand der seinen intellektuellen Möglichkeiten entsprechend, gefordert wird. Leider wurde dieser Aspekt bislang nicht empirisch untersucht. Da die Berufswahlberatung und die Auswahl für komplexere Berufe bislang nur in wenigen Bereichen auf Basis von Begabungstests erfolgen (vielfach bevorzugt man Interessenstests), muss man damit rechnen, dass nicht wenige Menschen in Berufen tätig sind, für die sie hinsichtlich ihrer kognitiven Begabung (und der Struktur der Begabung) entweder über- oder unterqualifiziert sind. Wir vermuten, dass das auch dafür verantwortlich ist, dass man in den meisten Studien bislang keine Zusammenhänge zwischen Zufriedenheit und Intelligenz gefunden hat. Weniger intelligente Menschen müssen (abgesehen von den von Gottfredson beschriebenen extremen negativen Fährnissen) nicht unbedingt unzufriedener oder unglücklicher sein, wenn sie einen Beruf ausüben, der ihrer Begabung entspricht. Ein positiver Zusammenhang zwischen Zufriedenheit und Intelligenz ist nicht unbedingt zu erwarten. Vielmehr würden wir einen solchen Zusammenhang für die »Passung« zwischen kognitiver Anforderung und kognitiver Begabung erwarten.

2. Manchmal wird für Höchstintelligente ein Bild sozial unangepasster »Eigenbrötler« mit emotionalen und sozialen Defiziten geprägt, was wissenschaftlich aber nicht belegt ist. Dennoch scheint es eine kleine Gruppe Hochbegabter zu geben, bei denen eine sogenannte Inselbegabung vorliegt: Personen, die abgesehen von ihrer spezifischen (oft mathematischen) Begabung eher autistische Züge tragen, sozial gehemmt sind und sehr einseitige Interessen haben. Hier sind allerdings Ursache und Wirkung nicht geklärt: Gibt es eine gemeinsame gene-

tische Basis? Oder ist das Eigenbrötlertum eine Ursache oder eine Folge des Erfolgs Höchstintelligenter in Domänen wie Mathematik oder Physik? In diesen Domänen sind Höchstleistungen im Allgemeinen nur zu erreichen, wenn man sich über einen längeren Zeitraum konzentriert zurückzieht. So haben wahrscheinlich mathematisch Hochbegabte, die besonders introvertiert sind, die besten Erfolgschancen. Oder sie stellen bald fest, dass sie ihre Begabung nur dann in Leistung umsetzen können, wenn sie zurückgezogen leben, wie etwa der französische Mathematiker André Weil, der, als er 1940 in Rouen wegen Desertion in Untersuchungshaft saß, seiner Frau schrieb:»Ich hoffe sogar, hier noch einige Zeit in Ruhe an dem Begonnenen weiterarbeiten zu können. Ich fange an zu glauben, dass nichts den abstrakten Wissenschaften förderlicher ist, als das Gefängnis.«

7 Kein Ersatz für Intelligenz: Fleiß, Disziplin, Motivation und Kreativität

»Intelligenzunterschiede sind sicher nicht der einzige Faktor, der Leistungen in Erziehung, Training und hochkomplexen Berufen beeinflusst, aber Intelligenz ist oft der wichtigste Faktor.«
Linda Gottfredson, 1997

Warum Menschen unterschiedlich fleißig oder diszipliniert sind, wird in der Psychologie bereits seit Jahrzehnten untersucht. Allerdings ist diese Forschung weniger systematisch als die zur Intelligenz. In den vergangenen 20, 30 Jahren hat man immer wieder neue Konzepte vorgeschlagen, um die sogenannten konativen Faktoren zu messen. Konativ leitet sich aus dem lateinischen Wort *conatio* ab und wird mit »Bemühtsein« oder »Anstrengung« übersetzt. Zu den konativen Faktoren gehören Leistungsmotivation, Selbstdisziplin, Selbstwirksamkeitserwartung, Selbstmotivation, Gewissenhaftigkeit, Perfektionismus, Passioniertheit/Leidenschaft und akademisches Selbstkonzept. Letzteres bezeichnet im weitesten Sinne das Vertrauen, welches man in seine Lernfähigkeit hat. Gemessen werden die konativen Faktoren mit Fragebögen, in denen die Befragten Selbsteinschätzungen zu den einzelnen Merkmalen abgeben müssen, indem sie bewerten, inwiefern Aussagen wie die folgenden auf sie selbst zutreffen:
- Ich kann auch die schwierigen Aufgaben im Unterricht lösen, wenn ich mich anstrenge. (Selbstwirksamkeitserwartung)
- Ich halte meine Sachen ordentlich. (Gewissenhaftigkeit)
- Ich kann mir meine Zeit recht gut einteilen, so dass ich meine Angelegenheiten rechtzeitig beende. (Selbstdisziplin)
- Es ist wichtig für mich, in allem, was ich tue, vollkommen kompetent zu sein. (Perfektionismus)

Zur Messung von Leistungsmotivation wurden neben diesen Fragebögen, die auf Selbstauskunft beruhen, auch andere Verfahren vorgeschlagen, beispielsweise sogenannte Priming-Tests (die mit subliminaler, also unterschwelliger, Wahrnehmung arbeiten), bis hin zu den geläufigen psychologischen Testverfahren, bei denen man den Probanden Tintenkleckse oder uneindeutige Darstellungen von Menschen vorlegt und sie danach befragt, was sie darin sehen; sie sind u. a. unter den Namen Rorschachtest und TAT (Thematischer Apperzeptionstest) bekannt. Wenn alle diese Tests tatsächlich das Merkmal Leistungsmotivation erfassen, müssten die Ergebnisse einer Testperson immer ähnlich ausfallen, unabhängig davon, welchem Verfahren sie sich unterzieht. Wie aber eine jüngere deutsche Untersuchung unter der Leitung von Matthias Ziegler von der Humboldt-Universität Berlin (Ziegler et al., 2010) gezeigt hat, korrelieren die verschiedenen Motivationstests statistisch nur sehr gering miteinander. Anders gesagt: Der Proband kann in einem dieser Tests als hoch leistungsmotiviert eingestuft werden, während er einem anderen zufolge wenig leistungsmotiviert ist. Das ist, wie wir ausgiebig belegt haben, bei Intelligenztests nicht der Fall. Hier korrelieren Tests, die auf sprachlichem, numerischem oder bildlichem Material basieren, substantiell miteinander und rechtfertigen deshalb die Annahme einer allgemeinen Intelligenz.

Entscheidend für die Qualität eines Messverfahrens ist seine Validität. Wenn man einen Motivationsfragebogen finden würde, der Schul- und Berufserfolg besser vorhersagt als ein Intelligenztest, dann wäre das ein bahnbrechendes Resultat. Warum sollte man aufwendige Intelligenztests einsetzen, wenn man anhand nur eines Fragebogens besser und zuverlässiger geeignete Mitarbeiter finden kann? In Bezug auf Berufserfolg ist bislang keine Untersuchung bekannt, die demonstrieren würde, dass Motivationstests Intelligenztests in ihrer Aussagekraft überlegen wären. Aber vielleicht können Messverfahren zur Motivation ja zumindest Zusatzinformationen liefern, die über das hinausgehen, was sich an der Intelligenz einer Person ablesen lässt. In diesem Fall besäße der Motivationstest eine inkrementelle Validität, also zusätzliche Gültigkeit. Die meisten Studien belegen aber, dass diese eher gering ist. Mit anderen Worten: Der Intelligenztest allein kann Leistungsunterschiede gut vorhersagen; die Hinzunahme egal welcher Leistungsmotivationstests verbessert die Vorhersage des Ausbildungs- oder Berufserfolgs nur marginal.

Neuere öffentlichkeitswirksame Arbeiten von Martin Seligman und Angela Duckworth von der University of Pennsylvania in Philadelphia haben jedoch teilweise einen anderen Eindruck erweckt. Der renommierte klinische Psychologe Martin Seligman hatte bereits in den 1970er Jahren bahnbrechende Arbeiten zu den Auswirkungen von Kontrollverlust auf die menschliche Psyche durchgeführt. Auf ihn ist der Begriff der »erlernten Hilflosigkeit« zurückzuführen: Wenn ein Lebewesen unsystematisch belohnt oder bestraft wird, fühlt es sich hilflos und den Fährnissen des Lebens ausgesetzt. Dieser subjektiv erlebte Kontrollverlust eines Menschen – der sich natürlich auch in der Schule einstellen kann und selbst bei intelligenten Kindern Schul- und Versagensängste hervorruft – führt schlimmstenfalls zu Depressionen.

In dem verhaltenstherapeutischen Ansatz von Martin Seligman stand deshalb die Frage im Mittelpunkt, wie Menschen das Gefühl der Kontrollierbarkeit wieder erlangen. Bezogen auf den schulischen Kontext heißt das vor allen Dingen, ein Verhalten zu erlernen, welches Lernerfolg ermöglicht. Dazu gehören Anstrengungsbereitschaft, Fleiß, Disziplin und Vertrauen in die eigene Leistungsfähigkeit. Seit längerer Zeit deutet vieles darauf hin, dass diese Eigenschaften in fernöstlichen Kulturen stärker gefördert werden als etwa in westlichen Gesellschaften. Dort werden von den Kindern gute Leistungen erwartet, sie werden ihnen zugetraut, und ihre Eltern achten rechtzeitig darauf, dass regelmäßig für die Schule gearbeitet wird. Den Kindern wird aber auch vermittelt, dass ihr Schulerfolg das Ergebnis ihrer eigenen Anstrengung beziehungsweise Entschlossenheit (englisch: *grit*) ist – ein Aspekt, der 2011 sehr öffentlichkeitswirksam in dem Buch *Die Mutter des Erfolgs* der Juraprofessorin und Publizistin Amy Chua erörtert worden ist; neuere wissenschaftliche Belege finden sich bei Zhu und Leung (2011). Bereits in den 1980er und 1990er Jahren wurden jedoch die kulturellen Unterschiede diskutiert. Vor diesem Hintergrund wollten Angela Duckworth, wie Amy Chua ebenfalls Kind einer aufstiegsorientierten asiatischen Einwandererfamilie, und Martin Seligman herausfinden, wie erfolgreich Kinder wirklich sind, die das Prinzip der Anstrengung und der Entschlossenheit verinnerlicht haben. Ob Eigenschaften wie Fleiß, Disziplin, Perfektionismus, Eifer etc. für schulische oder berufliche Leistungen tatsächlich wichtiger als Intelligenz oder andere Begabungen sind, lässt sich nur dann feststellen, wenn ein und dieselbe Studie sowohl Intelligenz als auch derartige Motivationsmerkmale an ihren Probanden erhebt und die Ergebnisse mit ihren schulischen Leistungen korreliert. Da aber motivationale Merkmale oft positiv mit Intelligenz zusammenhängen – Intelligentere können sich besser motivieren und sind disziplinierter –, gilt es, mittels spezieller statistischer Verfahren den überlappenden Teil der beiden Merkmalsbereiche (Begabungen vs. Motivation) herauszurechnen bzw. zu kontrollieren. Bereits 2005 haben Duckworth und Seligman die Ergebnisse von zwei Längsschnittstudien »Selbstdisziplin schlägt den IQ bei der Vorhersage von Schulerfolg im Jugendalter« veröffentlicht, die an rund 300 Schülern Selbstdisziplin erfassten, indem die Wissenschaftler die Schüler selbst, aber auch ihre Eltern und Lehrer danach befragten,

– wie selbstkontrolliert sie in ihren Gedanken, Emotionen, Impulsen und ihren Leistungen sind;
– ob sie sich eher als impulsiv oder selbstkontrolliert beschreiben;
– wie gut sie auf kurzfristige kleine Belohnungen zugunsten späterer, aber höherwertiger Ziele verzichten können (diese Fähigkeit wird in der Psychologie als »Belohnungsaufschub« bezeichnet).

Die Schüler mussten sich außerdem einem Intelligenztest unterziehen. Daneben wurde eine Reihe von Schulleistungsindikatoren wie Schulnoten, aber auch Zulassung zur Highschool und diszipliniertes Verhalten (regelmäßige Erledigung von Hausaufgaben versus Anzahl der Stunden vor dem Fernseher) erhoben. Die Resultate waren eindeutig: Die (gemittelten) Maße für Selbstdisziplin korrelierten doppelt so hoch mit schulischen Erfolgsindikatoren (bis zu r=.7) wie das Intelligenztestergebnis (bis zu r=.35), woraus die Autoren den Titel ihrer Studie ableiteten. Allerdings darf man nicht daraus schlussfolgern, dass Intelligenz für das schulische Lernen unwichtig und Selbstdisziplin alles sei. Schließlich waren die Teilnehmer der Studie hinsichtlich ihrer Intelligenz gewissermaßen »vorselektiert«: Untersucht wurden nämlich nur Schulen mit einem großen Anteil an Mittelschichtkindern, deren Intelligenz über dem Landesdurchschnitt lag. Das heißt, die Probanden unterschieden sich wenig in der Intelligenz, wohl aber in ihrer Motivation und Leistungsbereitschaft.

Auch der an der Universität Chemnitz tätige pädagogische Psychologe Heiner Rindermann kommt in einer Übersichtsarbeit zu dem Schluss, dass sich Motivationsmerkmale nur dann als vorhersagekräftiger für Intelligenz herausstellen, wenn die Schüler oder Studierenden zuvor nach Fähigkeit vorausgewählt wurden. Hinzu kommt, dass in sehr vielen Studien – so auch bei der oben erwähnten – als Leistungsmaß die Schulnoten herangezogen werden, nicht aber Leistungstests. Es kann erwartet werden, dass Noten höher mit Motivation korrelieren als Schulleistungstests, schließlich sind Noten das Ergebnis eines komplexen Entscheidungs- und Bewertungsvorgangs, in die nachweislich mehr eingeht als die Leistung in einem Fach (Klauer & Leutner, 2006). Offensichtliche Anstrengungsbereitschaft und hohe Motivation werden tendenziell eher belohnt, während Schüler, die gute Leistungen bei offensichtlicher Faulheit erbringen, mit größerer Wahrscheinlichkeit »abgestraft« werden. Jedenfalls fin den sich fast immer höhere Korrelationen zwischen Intelligenz und Ergebnissen in Schulleistungstests als zwischen Intelligenz und Schulnoten. Die Ergebnisse von Duckworth und Seligman dürfen also nicht in dem Sinne interpretiert werden, dass jeder unabhängig von seiner Intelligenz alles erreichen kann. Vielmehr zeigen die Ergebnisse – und dies stimmt auch mit unseren Aussagen in den vorangegangenen Kapiteln überein –, dass Intelligenz nur durch den Aufbau von Wissen seine Wirkung entfalten kann.

Warum aber setzen manche Schüler ihre Begabung besser in Leistungen um als andere? Wodurch kommen Unterschiede in Selbstmotivation, Selbstdisziplin, Eifer und Gewissenhaftigkeit überhaupt zustande? Auch die Unterschiede in konativen Persönlichkeitsmerkmalen können natürlich ihre Wurzeln in genetischen Ursachen haben. Dafür sprechen Ergebnisse der in den Kapiteln 3 und 4 diskutierten populationsgenetischen Untersuchungen. Allerdings fallen die Erblichkeitsschätzungen für Motivationsfaktoren deutlich geringer aus als die für Intelligenz. Und zwar aus zwei Gründen, die sich gegenseitig nicht ausschließen: Einerseits ist ja – wie wir gesehen haben – die Messgenauigkeit für Motivation geringer als die für Intelligenz. Das führt automatisch dazu, dass wissenschaftliche Aussagen, die die Motivation betreffen, mit einem größeren Fehler behaftet sein können als Aussagen zur Intelligenz. Andererseits gibt es aber auch gute Gründe für die Annahme, dass Umweltfaktoren wie Elternhaus und Schule einen stärkeren Einfluss auf die Arbeitshaltung und die Motivation ausüben können als auf Intelligenz. In der Sprache der Populationsgenetik heißt dies: Die Reaktionsnorm für Gene, welche die Motivation steuern, ist größer als für Gene, welche die Intelligenz steuern.

Ist Interesse für ein Gebiet nicht wichtiger als Begabung?

Das Interesse für ein bestimmtes Fach, für bestimmte Berufe oder Berufsgruppen kann als eine Sonderform der Motivation verstanden werden: Interesse ist gleichsam eine auf einen bestimmten Bereich gerichtete Motivation. Die Erforschung von Interessen ist in der Psychologie eng mit dem Namen John Holland assoziiert. Er hat ein Modell für (Berufs-)Interessen entwickelt, kurz RIASEC genannt, dem zufolge sich sechs grundlegende Interessen unterscheiden lassen, siehe gegenüberliegende Seite.

Erfasst werden die jeweiligen Interessen mittels Fragebögen, die im Hinblick auf ihre Vorhersagekraft für die Berufswahl empirisch überprüft worden sind. Für eine Berufsberatung, ist immer wieder zu hören, sei es eigentlich ausreichend, einen Interessenstest zu machen, auf dessen Basis man schon die richtige Berufswahl treffen werde. Diese Empfehlung verkennt allerdings die gut belegte Tatsache, dass Menschen sich nicht immer für Bereiche interessieren, für die sie auch eine Begabung haben. Interessen und Begabungen weisen nämlich statistisch nur geringe Zusammenhänge miteinander auf: So konnte etwa für das RIASEC-Modell gezeigt werden, dass realistische und investigative Interessen positiv mit Intelligenztestwerten assoziiert sind, während unternehmerische und soziale Interessen sogar leicht negative Zusammenhänge aufweisen (das heißt, weniger Begabte interessieren sich tendenziell mehr für diese Bereiche).

Allerdings sind diese Zusammenhänge in beide Richtungen nicht sehr hoch: Sie liegen meist nur im Bereich von r=.1 bis .2, selten bis .3 (Ackerman & Heggestad, 1997; Proyer, 2006). Das spricht, wie wir im vorangegangenen Kapitel gelernt haben, einem Messinstrument noch nicht seine Berechtigung ab. Zudem scheinen die Zusammenhänge auch kulturabhängig unterschiedlich auszufallen; sie sind also nicht generalisierbar. Daraus leitet sich folgende Erkenntnis ab: Entgegen der land-

Bezeichnung	Erklärung
Realistic (R)	Der **realistische** Typus *(the realistic type)* bevorzugt Tätigkeiten, die mit der systematischen Handhabung von Objekten, Maschinen, Werkzeugen und dem Umgang mit Tieren zusammenhängen.
Investigative (I)	Der **forschende** Typus *(the investigative type)* bevorzugt Aktivitäten, die das beobachtende, symbolische, systematische und kreative Erforschen von physikalischen, biologischen und kulturellen Phänomenen beinhaltet, um diese Phänomene zu verstehen und zu kontrollieren.
Artistic (A)	Der **künstlerische** Typus *(the artistic type)* zieht mehrdeutige, freie und unsystematische Tätigkeiten vor, die mit der Handhabung von physischen, verbalen oder menschlichen Materialien verbunden sind, um Kunstformen oder Kunstprodukte zu kreieren.
Social (S)	Der **soziale** Typus *(the social type)* bevorzugt Aktivitäten, bei denen er anderen helfen kann. Er möchte andere Menschen informieren, trainieren, entwickeln, heilen oder aufklären.
Enterprising (E)	Der **unternehmerische** Typus *(the enterprising type)* bevorzugt Aktivitäten, bei denen er andere beeinflussen kann, um Organisationsziele zu erreichen oder wirtschaftliche Gewinne zu maximieren.
Conventional (C)	Der **konventionelle** Typus *(the conventional type)* bevorzugt Tätigkeiten, die mit der systematischen Handhabung von Daten zu tun haben (z. B. Material ordnen und verwalten, Reproduktion von Material und Daten), um Organisationsziele und ökonomische Ziele zu erreichen.

Abbildung 7.1: Die RIASEC-Interessensdimensionen nach John Holland (1997)

läufigen Annahme, dass im Laufe der individuellen Entwicklung durch Erfolge/Misserfolge bzw. allgemein Rückmeldungen in und außerhalb der Schule Begabungen und Interessen eines Menschen sich einander annähern, zeigt die Forschung, dass beide Merkmale sich eher auseinanderentwickeln.

Dass die Zusammenhänge zwischen Begabungen und Interessen eher gering sind, könnte man aber auch als vorteilhaft betrachten. Wenn nämlich diese beiden psychologischen Merkmalsbereiche kaum korrelieren, dann können sie unabhängig voneinander zur Vorhersage der richtigen Schul- bzw. Berufswahl beitragen. Um herauszufinden, ob dies tatsächlich der Fall ist, braucht man eine Stichprobe, an der sowohl Begabungs- als auch Interessenstests durchgeführt wurden und die man einige Jahre später hinsichtlich ihrer Berufswahl und/oder ihres beruflichen Erfolgs analysiert.

Eine der wenigen Untersuchungen dazu wurde von Lloyd Humphreys und Grace Yao im Jahr 2002 veröffentlicht. Sie verglichen Personen, die verschiedene Studiengänge erfolgreich abgeschlossen hatten im Hinblick auf die elf Jahre zuvor erhobenen Begabungen und Interessen und stellten fest, dass die Studienrichtungen, die die Probanden eingeschlagen hatten, nur bedingt mit den zuvor erhobenen Testwerten übereinstimmten. Die Ergebnisse dieser Studie zeigten zwar tatsächlich, dass Interessen eine etwas bessere Unterscheidung erlauben als es auf Basis der Begabungen möglich ist, allerdings dürfen sie keinesfalls als Nachweis dafür verstanden werden, dass Interessen viel wichtiger seien als Begabungen, wie die Autoren selbst einschränkend feststellen. Sie betonen, dass in ihrer Stichprobe die Teilnehmer fast alle aus dem oberen Viertel der Intelligenzverteilung kamen. Ohne eine deutlich überdurchschnittliche kognitive Begabung hätten sie es nicht geschafft, ihr Studium erfolgreich zu absolvieren. Da die untersuchten Akademiker sich in der Intelligenz nur wenig unterschieden, während sie in ihren Interessen durchaus stark streuten, kam letzteren eine besondere Bedeutung zu. Interesse ist also nur dann wichtiger für die Berufswahlentscheidung, wenn sichergestellt ist, dass die intellektuellen Voraussetzungen für das Studium gegeben sind. Um das an einem Beispiel zu verdeutlichen: Für die Suche nach einer neuen Wohnung nutzen Sie ein Internetportal. Um das Angebot einzuschränken, werden Sie zunächst die Größe spezifizieren, z. B. 3- bis 4-Zimmer-Wohnungen. Die so gefilterten Wohnungen unterscheiden sich in der Größe (m²) deutlich weniger, als wenn Sie sich alle Wohnungen anzeigen lassen. Jedoch werden Ihnen nach wie vor Wohnungen in allen Stadtteilen angezeigt, so dass Sie weitere Unterscheidungsmerkmale treffen werden. Genau so würden Sie als Personalverantwortlicher eines Unternehmens, wenn Sie die Stelle eines Controllers zu besetzen haben, nur ausgebildete Betriebswirte zum Vorstellungsgespräch einladen. Den Intelligenztest können Sie sich in diesem Fall ersparen, weil die Absolvierung dieses Studiums ja bereits einen (sehr umfangreichen) Real-Life-Intelligenztest darstellt. Mit der nun solchermaßen eingeschränkten Zahl an Bewerbern können Sie im Bewerbungsgespräch andere Aspekte erörtern, in denen sich die Kandidaten stärker unterscheiden als in ihrer Intelligenz oder ihrem Fachwissen.

Die Situation ist vergleichbar mit jener in der oben beschriebenen Studie von Duckworth und Seligman zur Selbstdisziplin: Kognitive Begabung ist ein so relevantes Merkmal, dass es in allen Kontexten, wo bereits eine Vorselektion im Hinblick auf dieses Merkmal stattgefunden hat, fortan nur mehr wenig erklären kann, eben weil sich die selegierten Personen in diesem Merkmal weniger unterscheiden als in anderen Merkmalen wie z. B. Interessen. Das heißt aber auch, dass für die Berufswahl bzw. -beratung junger Menschen die Diagnose von Begabungen mindestens genauso wichtig ist wie die Erfassung ihrer Interessen. Um es noch einmal mit Humphreys und Yao zu sagen: Allein Interessenstests zu vertrauen, ist irreführend, wenn man sie nicht mit Begabungstests kombiniert.

Möchte man die Bedeutung der Intelligenz für Studien- und Berufserfolg erfassen, sollten nur Personen getestet werden, die noch keine Berufsausbildung bzw. kein Studium abgeschlossen haben. Über einen derartigen Versuch berichtete 1999 auch der renommierte US-Psychologe Phillip Ackerman (gemeinsam mit Eric Rolfhus). Die Wissenschaftler versuchten in einer kombinierten Studierenden-/Absolventenstichprobe auf Basis von Intelligenzfaktoren, Persönlichkeitsfaktoren und Interessen das Wissen in 20 verschiedenen Bereichen (Literatur, Biologie, Ökonomie, Physik, Elektronik, Jura, Geschichte, ...) vorherzusagen. So wollten sie unter anderem herausfinden, ob es etwa für das Wissen in Chemie wichtiger ist, intelligent zu sein, oder ob Persönlichkeitsmerkmale wie intellektuelle Wissbegierde oder Offenheit für Erfahrungen ausschlaggebend sind. Und welchen Beitrag können die Berufsinteressen nach Hollands RIASEC-Modell liefern? Die Ergebnisse (die in ihrer ganzen Komplexität hier nicht wiedergegeben werden können) sind eindeutig: Für das Wissen in allen 20 untersuchten Gebieten war Intelligenz von großer Bedeutung (und statistisch signifikant). Und in den meisten Bereichen war es auch der wichtigste Faktor dafür, wie viel jemand wusste. Persönlichkeitsmerkmale wie z. B. Gewissenhaftigkeit spielten hingegen nur in 6 von 20 Wissensbereichen eine Rolle, und das Interesse war sogar nur in vier Bereichen für das Wissen von Bedeutung.

Betrachten wir nicht die Berufswahl oder das akademische Wissen, sondern den beruflichen Erfolg als Kriterium, so spielen Interessen sogar eine noch geringere Rolle. Die schon mehrfach erwähnte Meta-Analyse von Schmidt und Hunter (1998) zeigte für Intelligenztests als Prädiktoren für Berufserfolg eine mittlere Validität von $r=.5$. Hingegen korrelierten Interessenstests im Mittel nur zu $r=.1$ mit dem Berufserfolg. Und die Vorhersage des Berufserfolgs lässt sich – wenn man die Begabung bereits erfasst hat – durch die zusätzliche Erhebung von Interessen nicht bedeutsam verbessern. Die Autoren erklären das so: Interessen beeinflussen primär, welchen Job eine Person auswählt, aber wenn sie einmal im Job ist, dann ist ihre Leistung hauptsächlich von ihrer kognitiven Begabung und einigen Persönlichkeitsmerkmalen abhängig, aber nicht von ihren Interessen. Entgegen der Volksmeinung sagen Berufsinteressen also wenig darüber aus, wer in welchem Beruf Erfolg haben wird.

Aus diesen meta-analytischen und somit gut abgesicherten Befunden lässt sich unseres Erachtens nur eine Schlussfolgerung ziehen: Die alleinige Erfassung von Interessen gewährleistet nicht, dass jemand später in einem Beruf landet, in dem er oder sie mit hoher Wahrscheinlichkeit erfolgreich sein wird. Anfängliches Interesse und Motivation gehen verloren, wenn Menschen zu viele Misserfolge haben. Vor diesem Hintergrund wäre es unverantwortlich, Menschen, die die kognitiven Voraussetzungen für eine Tätigkeit nicht mitbringen, eine Berufswahl nur aufgrund eines Interessenstests nahezulegen.

Tests versus Gespräche

Wenn es um die Auswahl geeigneter Personen für Beruf und Ausbildung geht, stellt sich die Frage, ob man mit den Bewerbern sprechen oder sie testen soll. Im vorangegangenen Abschnitt haben wir gelernt, dass Fragebögen zu Faktoren wie Motivation, Selbstdisziplin, Interessen etc. einen Intelligenz- und Begabungstest fast nie ersetzen, sondern nur als eine zusätzliche Informationsquelle dienen können. Wie aber schneiden Intelligenztests als Diagnoseinstrumente verglichen mit anderen, nicht aus psychologischen Tests gewonnenen Informationen über Personen ab? Dazu gehören beispielsweise (Job-)Interviews, Arbeitsproben und Simulationen, wie sie in Assessment-Centern durchgeführt werden. Können diese nicht nützliche zusätzliche Informationen liefern, die Vorhersage also noch verbessern? Gerade strukturierte Interviews, in denen auch situative Fragen gestellt werden (man bezeichnet sie als mentale Tätigkeitssimulation), oder Arbeitsproben liefern oft bedeutsame Vorhersagen für späteren Erfolg in Schule, Lehre, Universität oder Beruf. Und gerade dort, wo es bereits eine Vorauswahl, z. b. durch eine längere und intensive Berufsaus- oder zumindest Vorbildung, gab, werden derartige Quellen möglicherweise sogar mehr Informationen liefern als ein Begabungstest. Dies gilt aber – wie bereits erwähnt – nur für Berufsfelder, die nicht allzu komplex sind. In den meisten komplexeren Bereichen schulischen oder beruflichen Lernens geht es auch und nicht zuletzt um Lernfähigkeit: Wie gut bzw. effizient kann jemand in relativ kurzer Zeit Informationen aufnehmen, sie sinnvoll mit bestehendem Wissen verknüpfen und dann anwenden? Und wo es – in Schule und Beruf – darum geht, sich rasch auf neue kognitive Anforderungen einstellen zu können, spielt Intelligenz natürlich eine zentrale Rolle. Nathan Kuncel und Mitarbeiter (2004) haben in Untersuchungen die diesbezüglichen Ähnlichkeiten zwischen schulischen und beruflichen Anforderungen schön herausgearbeitet und konnten zudem zeigen, dass das Merkmal Intelligenz die Bewährung in beiden Bereichen gleichermaßen gut vorhersagen kann.

Interviews, Arbeitsproben und Simulationen dagegen liefern durchaus relevante Informationen, die für die Berufswahl zwar wichtig sind, aber psychologische Tests, vor allem Begabungstests, nicht ersetzen. Letztere sind allenfalls dann verzichtbar, wenn Menschen bereits eine anspruchsvolle Berufsausbildung absolviert haben, da dies als Nachweis einer entsprechenden intellektuellen Befähigung gesehen werden kann. Entgegen diesen Befunden wird in der öffentlichen Diskussion, in den Medien und in Managementseminaren oft behauptet, andere Talente seien viel wichtiger als Intelligenz. Häufig gestellte Fragen lauten: Ist emotionale Intelligenz nicht viel wichtiger für den Lebenserfolg? Oder ist Erfolg im Leben nicht letztlich das Ergebnis glücklicher Zufälle?

Neben der bereits oben erwähnten, rein wissenschaftlichen, aber bereits entkräfteten Kritik an Intelligenztests machen immer wieder auch Bestsellerautoren wie Malcolm Gladwell oder Daniel Goleman von sich reden, die die Rolle kognitiver Begabung herunterspielen, allerdings ohne auf belastbare empirische Forschung verweisen zu können, indem sie beispielsweise behaupten:

- Weder Intelligenz noch schulische Leistungen hätten irgendeine Bedeutung für das Fortkommen im Leben, das meiste sei letztlich Zufall oder lediglich das Ergebnis intensiver Übung.

- Wirklich entscheidend sei die soziale, die emotionale oder gar eine Erfolgsintelligenz: Der IQ könne Erfolg im Leben nicht wirklich erklären, es brauche deshalb neue Konzepte der Intelligenz.

Viele der Annahmen dieser und anderer Autoren, die das IQ-Konzept verwerfen, sind wissenschaftlich widerlegt. Man beachte diesbezüglich die in den vorhergehenden Abschnitten referierten Meta-Analysen. Aber auch andere Behauptungen sind bei näherer Betrachtung der einschlägigen Forschung falsch, wie z. B. die, dass Schulnoten nichts mit dem späteren beruflichen Erfolg zu tun hätten. So zeigt eine ältere Meta-Analyse (Roth et al., 1996) einen mittleren Zusammenhang von Schulnoten mit Berufserfolg von r=.3, und sogar im Hinblick auf das Einkommen lässt sich ein mittlerer Zusammenhang von r=.2 meta-analytisch nachweisen (Roth & Clarke, 1998).

Während Gladwells Thesen aus empirischer Sicht schlichtweg falsch sind, ist das Konzept der Emotionalen Intelligenz (EI), welches ursprünglich von den zwei US-Psychologen Peter Salovey und John Mayer vorgeschlagen und dann von Goleman popularisiert wurde, differenzierter zu betrachten. Tatsächlich hat Golemans Bestseller *EQ – Emotionale Intelligenz* intensive Forschungsbemühungen zur Entwicklung von Tests für EI ausgelöst. Das sind zum einen Fragebögen, die lediglich Selbsteinschätzungen der Testpersonen erfragen. Ein Beispiel dafür ist:

»Ich kann aus dem Gesichtsausdruck anderer Menschen deren Gefühle erkennen.« Allerdings erscheint dieses Verfahren etwas fragwürdig: Übertragen auf den Bereich der Intelligenz wäre das so, als ob man die Testperson befragt, wie gut sie Kopfrechnen oder wie gut sie sich dreidimensionale Gebilde vorstellen und in der Vorstellung um 90 Grad drehen kann.

Der andere, vielversprechendere Zugang besteht in der Darbietung sogenannter Vignetten, kurzer Szenarien oder Situationsbeschreibungen (siehe unten stehenden Kasten), sowie verschiedener Antwortmöglichkeiten (für die vorher von Experten die Effektivität z. B. im Hinblick auf die Regulation der Emotion des Gegenübers eingestuft wurde). Solche Fragebögen, die oft auch als Situational Judgment-Tests bezeichnet werden, liegen gleichsam als Prototypen vor, die zumindest für bestimmte Personengruppen erste Erfolge zeigen. Für einen breiten Einsatz müssen sie aber noch weiterentwickelt werden. In Anbetracht der Tatsache, dass hier erst seit rund 15 Jahren intensivere Forschungsbemühungen zu verzeichnen sind, sehen wir für die Zukunft durchaus Potenziale.

Beispiel aus einem Test für emotionale Kompetenz*

Eine Freundin hat dich gebeten, für sie etwas zu besorgen. Leider hast du das Falsche gekauft und sie regt sich darüber auf.

- Ich sage ihr, dass sie sich ihre Sachen das nächste Mal selbst kaufen soll und werde ihr nie wieder etwas mitbringen.
- Ich denke mir »was soll's«, sie meint es nicht so.
- Ich ärgere mich über mich selbst, weil ich nicht genauer geschaut hab'.
- Ich sage ihr, dass sie sich beruhigen soll, da es kein Problem ist, es wieder umzutauschen.

* nach Freudenthaler et al., 2006

Insgesamt kann für die emotionale Intelligenz derzeit also ein vorsichtig optimistisches Fazit gezogen werden, allerdings können EI-Fragebögen Tests für kognitive Begabungen allenfalls ergänzen, ersetzen tun sie sie nicht. Aus wissenschaftlicher Sicht wäre es zudem sinnvoller, nicht von Emotionaler Intelligenz, sondern von Emotionaler Kompetenz zu sprechen.

Kreativität und Intelligenz

In unserer komplexen Welt mit ständig wechselnden Anforderungen müssen Menschen kreativ sein und sich von Althergebrachtem lösen. Zwar ist die Fähigkeit, sich auf Neues einzustellen, ein Merkmal von Intelligenz, aber es stellt sich dennoch die Frage, ob es nicht spezifischere Fähigkeiten gibt, die diesen Aspekt abdecken. Kreativität ist ein Merkmal, das in diesem Zusammenhang öfter genannt wird. Tatsächlich gibt es seit rund 50 Jahren Versuche in der Psychologie, mittels Kreativitätstests schulischen oder beruflichen Erfolg vorherzusagen, allerdings mit eher wenig Erfolg. Überblicksarbeiten schätzen die Zusammenhänge zwischen Kreativität und Schulleistung nur auf r=.0 bis .3, wobei die letzteren Korrelationen dadurch bedingt sind, dass Kreativitätstests Anteile der Intelligenz mit erfassen (Getzels & Jackson, 1962). Will man herausfinden, wie hoch der reine Anteil an Kreativität für Leistungen in der Schule oder im Beruf ist, muss man den Beitrag der Intelligenz statistisch herausrechnen. Letztlich geht es um die Frage: Kann ein Kreativitätstest Aspekte schulischer oder beruflicher Leistungen vorhersagen, unabhängig von dem Phänomen, dass kreativere Personen auch zumeist intelligentere Personen sind?

Das gelingt deshalb oft nur schlecht, weil schulische Leistungen zumeist durch Lehrer bewertet werden. Einige Studien konnten zeigen, dass Lehrer zwar intelligentere Schüler (wohl aufgrund ihrer besseren Leistungen) höher bewerten, das gilt aber nicht für hochkreative Schüler (Hasan & Butcher, 1966; Westby & Dawson, 1995). Diese sind häufig vor allem bei dogmatischen Lehrern weniger beliebt und erhalten möglicherweise schon deshalb schlechtere Noten, da sie mehr unbequeme Fragen stellen. Kreative Lehrer hingegen können Kreativität bei Schülern durchaus wertschätzen; insofern wäre Kreativität auch ein wünschenswertes Merkmal für Lehrerinnen und Lehrer (vgl. Freund & Holling, 2008).

Studien, in denen die Vorhersagekraft von Kreativitätstests für beruflichen Erfolg untersucht wurde, sind äußerst rar, da in der psychologischen Forschung Kreativität zumeist selbst als beruflicher Erfolgsindikator betrachtet wird. In den wenigen Untersuchungen, die dazu durchgeführt wurden, versuchte man, subjektive oder objektive Kreativitätsindikatoren heranzuziehen: Subjektiv bedeutet, dass zum Beispiel Vorgesetzte oder akademische Lehrer die Kreativität oder das kreative Potenzial eines Studenten, Mitarbeiters mittels standardisierter Fragebögen bewerten. In solchen Untersuchungen hat man versucht, das kreative Potenzial von Menschen zumeist anhand von anderen psychologischen Merkmalen, wie eben Intelligenz, aber auch Motivation, Leistungsstreben, Gewissenhaftigkeit etc., vorherzusagen (z.B. Kuncel et al., 2004). Es zeigte sich, dass auch für die von anderen Personen eingeschätzte Kreativität von Schülern und Mitarbeitern das Merkmal Intelligenz die zentrale Grundlage darstellt: Intelligentere Schüler werden von Lehrern als kreativer beurteilt, ebenso wie intelligentere Mitarbeiter von ihren Vorgesetzten als kreativer eingeschätzt werden.

In den bereits erwähnten historiometrischen Studien von Dean Simonton wird Kreativität ebenfalls als abhängiges Maß betrachtet, nur dass hier kreative Personen aus der Geschichte (Schriftsteller, Maler, Komponisten, Wissenschaftler etc.) hinsichtlich biographischer Aspekte analysiert wurden. Einen guten Überblick über Ergebnisse historiometrischer Forschung gibt

Simonton in seinem Buch *Greatness: Who makes history and why?*
So hat der Psychologie-Professor beispielsweise den Verlauf der
wissenschaftlichen oder künstlerischen Produktivität im Hinblick auf das Alter analysiert und ist dazu der Frage nachgegan-
gen, in welchem Altersabschnitt Physiker, Geisteswissenschaftler,
Komponisten, Maler etc. am produktivsten sind bzw. wie viele
Jahre sie bis zur Perfektion brauchten und wann ihre wissen-
schaftliche oder künstlerische Schaffenskraft wieder nachließ.
Außerdem hat er sich angeschaut, welche anderen familiären
Faktoren bei Schriftstellern, Naturwissenschaftlern etc. gehäuft
auftreten (wie viele und wie alte Geschwister; früher Tod von
Vater oder Mutter etc.).

Ob Kreativität, gemessen mit Tests oder anderen Indikatoren, den späteren beruflichen Erfolg vorhersagen kann, ist bislang völlig unklar. Zwar gibt es vereinzelt Belege dafür, dass sie
schulischen Erfolg vorhersagen kann, aber für die Vorhersage
beruflicher Leistungen finden sich keine Studien, die irgend-
einen Nutzen von Kreativitätstests nachweisen konnten. Vielmehr stellen selbst Kreativitätsforscher die Brauchbarkeit (also
Validität) von Kreativitätstests in Frage. So zog Robert Weisberg
in seinem vielzitierten Buch *Kreativität und Begabung. Was wir
mit Mozart, Einstein und Picasso gemeinsam haben* den Schluss,
dass Kreativitätstests nicht in der Lage seien, zwischen herausragenden und mittelmäßigen Künstlern und Wissenschaftlern
zu unterscheiden. Deshalb sei der Einsatz derartiger Tests im
Kontext der Vorhersage des Berufserfolgs ohne Nutzen.

Letztlich ist Kreativität vielleicht gar nicht das große Geheimnis, das Mysterium, als das es oft betrachtet wird, sondern
zumeist einfach das Ergebnis besonderer Expertise. Personen,
die herausragende kreative Leistungen hervorbringen, zeichnen
sich danach nicht durch irgendeine spezielle, der Person inne-
wohnende Kreativität aus. Vielmehr handelt es sich um eine
günstige Konstellation von kognitiven und sozial-emotionalen
Merkmalen: Überdurchschnittlich (nicht unbedingt extrem

hoch) intelligente, mit einem umfangreichen domänenspe-
zifischen Wissen ausgestattete, aber vor allem zumeist offene,
begeisterungsfähige und dementsprechend oft von Arbeit beses-
sene Menschen, die manchmal bis zur Erschöpfung an einer
Sache arbeiten, dabei die Umwelt um sich herum vergessen und
leicht in den Zustand geraten, den der bekannte Kreativitätsforscher Mihály Csíkszentmihályi als *Flow* beschrieben hat. So
weist auch der bereits erwähnte Historiometriker Dean Simonton darauf hin, dass neben Wissen/Können, Ambitioniertheit
und Schaffensdrang Intelligenz eine ganz zentrale Grundlage
für kreative Leistungen darstellt. Dem sogenannten Schwellenmodell zufolge benötigt man eine gewisse Mindestintelligenz,
um kreativ sein zu können. So sind hochkreative Menschen fast
immer auch überdurchschnittlich intelligent (aber nicht immer
hochbegabt). Umgekehrt garantiert eine hohe Intelligenz nicht
unbedingt eine hohe Kreativität. Anders gesagt: Wer kreativ ist,
ist auch intelligent; wer intelligent ist, muss noch lange nicht
kreativ sein.

Obgleich dieses Schwellenmodell an Normalpersonen zumeist
nicht empirisch nachgewiesen werden konnte, lassen sich in
historiometrischen Analysen vielfach Nachweise für seine Rich-
tigkeit finden. Es kann davon ausgegangen werden, dass Mozart,
Goethe, Einstein und viele andere analysierte herausragende Persönlichkeiten der Geschichte in einem Intelligenztest sehr gut
abgeschnitten hätten.

Fazit: Intelligenz ist durch nichts zu ersetzen

Zusammenfassend lässt sich sagen: Kognitive Fähigkeiten,
gemessen mittels Intelligenztests, haben eine große Bedeutung
für Erfolge in Schule, Ausbildung und Beruf. Manchmal kann
die Vorhersagekraft der Intelligenz noch durch Hinzunahme
anderer Informationen wie z. B. leistungsbezogener Persönlich-

keitsmerkmale (Integrität, Gewissenhaftigkeit, Leistungsstreben, Selbstdisziplin u. a.) sowie durch domänenspezifisches Wissen bzw. Können (etwa Arbeitsproben oder in Simulationen wie in Assessment-Centern) gesteigert werden. Allerdings können Tests für Kreativität beim gegenwärtigen Entwicklungsstand kaum sinnvolle Beiträge zur Vorhersage schulischen oder beruflichen Erfolgs leisten.

Im Alltag haben wir beliebig viele Möglichkeiten, eine Person durch die Zuschreibung von Merkmalen zu charakterisieren: Wir können eine Person unter anderem mit Adjektiven wie diszipliniert, motiviert, kreativ, interessiert, willensstark, einfühlsam, intelligent beschreiben. Die wissenschaftliche Psychologie hat sehr häufig diese Alltagsbegriffe zum Ausgangspunkt für Persönlichkeitsmessungen gemacht. Es wurden Aufgaben und Fragen entwickelt, mit deren Hilfe sich auf der Grundlage einer statistischen Testtheorie stabile Unterschiede zwischen Menschen in diesen Eigenschaften abbilden sollten. Inzwischen wissen wir dank ausgiebiger empirischer Forschung, welche in der Alltagssprache üblichen Begriffe das Potenzial für eine wissenschaftliche Messung haben. Unterschiede zwischen Menschen in konativen Merkmale wie Motivation, Interesse und Antriebsstärke lassen sich mit Fragebögen erfassen, aber diese Messungen kommen, was Genauigkeit und Gültigkeit (Reliabilität und Validität) angeht, nicht an die Messung der Intelligenz heran. Intelligenzunterschiede lassen sich mit höherer Genauigkeit messen als alle anderen Persönlichkeitsmerkmale, und mit Hilfe von Intelligenztests kann man über den zukünftigen Erfolg in ganz unterschiedlichen Bereichen von Menschen bessere Vorhersagen treffen als mit jeder anderen Messung – abgesehen von zwei Ausnahmen:

1. Wenn man Variablen einbezieht, die auf den jeweiligen Bereich zugeschnitten sind, können aus diesen bessere Vorhersagen abgeleitet werden. So kann Vorwissen in einem Bereich die Leistung besser vorhersagen als Intelligenz.

2. Wenn man Gruppen betrachtet, in der nicht die gesamte Bandbreite an Intelligenz vertreten ist, können andere Variablen wichtiger werden.

Um es in einem Satz zusammenzufassen: Intelligenztests gehören zu dem Seriösesten, was die Psychologie geschaffen hat.

8 Begabungsförderung in der Schule: Was wir besser machen können und müssen

»Unabhängig von den unterschiedlichen Fähigkeiten und Talenten der Schüler muss alles gelernt werden, was später gewusst und gekonnt wird. Lernen ist der mächtigste Mechanismus der kognitiven Entwicklung. Das gilt uneingeschränkt sowohl für hochbegabte Kinder als auch für schwächer begabte Schüler.«

Franz Weinert, 2001

In diesem letzten Kapitel wenden wir uns der Frage zu, was die Gesellschaft tun muss, damit ihre Bildungsinstitutionen die Entwicklung und die Nutzung der Intelligenz optimieren können. Zuvor sollen aber die wichtigsten Botschaften der ersten sieben Kapitel rekapituliert werden, um dann daraus Schlussfolgerungen für die Bildung zu ziehen.

In Kapitel 1 haben wir am Beispiel einfacher mathematischer Textaufgaben, die von heutigen Grundschulkindern gelöst werden können, den Einfluss der Kulturgeschichte, der individuellen geistigen Ressourcen und der schulischen Lerngelegenheiten diskutiert. Es wurde betont, dass die geistige Leistungsfähigkeit des Menschen, die in der heutigen Wissens- und Informationsgesellschaft eine so große Rolle spielt, sich vor allem in der Konstruktion geistiger Welten mit Hilfe von Symbolsystemen ausdrückt. Nur wer in ein kulturelles Umfeld mit intelligenten Symbolsystemen geboren wird, kann sein intellektuelles Potenzial entfalten. Das geistige Potenzial der Spezies Mensch wurde vor etwa 40000 Jahren in unserem Erbgut angelegt. Der Bauplan des menschlichen Gehirns unterscheidet sich vor allem durch die Arbeitsgedächtnisfunktionen von dem anderer Lebewesen: Wir können besser als andere Lebewesen eingehende

Informationen kontrollieren und modifizieren. Nach allem, was wir wissen, werden diese Ressourcen erst seit etwa 5000 Jahren für die kulturelle Entwicklung genutzt. Voraussetzung dafür ist der Schulbesuch und der damit verbundene Erwerb der Schriftsprache. Sofern die Schulqualität die Mindestanforderungen erfüllt, was in entwickelten Ländern so gut wie immer der Fall ist, kann sich die individuelle Intelligenz der Kinder entwickeln. Die Unterschiede in der Schul- und Unterrichtsqualität, die sich auch in entwickelten Ländern finden, wirken sich allerdings auf die Nutzung der Intelligenz beim Lernen und Denken aus.

In Kapitel 2 haben wir ausführlich beschrieben, wie die Wissenschaft die individuellen Unterschiede in der geistigen Leistungsfähigkeit beschreibt und misst. Es wurde deutlich, dass Intelligenz ein relatives Maß ist: Man kann Angaben dazu machen, wie intelligent ein Mensch im Vergleich zu einer Bezugsgruppe ist, die vergleichbare Entwicklungsmöglichkeiten hatte. Um noch einmal die Statistik in Erinnerung zu rufen: Das Maß der Intelligenz ist die Abweichung vom Durchschnittswert, die Einheit ist die Standardabweichung. Die Unterschiede in Intelligenztestleistungen lassen sich in einer Gauß'schen Glockenkurve abbilden. Dadurch dass man den Durchschnittswert der Leistung im Intelligenztest auf 100 und die Standardabweichung auf 15 setzt, wurde ein anschauliches und gängiges Maß für die individuellen Intelligenzunterschiede geschaffen.

Wir haben auch gelernt, dass Intelligenzaufgaben auf sprachlichem, numerischem oder figuralem Material basieren können, dabei aber immer die gleiche zugrunde liegende Kompetenz erfassen. Ganz offensichtlich gibt es eine geistige Leistungsfähigkeit, die unabhängig von der Art der intellektuellen Anforderung ist. Diese geistige Ressource wird auch Generalfaktor oder Faktor g genannt. Als eine mögliche zentrale Ressource wird die Kapazität des menschlichen Arbeitsgedächtnisses angenommen. Auch wenn wir weit von einer konsistenten Theorie des Arbeitsgedächtnisses entfernt sind, kann es als gesichert gelten, dass Unterschiede in den Arbeitsgedächtnisfunktionen einen wesentlichen Teil der Intelligenzunterschiede ausmachen.

In Kapitel 3 schließlich haben wir uns der Frage nach den Ursachen für Intelligenzunterschiede gewidmet. Die wesentliche Botschaft bestand darin, dass »Nature *versus* nurture« keine sinnvolle Gegenüberstellung ist. Es muss heißen: »Nature *via* nurture«. Alles, was eine Spezies (universelle Perspektive) oder ein Individuum (differentielle Perspektive) lernen kann, wird durch den genetischen Bauplan ermöglicht. Dieser legt fest, welche Umweltangebote genutzt werden können. Gleichzeitig gilt: Gene können nur ihr Potenzial entfalten, wenn ein entsprechendes Umweltangebot vorliegt. Schule und der damit verbundene Erwerb der Schriftsprache und von mathematisch-numerischen Grundkompetenzen ist die Umweltbedingung, die benötigt wird, damit sich die an der Intelligenzentwicklung beteiligten Gene entfalten können. Dass es deutliche Variationen in diesen Genen gibt, zeigen Zwillings- und Adoptionsstudien. Zwei Menschen, die in für die Intelligenzentwicklung optimalen Umwelten aufwachsen, können sich in ihrem IQ unterscheiden. Diese Unterschiede sind auf Unterschiede in den Genen zurückzuführen. Es zeigen sich in einer Gesellschaft, in der man jedem Menschen zu jedem Zeitpunkt optimale Umweltbedingungen zur Verfügung stellt, die er für seine Intelligenzentwicklung braucht, Intelligenzunterschiede. Sie lassen sich in einer Normalverteilung abbilden. Und sie müssen zwingend zu 100 % auf Gene zurückzuführen sein. Optimale Umweltbedingungen lassen genetische Unterschiede also erst zutage treten.

Aus der Tatsache, dass es nicht den geringsten Zweifel daran gibt, dass Unterschiede in Genen für Unterschiede in der Intelligenz mitverantwortlich sind, darf jedoch nicht geschlossen werden, dass man aus den Genen die Intelligenz ableiten kann. *Das* Intelligenzgen gibt es nicht. Die Interaktion der Gene untereinander und die Interaktion mit Umweltbedingungen sind so komplex, dass man derzeit aus den Genen allein keinerlei Vorhersagen für die Intelligenzentwicklung treffen kann. Auch aus dem IQ der Menschen, mit denen wir mit Sicherheit (Eltern) oder im Durchschnitt (Geschwister) 50 % unserer Gene (bzw. Allele) teilen, lässt sich unser IQ nur mit einer recht großen Unsicherheitsmarge vorhersagen.

Innerhalb einer Familie kann es beachtliche Variationen in der Intelligenz geben, weil die Gene auf sehr komplexe und undurchsichtige Weise untereinander und mit Umwelteinflüssen interagieren. Mit anderen Worten: Die Informationen über die Intelligenz der Eltern und der Geschwister sind nur bedingt aussagekräftig für die Intelligenz einer Person. Die Familienähnlichkeit der Intelligenz ist also nicht besonders groß.

Welche Umwelt die für die Intelligenzentwicklung zuständigen Gene benötigen, wurde in Kapitel 4 diskutiert. Wir haben gelernt, dass die Gene, welche die Intelligenzentwicklung steuern, eine große Reaktionsnorm haben, das heißt, ihre Entfaltung hängt von den Umweltbedingungen ab. Gleichzeitig haben wir aber auch gesehen, dass die Ansprüche an die Umwelt moderat sind. In einer Gesellschaft, in der man ausreichend ernährt wird und kontinuierlich beiläufige Gelegenheiten zum Spracherwerb erhält, sind bereits gute Voraussetzungen gegeben. Wenn schon in den ersten Lebensjahren beispielsweise durch das Vorlesen von Geschichten günstige Gewohnheiten in der Aufmerksamkeitssteuerung aufgebaut werden, indem die Kleinen etwa lernen, äußere Reize auszublenden, sind – nach allem, was wir wissen – ausreichende Voraussetzungen für die individuelle Intelligenzentwicklung gegeben. Mit dem Besuch der Grundschule beginnt ein recht rapider Stabilisierungsprozess des individuellen IQs. Im Alter von zehn Jahren haben die meisten Kinder, die seit vier Jahren in der Schule sind, ihre relative Position auf der Intelligenzskala, also ihren IQ, erreicht. Allerdings ergeben sich bei einigen noch bis in das Jugendalter hinein Veränderungen. Die einmal erreichte Intelligenz kann über die gesamte Lebensspanne hinweg durch physische Einflüsse wie Gehirnkrankheiten, toxische Einwirkungen oder Kopfverletzungen reduziert werden. Keine Belege gibt es hingegen dafür, dass psychische Einflüsse wie stark belastende Lebensereignisse zu einer Reduktion der Intelligenz führen. Solche Ereignisse können sich aber natürlich auf die Nutzung der Intelligenz für Lernen und Problemlösen auswirken: Wenn man aufgrund starker psychischer Belastungen das Interesse und die Motivation an bestimmten Dingen verloren hat, wird man seine Intelligenz nicht mehr einsetzen, um Neues zu lernen oder mit dem verfügbaren Wissen neue Probleme zu lösen.

Das wichtigste Organ für die Intelligenzentwicklung ist das Gehirn. Man kann mit einem gebrochenen Bein – sofern man gerade keine Schmerzen hat – Höchstleistungen in einem Intelligenztest erzielen, mit einem verletzten Gehirn hingegen nicht. In Kapitel 5 sind wir der Frage nachgegangen, worin sich das Gehirn eines sehr intelligenten Menschen von dem eines weniger intelligenten Menschen unterscheidet. Es ist überaus plausibel, dass die Unterschiede in der DNA sich auf den Bauplan des Gehirns auswirken. Tatsächlich gibt es Evidenzen dafür, dass die Teile und Strukturen des Gehirns, die an Intelligenzleistungen entscheidend beteiligt sind, genetisch determiniert sind. Besonders intelligent zu sein, heißt also, über einen genetischen Bauplan zu verfügen, der die Entwicklung eines sehr effizient arbeitenden Gehirns steuert. Jede Gesellschaft muss sich darauf einstellen, dass die Gehirne ihrer Mitglieder unterschiedlich effizient sind.

Menschen, die ihre guten genetischen Voraussetzungen zum Aufbau eines effizienten Gehirns nutzen und in die Entwicklung einer hohen Intelligenz umsetzen konnten, haben im Leben vielfältige Vorteile. Ihnen stehen sehr viele Berufe offen, und sie sind in der Lage, sich ein ganzes Leben lang auf neue Anforderungen einzustellen. In einer Wissens- und Informationsgesellschaft ist der Nutzen dieses Potenzials aber nicht auf das Individuum beschränkt, sondern für die gesamte Gesellschaft unabdingbar. Das hat Kapitel 6 belegt. Die Erhaltung des Lebensstandards bei ökologischen und ökonomischen Herausforderungen erfordert technische Innovationen, deren Entwicklung den geballten Einsatz menschlicher Intelligenz voraussetzt. Dies in angemessener Weise zu tun, stellt in entwickelten Ländern die wichtigste Herausforderung der nächsten Jahrzehnte dar. Wir sollten uns vor Augen halten, dass eine Gesellschaft, in der im Zweifelsfalle eher die soziale Herkunft als die Intelligenz den Zugang zu höherer Bildung und damit zu verantwortungsvollen Berufen ermöglicht, nicht zukunftsfähig ist.

In Kapitel 7 schließlich sind wir der Vorstellung entgegengetreten, man könne eine nicht so hohe Intelligenz durch Fleiß und Willenskraft wettmachen. Vielmehr ist es so: Auch hochintelligente Menschen können nur durch Fleiß und Willenskraft komplexe Anforderungen in Bereichen mit hochabstraktem Wissen bewältigen. Lediglich dann, wenn Kompetenzen nicht an hochabstrakte Wissensrepräsentationen gebunden sind, können bei entsprechendem Fleiß und Willenskraft auch weniger intelligente Menschen erfolgreich sein.

In diesem achten und letzten Kapitel unseres Buches wollen wir uns mit der Frage beschäftigen, wie die Bildungsinstitutionen einer Gesellschaft beschaffen sein sollten, die die Begabungsreserven ihrer Mitglieder möglichst vollständig nutzen und optimieren möchte. Fest steht: Wenn Menschen nur aufgrund ihrer sozialen Herkunft und obwohl sie weniger günstige geistige Voraussetzungen mitbringen, Bildungsabschlüsse erhalten und in verantwortungsvolle Positionen gelangen, wird eine Gesellschaft auf Dauer Schaden nehmen. Dementsprechend stellen sich bei der Gestaltung des Bildungssystems zwei Herausforderungen: 1. Es müssen rechtzeitig Weichen gestellt werden, damit Intelligenz und Leistungsmotivation bzw. Selbstdisziplin, nicht aber die soziale Herkunft über den Zugang zu höherer Bildung entscheiden. 2. Gute intellektuelle Voraussetzungen sind noch kein Freifahrschein für gute Leistungen und Erfolg, sondern lediglich ein gutes Startkapital, in das klug investiert werden muss. Auch Kinder mit weit überdurchschnittlicher Intelligenz müssen dabei unterstützt werden, diese zu nutzen.

Konsequenzen für die Bildung

Welche quantitativen und qualitativen Anforderungen müssen institutionelle Rahmenbedingungen – allen voran das Schulsystem – also erfüllen, damit dies gelingt? In allen entwickelten Ländern besuchen Kinder mindestens im Alter zwischen 6 und 16 Jahren eine Schule; dieser Lebensabschnitt ist für den Erwerb von Kulturtechniken und einer breiten Allgemeinbildung vorgesehen. Unterschiede zwischen entwickelten Ländern gibt es in den institutionalisierten Angeboten vor dem sechsten Lebensjahr und in der Steuerung des Zugangs zu universitärer Bildung sowie in der Vorbereitung auf diese. Bevor wir aber auf diese beiden politisch brisanten Punkte näher eingehen, hier noch einige grundsätzliche Anmerkungen dazu, welchen Beitrag die Wissenschaft zu Bildungsentscheidungen leisten kann.

 Diskussionen über die richtigen Wege in der Bildung füllen inzwischen Bibliotheken, ohne dass es in wichtigen Punkten Übereinstimmung gibt. Systematische wissenschaftliche Betrachtungen und Untersuchungen können – richtig interpretiert – in einigen Punkten Klarheit bringen und als Entscheidungshilfen dienen, allerdings nur, wenn die richtigen Fragen gestellt werden. In der Praxis geht es meist um die folgenden Punkte: Ist die Ganztagsschule besser als die Halbtagsschule? Sind Länder mit gegliedertem Schulsystem oder mit einer Gemeinschaftsschule erfolgreicher? Sollen Grundschullehrpersonen an der Universität oder an der Pädagogischen Hochschule ausgebildet werden? Ist die Integration von Kindern mit

Förderbedarf in die Normalschule sinnvoll? Soll man Noten geben oder nicht?

Aus Sicht der Wissenschaft sind solche Fragen allerdings wenig zielführend: Sie sprechen Randbedingungen an, benennen aber nicht wirklich die Faktoren, die die Lernwirksamkeit von Schule ausmachen. Und das ist es, worauf es Wissenschaftlern zufolge wirklich ankommt: die Unterrichtsqualität. Von ihr hängt ab, welche Lernfortschritte Kinder und Jugendliche je nach ihren Eingangsvoraussetzungen machen. Erfolg zeigt sich darin, wie gut es dem Lehrer oder der Lehrerin gelingt, die Lernenden in Aktivitäten zuverwickeln, mit deren Hilfe sie ihr bestehendes Wissen weiterentwickeln. Dementsprechend gilt: Wenn in der Ganztagsschule schlechter Unterricht gemacht wird, ist eine Halbtagsschule besser. Statt also einfach zu fragen, was besser oder schlechter ist, sollte man sich fragen, wie man die Möglichkeiten einer Ganztagsschule im Sinne der Lernwirksamkeit nutzt. Schlechter Unterricht am Gymnasium ist weniger lernwirksam als guter Unterricht an einer Gemeinschaftsschule. Das gilt natürlich auch umgekehrt. Deshalb ließen sich in internationalen Vergleichsstudien wie PISA keine Effekte des Schulsystems nachweisen. Die eigentliche Frage betrifft nicht das System, sondern den Umgang mit interindividuellen Unterschieden. Eine mit der Wissenschaft kompatible Schul- und Bildungspolitik erkennt an, dass sich bereits Kinder in ihrer Intelligenz und in anderen Lernvoraussetzungen unterscheiden und dass man diese Unterschiede bei den Lernangeboten berücksichtigen muss. Unterschiedliche Schulformen nach der Grundschule sind nur eine mögliche Antwort auf den Umgang mit Unterschieden. Andere Länder, die teilweise sehr erfolgreich in internationalen Vergleichsstudien abgeschnitten haben, haben andere Wege gefunden. Wir werden später auf diesen wichtigen Punkt noch ausführlich eingehen.

Eine weitere politisch aktuelle Debatte betrifft die Integration von Kindern mit Förderbedarf in Regelschulen (Inklusion). Auch hier geht es nicht um ein Ja oder Nein. Vielmehr muss man fragen, welche Probleme und Vorteile das mit sich bringt. Schule gelingt generell besser, wenn man auf den Umgang mit untypischen Verhaltensweisen von Kindern eingestellt ist – egal ob mit oder ohne Förderbedarf.

Auch auf eine andere Frage würde kein Lernforscher mit Ja oder Nein antworten: Soll man Noten geben? Statt einfach nur für oder gegen Notengebung zu votieren, sehen Wissenschaftler ihre Aufgabe darin, die Auswirkungen auf das Lernverhalten, die Lernmotivation und das Lernergebnis zu untersuchen. Dabei wird man erwünschte und unerwünschte Effekte finden. Erwünscht bei der Notengebung ist die Rückmeldung: Schüler können sich mit einer Note hinsichtlich ihrer individuellen Entwicklung sowie ihrer Position in der Klasse einschätzen. Unerwünschte Effekte ergeben sich vor allem aus der Tatsache, dass durch den erlebten Kontrollverlust bei der Benotung die intrinsische Lernmotivation verloren gehen kann. Statt der Inhalte wegen zu lernen, wird unter Abschätzung des Aufwandes nur noch für die Note gelernt. In der Lehr- und Lernforschung hat man die Unterscheidung zwischen Lernmotivation und Leistungsmotivation – im Englischen spricht man von *goal* bzw. *performance orientation* – eingeführt. Statt also Grabenkämpfe für oder gegen das Verteilen von Noten zu veranstalten, wäre es sinnvoller zu überlegen, wie man sie so gestalten kann, dass ihre Vorteile maximiert und ihre Nachteile minimiert werden können.

Es gehört zu den wichtigsten Aufgaben der Schule, die Lernmotivation *aller* Schülerinnen und Schüler zu erhalten und zu fördern. Eine Gruppe, die besonders gefährdet ist, das Interesse und infolge davon die Lernmotivation zu verlieren, ist die der besonders Begabten. Dies gilt vor allem dann, wenn sie unterfordert sind und/oder ihre Begabung nicht erkannt und gefördert wird. Daher stellt die Förderung dieser Kinder eine weitere, äußerst wichtige Aufgabe der Bildungsinstitutionen dar.

Wenn wir also im Folgenden der Frage nachgehen, unter welchen Bedingungen besonders begabte Kinder und Jugendliche ihre intellektuellen Fähigkeiten optimal entwickeln und nutzen können, sollte man keine konkrete Anleitung für politische Reformen des Bildungswesens erwarten. Wir werden aber Bedingungen aufzeigen, unter denen die Identifikation und Förderung besonders begabter Kinder und Jugendlicher optimiert werden kann. Wenden wir uns zunächst zwei entscheidenden Weichenstellungen bei der Förderung und Nutzung geistiger Kompetenzen zu: den frühkindlichen Lernangeboten und der Steuerung des Zugangs zur universitären Bildung.

Frühkindliche institutionalisierte Lernangebote: Warum auch begabte Kinder davon profitieren können

Auch zwischen Ländern, in denen die Umsetzung der allgemeinen Schulpflicht seit mehr als 200 Jahren eine Selbstverständlichkeit ist, gibt es große Unterschiede in den Angeboten der frühkindlichen Förderung und deren Nutzung für Kinder unter sechs Jahren. So geht man in den Niederlanden ab dem vierten Geburtstag in die »Basisschool«, die bis zum zwölften Lebensjahr dauert, und die Lehrerinnen und Lehrer werden an der Universität ausgebildet. Die Lernangebote in den ersten Jahren sind natürlich dem Alter entsprechend eher spielerischer Art. Bereits ab dem dritten Lebensjahr stehen für alle Kinder in den Niederlanden Kindergartenplätze zur Verfügung. Diese Möglichkeit – obwohl freiwillig – wird von so gut wie allen Familien genutzt. Auch in Finnland baut man bis zur obligatorischen Einschulung zwischen dem sechsten und siebten Lebensjahr vollständig auf die Freiwilligkeit der Eltern. Es gibt keine Kindergartenpflicht, aber ein professionelles Angebot mit an der Universität ausgebildeten Lehrpersonen, das ebenfalls von so gut wie allen Familien genutzt wird.

In den drei deutschsprachigen Ländern hingegen hat man über lange Jahre die Einrichtung von institutionalisierten Lerngelegenheiten für Kinder unter sechs Jahren vernachlässigt. Bis heute ist das Thema von ideologisch geführten Diskussionen geprägt. Eine Verbesserung der Frühförderung ist von Teilen der Öffentlichkeit und der Politik gewollt, wird aber von anderen Teilen vehement bekämpft. So sprach die konservative Schweizerische Volkspartei (SVP) von der »Verstaatlichung der Kindheit«, und allerorten waren Plakate mit herzzerreißend weinenden Kleinkindern, die lieber bei der Mama bleiben wollten, zu sehen. In Deutschland und Österreich stehen konservativ geprägte Familienbilder einer wissenschaftlich nicht mehr vertretbaren Frühfördereuphorie gegenüber, bei der die Angst vor verpassten Zeitfenstern bisweilen absurde Blüten treibt.

Die Rechtfertigung früher institutionalisierter Lerngelegenheiten basiert nicht selten auf einem Defizitansatz: Kinder aus bildungsfernen Familien sollen früh die Gelegenheit bekommen, sprachliche und andere kognitive Kompetenzen zu entwickeln, was ihnen zu Hause möglicherweise verwehrt bleibt. Dass Kinder mit weniger guten Voraussetzungen von einer spielerischen, aber zielgerichteten Frühförderung profitieren, wurde in der Tat vielfach belegt. Der Lese-Rechtschreib-Schwäche kann durch Sprachspiele, welche die sogenannte phonologische Bewusstheit fördern, vorgebeugt werden, wie unter anderem die Arbeitsgruppe von Wolfgang Schneider von der Universität Würzburg gezeigt hat (Schneider et al., 2007). Ähnliches gilt für Rechenschwäche. Der Nachteil dieses Ansatzes: Die Vorschuleinrichtungen werden eher mit Problemen assoziiert und erhalten damit einen negativen Beigeschmack. Tatsächlich brauchen aber auch Kinder mit guten häuslichen Voraussetzungen Angebote, um sich kognitiv weiterzuentwickeln. Sie möchten die Welt, in der sie leben, entdecken und verstehen. Bereits Kleinkinder sind in der Lage, über den Augenblick hinaus zu denken und können Pläne schmieden. Das Anlegen eines Gartens, das Basteln eines komplexeren Spielzeuges zusammen mit anderen Kindern schulen soziale und planerische Kompetenzen. Solche Lerngelegenheiten können selbst gut gestellte und gebildete Kleinfamilien nicht unbedingt bieten. Von einer obligatorischen Einschulung ab dem vierten Lebensjahr können alle Kinder profitieren, unabhängig davon, ob Lernrisiken oder beste kognitive Voraussetzungen bestehen. Kinder aus bildungsfernen Milieus mit guten genetischen Voraussetzungen erhalten so Gelegenheiten, ihr Potenzial zu entfalten. Sie können ihre sprachlichen Kompetenzen verbessern und für akademisches Lernen angemessene Aufmerksamkeitsgewohnheiten entwickeln. Die vorzeitige Einschulung ist außerdem eine Möglichkeit, besonders begabten Kindern gerecht zu werden. In einer anregenden Lernumgebung, die spätestens mit dem vierten Lebensjahr beginnt, können sie sich ganz nebenbei Lesen und Schreiben beibringen und diese Kompetenzen in entsprechenden Lerngruppen in der »richtigen« Schule weiterentwickeln.

Aber wie immer im Bildungssektor steht und fällt der Nutzen einer solchen Einrichtung mit ihrer Qualität. Ein Gesetz, das alle Vierjährigen in Einrichtungen zwingt, deren Qualität nicht gesichert ist, wird weder bei Kindern mit ungünstigen noch bei solchen mit günstigen Voraussetzungen seine Wirkung entfalten. Zudem gibt es große Unterschiede in der Ausbildung der Personen, die für die vorschulische Bildung in leitender Funktion zuständig sind. In den Niederlanden etwa durchlaufen Personen, die jüngere Kinder betreuen, die gleiche Ausbildung wie Lehrpersonen für die Grundschule. In Deutschland hingegen erfolgt deren Ausbildung weitgehend nach dem Prinzip eines Lehrberufs.

Vor dem Hintergrund der Tatsache, dass inzwischen sehr viel Wissenschaftswissen über das Lernen und die Entwicklung im Kleinkindalter vorliegt, ist eine akademische Ausbildung mindestens der Leiter und Leiterinnen von Vorschuleinrichtungen in Deutschland mehr als überfällig. Natürlich erfordern nicht alle Aufgaben, die bei der Betreuung und Förderung von jüngeren Kindern anfallen, ein Hochschulstudium. Um mit kleinen Kindern zu spielen oder um ihnen Geschichten vorzulesen, braucht man kein Universitätsdiplom. Aber das Gesamtkonzept einer solchen Einrichtung sollte einer wissenschaftlich kompatiblen Ausrichtung folgen, auch um Eltern gegenüber professionell argumentieren zu können. Wenn diese nach einem Gehirnjoggingkurs verlangen oder Chinesisch auf den Stundenplan setzen möchten, um die vermeintlich kritischen Zeitfenster der geistigen Entwicklung zu nutzen, sollte ein Leiter oder eine Leiterin einer frühkindlichen Bildungsstätte kompetent begründen können, warum sie dies ablehnt.

Eine professionalisierte und obligatorische Frühförderung ist also zur Vorbereitung auf ein Leben in einer Wissens- und Informationsgesellschaft uneingeschränkt zu befürworten. Unabhängig von ihren genetischen und familiären Voraussetzungen profitieren Kinder und damit die gesamte Gesellschaft davon, wenn sich die kognitiven Potenziale entfalten können. Während sich für spätere Altersstufen immer die Frage stellt, wie die für Bildung vorgesehenen Gelder auf die Förderung Leistungsstarker und Leistungsschwacher aufgeteilt werden sollen, muss sich dieser Konflikt in der Kindheit nicht stellen. Sprach- und Singspiele sind nachweislich für Risikokinder von Nutzen, weil sie den späteren Schriftspracherwerb unterstützen. Leistungsstärkere Kinder dagegen können dadurch ihre Sprachkompetenzen schulen. Ähnliche Effekte können Brettspiele wie »Mensch ärgere dich nicht« haben: Kinder mit schlechteren Voraussetzungen lernen zählen, während Kinder, die dies bereits können, hin und wieder die Erfahrung des Verlierens machen. Generell gilt: Verschiedene Kinder können aus denselben Aktivitäten Unterschiedliches lernen. Frühförderung kostet Geld. Akademisch ausgebildete Leiterinnen und Leiter von Frühfördereinrichtungen haben ein Recht auf eine Bezahlung, die der einer Lehrkraft an Schulen entspricht. Auch in die Weiterbildung der nicht akademisch ausgebildeten Mitarbeiter muss investiert werden, damit sie immer besser darin werden, kognitiv anregende Aktivitäten in Alltagshandlungen zu integrieren.

Universitäre Bildung: Wie wählt man die Richtigen aus – und wie bereitet man sie darauf vor?

In der heutigen Arbeitswelt setzt der überwiegende Teil der Berufe, die mit Verantwortung und Entscheidungsspielräumen einhergehen, eine universitäre Bildung voraus. In den letzten Jahrzehnten ist in allen entwickelten Ländern der Anteil der Hochschulabsolventen stark angestiegen. Gleichzeitig gibt es zwischen den deutschsprachigen Ländern große Unterschiede der Gymnasialquote: Sie lag 2011 in Deutschland bei 36 %, während sie in der Schweiz 20 % entspricht. Ein Grund dafür, dass ein Land mit einer so geringen Akademikerquote wirtschaftlich so erfolgreich sein kann, dürfte sein, dass es im Bedarfsfalle problemlos Akademiker aus den angrenzenden Ländern holen und ihnen recht attraktive Angebote machen kann.

Beim Zugang zu universitärer Bildung bestehen die Herausforderungen auf zwei Ebenen: Einerseits müssen die geeigneten Personen ausgewählt und andererseits müssen sie in der Schulzeit angemessen auf die an der Universität zu Recht erwartete Selbständigkeit vorbereitet werden. Eine Gesellschaft, der es nicht gelingt, Jugendlichen mit den besten intellektuellen Voraussetzungen eine Universitätsbildung zu ermöglichen, verschenkt wichtiges Potenzial. Damit aber Universitäten ihrem akademischen Ausbildungsauftrag gerecht werden können, haben sie – anders als allgemeinbildende Schulen – ein Recht auf hohe Intelligenz. Die heutigen Universitäten haben mit einem hohen Anteil an Studierenden zu kämpfen, die unzureichende intellektuelle Voraussetzungen mitbringen. Vergegenwärtigen wir uns noch einmal die Normalverteilung der Intelligenz und die Tatsache, dass die Bandbreite an Unterschiedlichkeit bei den oberen 15 % so groß ist wie bei den mittleren 70 %. Wenn in einem Land die oberen 40 % auf die Universität gehen, haben davon mindestens 62,5 % nur eine gut durchschnittliche bis leicht überdurchschnittliche Intelligenz. Besuchen wie in der Schweiz nur 20 % eine Universität, liegt der Anteil gut durchschnittlicher bis leicht überdurchschnittlicher Intelligenz nur noch bei 25 %. Das ist in beiden Fällen eine Schätzung, die davon ausgeht, dass die 40 % beziehungsweise 20 % der Intelligentesten auf das Gymnasium gehen. Das wird jedoch nicht der Fall sein, da ein günstiger sozialer Hintergrund einigen weniger begabten Menschen eine Hochschulbildung ermöglichen wird, während ein weniger günstiger Hintergrund einige begabte Menschen davon abhalten wird. Wir können mithin davon ausgehen, dass es einen nicht unerheblichen Teil von Universitätsabsolventen gibt, der unzureichende kognitive Voraussetzungen mitbringt.

Auf Seiten der Hochschulen hat man auf die große Varianz in den geistigen Kompetenzen der Studierenden mit einem differenzierten Angebot reagiert. Die Einführung des Bachelor-Master-Systems an europäischen Hochschulen sollte ein Weg sein, einerseits möglichst viele junge Leute am Wissenschaftssystem partizipieren zu lassen, ohne von allen eine tiefgehende Auseinandersetzung mit den Studieninhalten zu erwarten. Gelungen ist dies allerdings noch nicht, da deutlich weniger Studierende als erwartet von der Möglichkeit Gebrauch machen, bereits mit einem Bachelor-Abschluss in die Berufstätigkeit zu wechseln. In der Wahl der Studienfächer spiegelt sich aber eine Selbstselektion nach Intelligenz wider: Ein MINT-Fach (Mathematik, Informatik, Naturwissenschaft und Technik) wird eher von überdurchschnittlich intelligenten Studierenden gewählt und erfolgreich abgeschlossen. Auch Qualität und Profil der Hochschulen steuern die Selbstselektion. In ihrem Selbstverständnis – nicht unbedingt in der Realität – unterscheiden sich Fachhochschulen und Universitäten darin, für welche intellektuellen Profile sie Angebote machen. In manchen Ländern, allen voran die USA, unterscheiden sich die Universitäten sehr stark in der Qualität und den Ansprüchen, die sie an ihre Studenten stellen. Dass man im Zweifel an Ivy-League-Universitäten zumindest in Undergraduate-Programmen Intelligenz durch Geld kompensieren kann, ist kein Geheimnis.

Die Auswahl von für den Universitätsbesuch geeigneten Personen und deren Vorbereitung stellen sich in den entwickelten Ländern sehr unterschiedlich dar. Einige Länder – beispielsweise Israel und die USA – haben Universitätseingangsprüfungen, die in vieler Hinsicht sprachlichen Intelligenztests ähneln; und diese Verfahren sind durchaus valide, wie wir in Kapitel 6 berichtet haben. Es geht um die Anwendung des in der Schule erworbenen Wissens auf neue Situationen. Je nach Universität und Fachrichtung bestehen unterschiedliche Anforderungen an die Testleistung. Sowohl in den USA als auch in Isreal gibt es kein mehrgliedriges Schulsystem. Die Kinder beziehungsweise die jungen Leute gehen bis zum Eintritt in die Universität bzw. das College zusammen in eine Schule. Allerdings ist durch die Fächerwahl und durch innere Differenzierung die Vorbereitung auf eine akademische oder berufliche Ausbildung vorgespurt. Um die für eine gute Universität nötige Punktzahl im Scholastic Aptitude Test zu erhalten, muss man profundes Wissen vor allem in Mathematik und in den Naturwissenschaften mitbringen und sollte deshalb anspruchsvollen Unterricht in diesen Fächern gehabt haben.

In anderen Ländern – dazu gehören die drei deutschsprachigen – erwirbt man mit dem Abschlusszeugnis eines Gymnasiums die Berechtigung für ein Universitätsstudium. Weitere Voraussetzungen – wie eine Mindestnote oder die Leistung in einem Eingangstest – rechtfertigen sich nicht durch Inhalte, sondern durch eine Abweichung von Angebot und Nachfrage. In den Ländern mit einem gymnasialen Schulzweig bestehen jedoch Unterschiede im Alter der Schüler, in der die Entscheidung für bzw. gegen den Gymnasialbesuch fällt. In Deutschland und Österreich ist dies weltweit einmalig mit dem zehnten Lebensjahr der Fall: Nach vier Grundschuljahren wechselt man entweder auf das Gymnasium oder in einen nicht-akademischen Schultyp, von denen es in Deutschland zwei gibt (Real- und Hauptschule). In der Schweiz steht die Wahl für oder gegen eine weiterführende Schule – je nach Kanton – mit 12 oder 14 Jahren an. In Finnland wird darüber erst nach dem 15. Geburtstag entschieden. Gemeinsam ist allen Ländern, die einen speziell auf ein Universitätsstudium vorbereitenden Schultyp haben, dass am Gymnasium Lehrpersonen unterrichten, die ein universitäres Fachstudium absolviert haben. In der Schweiz und in Finnland wird ein Diplom beziehungsweise ein Master in dem zu unterrichtenden Fach erwartet. Eine Zusatzqualifikation für den Lehrberuf kann an der Universität erworben werden. In Deutschland und Österreich bietet die Universität eigene Studiengänge für den Lehrerberuf am Gymnasium an, in denen das fachwissenschaftliche Studium – verglichen mit Master- und Diplomstudiengängen – reduziert ist. Das Lehramtsstudium bereitet auf keine andere Tätigkeit vor.

Wie aber sind die unterschiedlichen Bildungsangebote vor dem Hintergrund der in diesem Buch thematisierten Schwerpunkte zu beurteilen? Wie müssen sie organisiert sein, damit sie den oberen 15 % der Intelligenzverteilung gerecht werden, ohne die Bedürfnisse der anderen 85 % zu vernachlässigen? Diese Frage ist zentral in einer Wissens- und Informationsgesellschaft, in der nur Menschen, die lesen, schreiben und rechnen können, ihren Lebensunterhalt verdienen können. Das gilt gerade auch für Tätigkeiten im Servicebereich. So erwartet man von einer Haushaltshilfe, dass sie Gebrauchsanweisungen auf Putzmitteln und zur Textilpflege versteht. Man setzt voraus, dass jeder Mensch, auch wenn er in der Intelligenzverteilung einen Platz in den unteren 15 % einnimmt, in seinem Arbeitsbereich eigenständige und verantwortungsvolle Entscheidungen trifft. Eine Wissens- und Informationsgesellschaft kann nur funktionieren, wenn alle Mitglieder eine positive Einstellung zum Lernen und zum Erkenntnisgewinn und damit zu Bildungsinstitutionen generell haben. Idealerweise sieht sich niemand als Bildungsverlierer, und allen ist klar, dass auch eine Berufsausbildung Anerkennung und finanziellen Erfolg bringen kann: In Kapitel 6 hatten wir von einer aktuellen Meta-Analyse berichtet, der zufolge Intelligenz zwar hoch mit der höchsten erreichten Ausbildung und dem Berufsstatus, aber ziemlich gering mit dem Einkommen korreliert. In manchen Fächern produzieren wir eine Schwemme an Akademikern mit guten Chancen auf Arbeitslosigkeit, während die Wirtschaft über einen Mangel an hinreichend bildungsfähigen und -bereiten Lehrlingen klagt. Vor diesem Hintergrund ist die Passung von persönlichen Voraussetzungen und Ausbildungsgängen ein ganz zentrales gesellschaftliches Anliegen.

Intelligenz am Gymnasium

Das Gymnasium hat eine Eigendynamik entwickelt. In einer Zeit, in der die große Mehrzahl der Arbeitsplätze keine akademische Bildung erforderte, sollte es eine kleine Minderheit auf ein Universitätsstudium vorbereiten. Dabei konnten offensichtlich intelligente Söhne und sehr viel später auch Töchter aus bildungsfernen Schichten in den Genuss einer solchen Ausbildung kommen. Die Abiturienten- bzw. Maturantenquote nahm bereits vor dem Zweiten Weltkrieg stetig zu, lag aber 1950 in den drei deutschsprachigen Ländern noch um 5 %. Dreißig Jahre später, also im Jahre 1980, erwarb in Deutschland jeder fünfte, in Österreich jeder vierte und in der Schweiz jeder zehnte Schüler die allgemeine Hochschulreife. Wiederum 30 Jahre später hat sich die Abiturientenquote in allen drei Ländern noch einmal verdoppelt. Die Expansion des Gymnasiums und der Universitäten ermöglichte es, die Intelligenzreserven in weiten Teilen der Bevölkerung auszunutzen und kann unter bildungsökonomischen Aspekten uneingeschränkt als eine Erfolgsgeschichte betrachtet werden. Begabte Kinder aus bildungsfernen Elternhäusern erhielten frühzeitig die Gelegenheit, ihre Intelligenz ganz gezielt in Wissen und Kompetenzen umzusetzen und waren so auf ein Universitätsstudium sowie die damit verbundenen vielfältigen Lebensperspektiven vorbereitet.

Inzwischen wurde jedoch in allen drei deutschsprachigen Ländern, was den Anteil der Gymnasiasten angeht, ein Limit erreicht. Eine Schule für besonders Begabte, die von nahezu der Hälfte der Schüler besucht wird, wie dies in Deutschland und Österreich der Fall ist, ist ein Widerspruch in sich. In der Schweiz hingegen ist man in seltener Einmütigkeit der Auffassung, dass nicht mehr als 20 % eines Jahrgangs ein Universitätsstudium aufnehmen sollten. Das hohe Niveau der Berufsbildung rechtfertigt eine solche Entscheidung, so der allgemeine Konsens. Vor dem Hintergrund der Normalverteilung der Intelligenz lässt sich die 20 %-Marke durchaus rechtfertigen – sofern sichergestellt ist, dass es allein die Begabung und nicht die soziale Herkunft ist, die den Zugang zum Gymnasium steuert. Eine Gymnasialquote von 50 % lässt sich aus Sicht der Intelligenzforschung hingegen nicht rechtfertigen, wenn es darum geht, besonders Begabte auf eine akademische Tätigkeit vorzubereiten. Erinnern wir uns, was weiter vorn ausgeführt wurde, als über die Normalverteilung der Intelligenz gesprochen wurde: Die mittleren 50 % sind in sich homogener als jeweils die oberen und unteren 25 %. Wozu der fast vollständige Verzicht auf Zugangsbeschränkungen zum Studium bei einer Gymnasialquote von 50 % führt, kann man in Österreich beobachten: Teilweise horrende Abbrecherquoten von 50 bis 80 %, die ihre Ursachen sicher nicht nur in den unzureichenden Kapazitäten der Universitäten haben, sondern auch in der Tatsache, dass ein Teil der Studierenden nicht in der Lage ist, den komplexeren Inhalten eines Universitätsstudiums zu folgen. Dass sich diese Situation schlagartig ändert, wenn man Zugangsbeschränkungen einführt, hat man in Österreich anhand jener zwei Studiengänge beobachten können, die seit einigen Jahren mittels Auswahlverfahren den Zugang beschränken dürfen (Medizin und Psychologie). In diesen beiden Fächern sank die Quote der Studienabbrecher auf 15 bis 25 %.

Dass psychologische Auswahlverfahren mit starker Berück-
sichtigung der Intelligenz höchst sinnvoll sind, wird auch durch
die Vorgehensweise an den österreichischen Fachhochschulen
(die stark anwendungsorientierte Universitäten darstellen) bestätigt. Diese wählen jedes Jahr aus Tausenden von Bewerbern nur
etwa 10 % aus. Der Erfolg zeigt sich darin, dass es an diesen
Hochschulen so gut wie keine Studienabbrecher und unter den
Absolventen praktisch keine Arbeitslosigkeit gibt.

Obwohl im Allgemeinen die Gymnasialempfehlung auf der
Grundlage von Schulleistungen und nicht auf der von Ergebnissen in Intelligenztests ausgesprochen wird, sollten sich wegen
der substantiellen Korrelation zwischen Intelligenz und Schulleistung Unterschiede in der durchschnittlichen Intelligenz zwischen den Schulformen ergeben. Interessant ist natürlich die
Frage nach der Überlappung. Gehen wirklich die Intelligentesten auf das Gymnasium? Aus den 1990er Jahren liegen Befunde
aus der mehrfach erwähnten Münchner Längsschnittstudie
LOGIK vor, die die nicht-sprachliche Intelligenz bei zehnjähri-
gen Kindern erfasst hat. Zeitnah wurde auch von den Lehrpersonen, die keine Kenntnis von den Intelligenztests hatten, die
Gymnasialempfehlung ausgesprochen. Wie in Abbildung 8.1 zu
sehen ist, gibt es eine große Überlappung vor allem im mittleren Bereich. Die Chance, bei einem IQ von 110 eine Gymnasialempfehlung zu bekommen, liegt bei 50 %. Mit steigendem IQ
wächst sie an, liegt aber nie bei 100 %. Es gibt sehr intelligente
Kinder, die keine Gymnasialempfehlung bekommen. Auf der
anderen Seite geht offensichtlich eine nicht unbedeutende Zahl
von Kindern mit einem klar unterdurchschnittlichen IQ auf das
Gymnasium.

Aus der LOGIK-Studie liegen keine Daten zum sozioökonomischen Status vor. Es ist allerdings plausibel, anzunehmen, dass
gerade bei Kindern mit einem IQ im mittleren Bereich die soziale
Herkunft eine große Rolle spielt. Von Eltern mit akademischem
Hintergrund können in jeder Hinsicht größere Anstrengungen

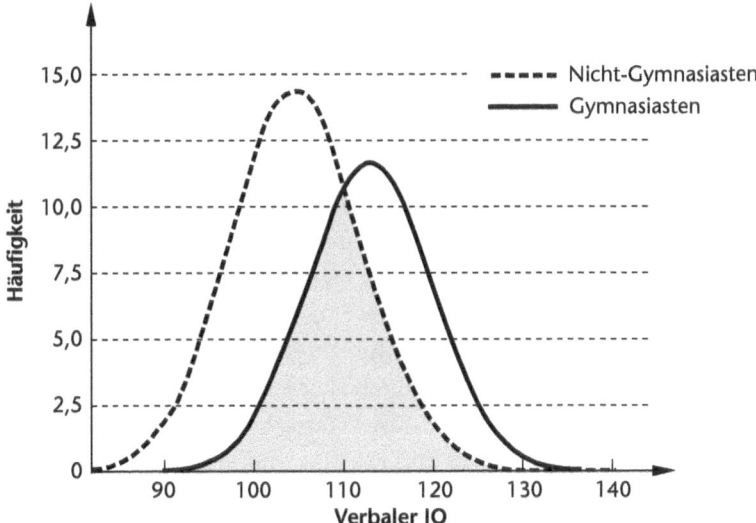

Abbildung 8.1: Verteilung des sprachen Intelligenzquotienten in Abhängigkeit von der Zuweisung auf das Gymnasium in der LOGIK-Studie (Weinert & Schneider, 1999)

erwartet werden, wenn es darum geht, einem auf der Kippe stehenden Kind den Zugang zum Gymnasium zu ermöglichen. Solange die Gymnasialquote ausgebaut wurde, hat ein weniger intelligentes Akademikerkind nicht automatisch ein möglicherweise intelligenteres Kind aus einem bildungsfernen Haushalt verdrängt. Neben den Kindern von Eltern, die selbst Abitur/ Matura haben, blieben noch freie Plätze für begabte Kinder aus nicht-akademischen Familien. Jetzt wo das Boot voll ist, muss für jedes Kind aus einer nicht-akademischen Familie, das eine Gymnasialempfehlung bekommt, ein Kind aus einer akademischen Familie zurückgewiesen werden. In einer neuen Arbeit, die von der Bertelsmann-Stiftung unterstützt wurde und an der der Dortmunder Bildungsforscher und Direktor des Instituts für Schulentwicklungsforschung (IFS) Wilfried Bos maßgeblich beteiligt war (Berkmeyer et al., 2012), zeigte sich gerade für Bayern sehr deutlich: Die Wahrscheinlichkeit, dass bei gleicher Leistung ein Akademikerkind eine Gymnasialempfehlung bekommt, ist sechsmal höher als für ein Nicht-Akademikerkind. Ausgewertet wurden die Daten der IGLU-Studie (Internationale Grundschul-Lese-Untersuchung) aus dem Jahr 2006. Auf Vorschlag von Elsbeth Stern führten die Mitarbeiter von Wilfried Bos, Benjamin Euen, Irmela Tarelli und Heike Wendt, eine Zusatzanalyse der Daten durch, in der es um die Frage ging, ob die soziale Herkunft nur im durchschnittlichen Intelligenzbereich bedeutsam ist oder auch im oberen Bereich. Die noch nicht veröffentlichten Ergebnisse sollen hier kurz skizziert werden. Teilt man die soziale Herkunft grob in drei Klassen und vergleicht die untere und obere Klasse, so gilt: Ein Kind mit einem IQ unter 100 aus der oberen sozialen Schicht erhält mit einer Wahrscheinlichkeit von 50 % eine Gymnasialempfehlung. Mit gleicher Wahrscheinlichkeit wird einem Kind mit einem IQ über 115 aus der unteren sozialen Schicht das Gymnasium empfohlen. Bezieht man die Leseleistung mit ein, so zeigt sich zwar, dass die sehr intelligenten Kinder (IQ über 115) aus der unteren sozialen Schicht im Test schlechter abschnitten als die Kinder der oberen sozialen Schicht, aber das erklärte nicht die Unterschiede in der Gymnasialzuweisung.

Die Analysen legen vielmehr nahe, dass Kinder mit weit überdurchschnittlichem IQ aus unteren sozialen Schichten doppelt benachteiligt sind. In der Grundschule erhalten sie nicht die gleiche Möglichkeit, ihre Intelligenz in Leseleistung zu investieren wie Kinder aus oberen sozialen Schichten, und ihre Intelligenz öffnet ihnen nicht in gleicher Weise das Tor zum Gymnasium. Wenn sich dieser Trend fortsetzt, laufen wir in allen drei deutschsprachigen Ländern Gefahr, dass das Gymnasium zunehmend von kognitiv weniger begabten Akademikerkindern besucht wird, während das Intelligenzpotenzial in bildungsfernen Schichten ungenutzt bleibt. In der Folge werden kognitiv weniger begabte Personen verantwortungsvolle berufliche Positionen einnehmen. Auch wenn sie alle Examina bestanden haben, und damit das Wissen mitbringen, das man für einen Berufsstart braucht, kann bezweifelt werden, dass sie sich aufgrund der suboptimalen geistigen Flexibilität auf die immer stärker wechselnden Anforderungen unserer Wissensgesellschaften werden einstellen können. Einer Gesellschaft, die ihre Intelligenzreserven nicht ausnutzt, droht Stillstand und Abstieg.

Halten wir zunächst einmal fest: Jede Gesellschaft muss sich die Frage stellen, wie das Bildungssystem organisiert sein sollte, damit alle Kinder und Jugendlichen ihre Intelligenzpotenziale optimal in Wissen und Kompetenzen umsetzen können, und wie sichergestellt wird, dass den Intelligentesten der Zugang zu einer akademischen Ausbildung und einer verantwortungsvollen Tätigkeit ermöglicht wird.

Eine gute Basis für alle – geht das?

Bereits im ersten Kapitel dieses Buches wurde in Erinnerung gerufen, dass sich schon in der Grundschule oder Primarschule, wie sie in der Schweiz genannt wird, unabhängig von der Unterrichtsqualität Kinder darin unterscheiden, was sie aus den in der Schule angebotenen Inhalten machen. Manche Kinder lesen bereits eigenständig Bücher und lösen auf der Basis ihres mathematischen Wissens zuvor unbekannte Textaufgaben. Auch wenn Intelligenzunterschiede vor dem zehnten Lebensjahr noch nicht die Stabilität erreicht haben, die für langfristige Entscheidungen mit individuellen Konsequenzen notwendig ist, sind die Unterschiede zwischen den Kindern von Anfang an groß, und darauf muss in den ersten vier Schuljahren Rücksicht genommen werden.

Bereits bei der Planung der Grundschulbildung sollte man sich die Normalverteilung der Intelligenz vergegenwärtigen und die

Lernangebote darauf abstimmen. Dabei muss man gerade auch die 15 % der Kinder im Auge haben, die mehr als eine Standardabweichung *unterhalb* des Mittelwertes liegen. Das Gehirn dieser Kinder tut sich schwer mit den typischen Anforderungen an die Intelligenz wie Erwerb und Nutzung von Symbolsystemen und schlussfolgerndes Denken. Statt diese Kinder zu pathologisieren und sie in großem Stile in Sonderschuleinrichtungen abzuschieben, sollte man in der Regelschule auf sie eingestellt sein. Das gilt auch für Kinder, die trotz durchschnittlicher oder überdurchschnittlicher Intelligenz eine Lese-Rechtschreib-Schwäche haben oder bei denen die Muttersprache von der Landessprache abweicht. Für sie müssen gezielte Übungsangebote bereitgestellt werden, und zwar so unbürokratisch wie möglich. Nicht immer ist eine teure logopädische Einzelförderung, die behördlich genehmigt werden muss, das Richtige. In einer Ganztagsschule, in der sich nicht eine Lektion an die andere reiht und die über Hilfslehrer verfügt, welche mit ausgewählten Kindern im Bedarfsfalle üben, kann Schwächeren kostengünstig, ohne großen administrativen Aufwand und ohne die Kinder zu stigmatisieren, geholfen werden.

In Deutschland gehen 5 % der Schüler in eine Förderschule. In anderen Ländern liegt der Anteil bei 1 % – dort ist die Förderschule vor allem für Kinder mit sensorischen Beeinträchtigungen gedacht, die Blindenschrift oder Zeichensprache lernen müssen.

So wie sich jede Schule auf die 15 % der Schüler am unteren Ende der Normalverteilung einrichten muss, muss man sich aber auch der oberen 15 % annehmen. Sechsjährige Kinder, die nebenbei schon Lesen und Schreiben gelernt haben, brauchen andere Übungen als Kinder, die noch nie einen Stift in der Hand gehabt haben. Hier ist eine Kultur der Individualisierung gefordert, bei der die Kinder mit ihren Lehrpersonen Arbeitsziele besprechen und dann Aufträge bearbeiten, die auf ihr jeweiliges Niveau abgestimmt sind. Die Karg-Stiftung (www.karg-stiftung.de)

unterstützt sogenannte Impuls-Schulen. Das sind Grundschulen, welche Programme entwickelt haben, wie man begabte Kinder innerhalb des regulären Unterrichtes fördert.

Das Gymnasium ab zehn Jahren ist heute aus Sicht der Intelligenz- und Begabungsforschung nicht mehr zu rechtfertigen. Auch wenn sich in diesem Alter der IQ bei den meisten Kindern stabilisiert hat, sind bei mindestens 20 % der Kinder noch deutliche Veränderungen in beide Richtungen zu erwarten. Hinzu kommt, dass auch Kinder, deren IQ sich stabilisiert hat, noch nicht zwangsläufig in gleicher Weise gelernt haben, ihre Intelligenz in Wissen umzusetzen, weshalb sie sich bei gleicher Intelligenz in ihren Schulleistungen unterscheiden können. Intelligenz kann sich nur über Wissen auf Leistung auswirken. Kinder, die mit zehn Jahren ihre Intelligenz ausgebildet haben, aber suboptimale Lerngelegenheiten in wichtigen Schulfächern hatten, wären bei frühen Schullaufbahnentscheidungen benachteiligt. Wenn – wie in der Schweiz – die Gymnasialempfehlung erst mit zwölf Jahren gefällt wird, haben die Kinder eine faire Chance, ihre Intelligenz in Wissen und Leistung zu investieren.

Wollen wir uns allerdings in Deutschland und Österreich vom Gymnasium ab zehn Jahren verabschieden, muss sich die Grundschule ändern. Lehrer müssen bei der Förderung der Schwächsten unterstützt werden, damit sie den Leistungsstärkeren angemessene Angebote machen können. In einer ganzen Reihe von deutschen Bundesländern wurde der Versuch unternommen, erst nach der sechsten Schulstufe (also ab zwölf Jahren) mit dem Gymnasium zu starten. Die Ergebnisse überzeugten nicht, weil die leistungsstarken Schüler sich zwei weitere Jahre unterfordert fühlten und es auch waren. Der Schule kommt die Aufgabe zu, jedem einzelnen Schüler seine geistigen Stärken und Schwächen zu vermitteln. Vom ersten bis zum letzten Schultag sollte jedes Kind, jeder Jugendliche sowohl Kompetenzerleben haben als auch seine eigenen Grenzen erkennen. Das gilt für das gesamte Begabungsspektrum. Die professionelle Kompetenz von Lehrern besteht darin, Aufgaben und Lernangebote zu machen, durch die sich Schüler mit unterschiedlichen Voraussetzungen angesprochen fühlen. Wie genau das in den einzelnen Fächern geschehen kann, sollte ein Kernbereich der Lehrerbildung sein. Beispiele für den mathematisch-naturwissenschaftlichen Unterricht finden sich im Projekt SINUS-Transfer (www.sinus-transfer.de). Dass intelligentere Kinder schneller lernen und das Gelernte besser und breiter anwenden können, ist unbestritten. Ihnen Zusatzangebote zu machen, wenn sie ein Ziel früher erreicht haben, gehört genauso zu den Pflichten einer allgemeinbildenden Schule wie die Unterstützung leistungsschwächerer Kinder. Dies ist zweifellos eine organisatorische und intellektuelle Herausforderung für die Schulen und kann unter Umständen zu einer Überforderung von Lehrern und Schulleitung führen. Soll man etwa zunächst bei jedem Kind mit einer umfangreichen Diagnose der geistigen Leistungsfähigkeit beginnen, um ihm dann ein individualisiertes Lernprogramm anzubieten?

Zumindest in Deutschland beruht das mehrgliedrige Schulsystem auf der Annahme, dass es konkrete und abstrakte Lerntypen gibt. In der Hauptschule bräuchten die Schüler vor allem konkrete Handlungsmöglichkeiten und viel Anschauung, während man von Gymnasiasten erwarten würde, dass sie die im Frontalunterricht erörterten abstrakten Prinzipien aufnehmen und eigenständig anwenden können. Aufgrund dieser sehr unterschiedlichen Herangehensweisen an das Lernen – so die Annahme – müssten prinzipiell andere Angebote gemacht werden, und die Lehrer der beiden Schularten müssen unterschiedlich ausgebildet werden. Dabei haben die Lehrpersonen am Gymnasium traditionell einen starken fachlichen Hintergrund, was sich historisch erklären lässt: Ein Lehramt am Gymnasium war früher einmal eine Alternative zur wissenschaftlichen Laufbahn. Man hat auf eine pädagogische Ausbildung weitestgehend verzichtet, da man davon ausging, dass intelligente Kinder selbst in der Lage seien, den wie auch immer angebotenen Stoff zu erlernen.

Dieses Bild wurde zwischenzeitlich in der Lern- und Kognitionspsychologie gründlich revidiert. Bereits im ersten Kapitel wurde betont, dass das in der Schule erwartete sinnstiftende Lernen als ein aktiver Konstruktionsprozess verstanden werden muss, bei dem eingehende Information in bestehendes Wissen eingebunden wird. Damit dies erfolgreich gelingt, muss das zu lernende Material auf vielfältige Weise durchgearbeitet werden. Automatisierung durch wiederholtes Üben, Reflektieren und Erklären von Zusammenhängen, Entdecken von Gemeinsamkeiten und Unterschieden zwischen Aufgaben und Begriffen durch Vergleichen. All diese Aktivitäten müssen Lehrpersonen, durch die gezielte Vorgabe von Aufgaben und Aufträgen ergänzt, durch Erklärungen ermöglichen – und zwar leistungsstärkeren wie leistungsschwächeren Schülern gleichermaßen. Vom Lernziel und nicht von den Merkmalen der Lernenden hängt es ab, wie gelernt werden sollte. Von den Merkmalen der Lernenden – allen voran der Intelligenz – hängt es ab, welche Lernziele mit vertretbarem Aufwand erreicht werden können.

Die Frage, ob weniger intelligente Kinder prinzipiell anders lernen und deshalb anderes Lernmaterial oder anderen Unterricht brauchen als Kinder am anderen Ende der Intelligenzverteilung, hat man sich in der Psychologie schon vor langer Zeit gestellt. Gibt es statistisch gesehen eine Wechselwirkung (Interaktion) zwischen dem Fähigkeitsniveau der Schüler und der Unterrichtsform? In der psychologischen Wissenschaft spricht man von einer sogenannten Aptitude-Treatment-Interaktion (ATI), wobei Aptitude für Fähigkeit (z. B. Intelligenz) steht und Treatment für Behandlung (also Unterrichtsmaßnahmen). Verdeutlicht werden soll der ATI-Effekt in Abbildung 8.2, in der hypothetische Ergebnisse einer Studie dargestellt werden, bei der zwei Arten von Unterricht bezüglich ihres Lernerfolges miteinander verglichen wurden: Dies könnte Unterricht A (z. B. Frontalunterricht, schwarze Linie) und Unterricht B (Gruppenunterricht, graue

Linie) sein. Die Schüler werden in Abhängigkeit von ihrer Intelligenz (unterdurchschnittlich und überdurchschnittlich) in zwei Gruppen aufgeteilt. Abbildung 8.2d zeigt, dass Unterricht A Unterricht B überlegen ist. Die intelligenten wie die weniger intelligenten Schüler lernen mehr in Unterricht A, dem damit eindeutig der Vorzug zu geben ist. In Abbildung 8.2a und 8.2b

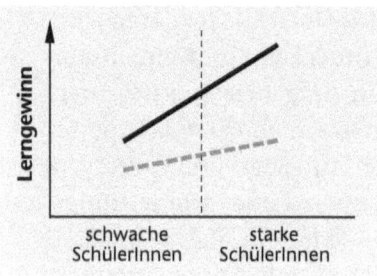

a) ordinale Interaktion: Unterricht A ist für alle lernwirksamer, besonders für die stärkeren Schülerinnen und Schüler

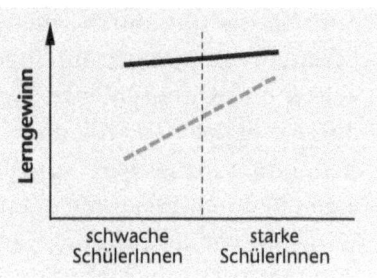

b) ordinale Interaktion: Unterricht A ist für alle lernwirksamer, besonders für die schwächeren Schülerinnen und Schüler

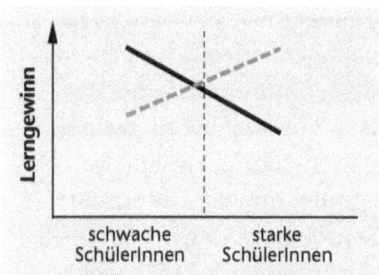

c) disordinale Interaktion: Unterricht A ist für die schwächeren Schülerinnen und Schüler und Unterricht B ist für die stärkeren Schülerinnen und Schüler lernwirksamer

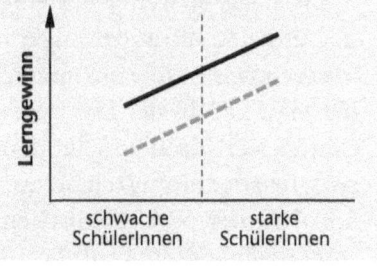

d) keine Interaktion: Unterricht A ist für beide Gruppen lernwirksamer

—— Unterricht A − − − Unterricht B

Abbildung 8.2: Mögliche Interaktionen zwischen der Unterrichtsform und den Leistungsstärken der Lernenden

ist ebenfalls Unterricht A überlegen, allerdings profitieren im Falle von 8.2b die Schwachen, im Fall von 8.2a eher die Starken. Man spricht von einer ordinalen Interaktion. Eine Aufteilung der Kinder in unterschiedliche Lerngruppen rechtfertigt sich so noch nicht. Dies trifft lediglich auf den in Abbildung 8.2c dargestellten Befund zu: Schwächere Kinder lernen mehr in Unterricht A und stärkere in Unterricht B. Man spricht hier von einer disordinalen Interaktion.

Welchen dieser statistischen Zusammenhänge findet man in der Realität? In einer frühen Studie des 1997 verstorbenen Lernforschers Richard Snow, den wir weiter oben schon einmal zitiert haben, als es um den Einfluss der Schule auf die Intelligenzentwicklung ging, gab es Hinweise in die Richtung einer Interaktion. Verglichen wurde strukturierter und weniger strukturierter Unterricht. Er kam zu dem Resultat, dass weniger intelligente Schüler von stärker strukturiertem Unterricht profitierten, während intelligentere mehr von offenem Unterricht hatten. Allerdings konnte dieses Ergebnis später nie mehr repliziert werden – wohl deshalb, da Snow zwei Extreme von Unterricht verglich, die in der Form kaum vorkommen. Auch der Lehr- und Lernforscher John Hattie, der in einem vielbeachteten Buch die Ergebnisse von mehr als 50 000 Studien zur Lernwirksamkeit bestimmter Maßnahmen zusammengefasst hat, musste hinsichtlich der ATI-Effekte feststellen, dass diesen keine Bedeutung zuzumessen ist (Hattie, 2005).

Hingegen zeigten die zahlreichen Unterrichtsstudien der letzten Jahrzehnte immer wieder, dass Unterricht, der schülerzentriert, aber lehrergesteuert ist, allen Schülern zugutekommt. Diese Unterrichtsform gestaltet sich so, dass die Lehrperson den Schülern Anregungen zum sinnstiftenden Lernen gibt, ohne Gleichschritt im Lernen zu erwarten. An dieser Stelle sei an die Studie von Staub und Stern (2002) erinnert, die zeigte, dass Lehrpersonen, die eine konstruktivistische Vorstellung vom Lernen hatten, die Leistung aller ihrer Schüler beim Lösen von Textaufgaben entsprechend ihren Eingangsvoraussetzungen steigern konnten. In die gleiche Richtung gehen unzählige andere Befunde. Kognitiv aktivierende Lernformen wie Selbsterklärungen oder metakognitive Fragen, die die Schüler dabei unterstützen, sich mit dem Stoff auseinanderzusetzen, helfen leistungsstarken wie leistungsschwachen Kindern, wie unter anderem Zemira Mevarech, eine Lernforscherin aus Israel, immer wieder belegen konnte (Mevarech & Kramarski, 2003). Zwar zeigen alle Schüler unter dieser Bedingung bessere Leistungen als unter einer Kontrollbedingung, die Leistungsunterschiede bleiben aber trotzdem bestehen. Derselbe Effekt konnte kürzlich in der Dissertation von Esther Ziegler (Ziegler & Stern, unter Begutachtung) an der ETH Zürich gezeigt werden: Auch sie konnte nachweisen, dass beim Lernen von Algebra langfristig weniger Fehler gemacht werden, wenn Additions- und Multiplikationsaufgaben nicht nacheinander, sondern gemischt vorgegeben werden. Der dadurch angeregte Vergleich zwischen Rechenoperationen führt zu einem tieferen konzeptuellen Verständnis, und zwar wiederum bei weniger intelligenten Schülerinnen und Schülern genauso wie bei intelligenten. Durch die gemischte Übung von Additions- und Multiplikationsaufgaben konnten alle ihre Leistungen steigern, allerdings blieben die Unterschiede zwischen den Schülern genauso groß.

Auch die Vorstellung, dass man im naturwissenschaftlichen Unterricht je nach Intelligenzniveau eher anschauliche oder abstrakt-formale Instruktion brauche, ist falsch. TIMSS (Internationale Mathematik- und Naturwissenschaftsstudie) und PISA haben eindrucksvoll nachgewiesen, dass in den deutschsprachigen Ländern im oberen Leistungsbereich Defizite in den naturwissenschaftlichen Kompetenzen bestehen. Die Auffassung, wonach abstrakte Definitionen und Formeln wie »Kraft ist Masse mal Beschleunigung« ausreichen, um ein wissenschaftlich angemessenes physikalisches Weltbild aufzubauen, ist widerlegt. Gerade an den deutschsprachigen Gymnasien gibt es große Defizite im naturwissenschaftlichen Verständnis, weil der Unterricht nicht am Vorwissen und am Alltagsverständnis der Schülerinnen und Schüler anknüpft. Umgekehrt ist ein sogenannter Hands-on-Unterricht, also Unterricht, in dem die Schüler praktische Erfahrung machen, keineswegs eine Erfolgsgarantie – weder im unteren noch im oberen Intelligenzbereich. Wie lernwirksamer und verständnisorientierter Unterricht in Mathematik und in den Naturwissenschaften aufgebaut sein muss, ist inzwischen sehr gut erforscht. Das MINT-Lernzentrum der ETH hat eine Zusammenfassung dieser Ergebnisse zusammengestellt (www.mint.ethz.ch). An dieser Stelle soll nur festgehalten werden, dass es aus der Sicht der Lehr- und Lernforschung keine Belege dafür gibt, dass sich unterschiedlich intelligente Kinder im Lernweg unterscheiden. Vielmehr spricht alles dafür, dass sie entsprechend ihrer Voraussetzungen von den gleichen Qualitätsmerkmalen profitieren. Worin sie sich jedoch unterscheiden, ist die Lerngeschwindigkeit. Dieser Befund macht es Schulen leichter, mit individuellen Unterschieden umzugehen. Die Lernumgebungen für weniger intelligente Schüler müssen nicht prinzipiell anders gestaltet sein als für intelligentere Schüler, aber da diese schneller lernen, können sie schwierige Dinge bereits in einem früheren Alter lernen. Wenn die Lernangebote weniger am Alter der Kinder als an ihrem Lernstand ausgerichtet sind und altersgemischte Lerngruppen ganz selbstverständlich zur Schulkultur gehören, können Kinder, die bis zum Alter von 15 Jahren von den gleichen Lehrpersonen im gleichen Schulhaus unterrichtet werden, Spitzenleistungen erbringen, wie es beispielsweise in Finnland möglich ist. Nach dem sensationellen Erfolg von Finnland in der ersten PISA-Studie 2001 waren alle Augen auf das kleine Land am nördlichen Rand Europas gerichtet. Die größte Überraschung war, dass es ausgerechnet dort, wo Gemeinschaftsschulen üblich sind, gelang, den größten Anteil an Spitzenleistern und den geringsten Anteil an Minderleistern hervorzubringen.

Warum schaffen es einige Länder, allen voran Finnland, eine Gemeinschaftsschule auf hohem Niveau zu betreiben, in der leistungsstarke wie leistungsschwache Schüler zu ihrem Recht kommen? Schule und Bildung sind komplexe und vielschichtige Angelegenheiten, denen man nicht gerecht werden kann, wenn man nach einzelnen Ursachen sucht. Im Falle Finnlands kann man sich in dieser Hinsicht einmal vorwagen: Eine Ursache für das gute Abschneiden der finnischen Schüler im europäischen Vergleich ist sicherlich die gute Auswahl der Lehrer. Aus Gründen, die niemand im Einzelnen benennen kann, gehört in Finnland der Beruf des Lehrers zu den populärsten überhaupt, wie gerade wieder in einem Buch des Bildungspolitikers Pasi Sahlberg mit dem Titel *Finnish Lessons* zu lesen ist. Trotz boomender Wirtschaft mit guten Verdienstmöglichkeiten hat die Beliebtheit des Lehrerberufs dort keinen Schaden genommen. Da in Finnland das Interesse an diesem Beruf ungleich größer ist als die zur Verfügung stehenden Studienplätze, können von 100 Bewerbern die sechs besten ausgewählt werden. In vielen anderen europäischen Ländern wird dagegen der Prestigeverlust des Lehrerberufs beklagt. Die Lehrer selbst leiden unter der geringen gesellschaftlichen Anerkennung, mangelnden Aufstiegsmöglichkeiten und einem Einkommen, das hinter dem, das in der freien Wirtschaft (vermeintlich) möglich ist, zurückbleibt. Andere beklagen, dass der Lehrerberuf vor allem Menschen anzieht, die Herausforderungen meiden und/oder nach einer Tätigkeit suchen, die mit anderen Lebenszielen, etwa einer guten Vereinbarkeit von Familie und Beruf oder viel Freizeit, kompatibel ist. Wie eine von Uwe Schaarschmidt, einem Potsdamer Professor für Pädagogische Psychologie, verantwortete großangelegte Lehrerstudie zeigt, entscheiden sich in Deutschland tatsächlich überproportional viele junge Leute, die eher nach einem bequemen als nach einem herausfordernden Leben suchen, für den Lehrerberuf (Schaarschmidt & Kieschke, 2007). Das ist keine gute Ausgangsposition und dürfte auch der entscheidende Unterschied zu Finnland sein.

Eine Gesellschaft, die die Intelligenzpotenziale ihrer Kinder ausnutzen möchte, braucht intelligente Lehrpersonen. Eine erfolgreiche Lehrperson zu sein, heißt, mit Komplexität und Unsicherheit umgehen zu können – typische Merkmale von Intelligenz. Wie in anderen akademischen Berufen auch müssen Lehrpersonen in der Lage sein, den wissenschaftlichen Fortschritt in ihrem Gebiet zu bewerten und gegebenenfalls umzusetzen. Deshalb gehört eine Ausbildung in der Lehr- und Lernforschung zwingend zu einer akademischen Lehrerbildung. Wie dieses Angebot genutzt wird, hängt aber auch vom geistigen Potenzial der Studierenden ab. Obwohl Finnlands Lehrpersonen keine Intelligenztests machen müssen, kann bei dem sehr strengen Auswahlverfahren davon ausgegangen werden, dass die Lehrpersonen der Gemeinschaftsschule zu den oberen 15 % der Intelligenten zählen. Sie nehmen die Herausforderung an, die schwachen wie auch die starken Schülerinnen und Schüler gleichermaßen zu fördern. Leider lässt sich das, was Finnland so erfolgreich macht, weder importieren noch verordnen. In den deutschsprachigen Ländern ist kein Eingangstest für das Lehramtsstudium vorgesehen, und selbst bei der Einstellung kann man – zumindest in Deutschland – selten nach Eignung auswählen. Etwas überspitzt stellt sich die Situation so dar: Entweder es herrscht Lehrermangel und man ist froh um jeden Lehrer, oder die Politik hat gerade einen Einstellungsstopp verordnet.

Eine Gemeinschaftsschule, in der die Kinder über das zehnte Lebensjahr hinaus gemeinsam gefördert werden, setzt kompetente und verantwortungsvolle Lehrpersonen voraus, die sich diesem Ziel verpflichtet fühlen. Wenn Deutschland und Österreich von der frühen Aufteilung ihrer Schüler in Gymnasiasten und andere loskommen möchten, dann sollte dies nicht per Dekret von oben verordnet werden, sondern es sollten Schulen unterstützt werden, denen die Förderung des gesamten Intelligenzspektrums besonders am Herzen liegt. Dies könnte beispielsweise geschehen, indem eine Schule Best-practice-Beispiele für

einen Unterricht konzipiert, in dem unterschiedliche Leistungs-
niveaus bedient werden und der Erfolg durch Evaluationen kontrolliert wird. Wichtig erscheint zudem, dass die Aus- und die
Weiterbildung von Lehrpersonen Begabungsunterschiede nicht
negiert, sondern als wissenschaftliches Faktum vermittelt und
aufzeigt, wie man als Lehrer am besten damit umgeht.

Natürlich kommt auch in Ländern mit einer Gemeinschaftsschule der Zeitpunkt, wo eine Schule nicht mehr das gesamte
Begabungsspektrum mit angemessenem Unterricht bedienen
kann. Die Entscheidung für eine akademische Ausbildung oder
eine berufliche Ausbildung fällt auch in Finnland und anderen
besonders erfolgreichen PISA-Ländern lange bevor mit dieser
Ausbildung begonnen wird. Nach neun Schuljahren, also mit
etwa 15 Jahren, haben gut geförderte, klar überdurchschnittlich
intelligente Kinder in den zentralen Schulfächern ein optima-
les Kompetenzniveau erreicht. Sie können in wissenschaftliche
Inhaltsbereiche vordringen und akademische Kompetenzen
erwerben, die weniger intelligenten Kindern bei vertretbarem
Aufwand verschlossen bleiben. In einer Wissens- und Informationsgesellschaft muss es darum gehen, die Intelligentesten
für ein anspruchsvolles Universitätsstudium auszuwählen und
vorzubereiten. Dies erfordert einen anderen Fächerkanon und
andere Lernziele als die Vorbereitung auf eine berufliche Tätigkeit, welche kein Universitätsstudium voraussetzt. So sollte in
allen Fächern kritisch-konstruktives Denken in Bezug auf wissenschaftliche Erkenntnisse im Mittelpunkt stehen.

In allen entwickelten Ländern liegt der Anteil der Universitätsabsolventen zwischen 20 und 50%. Versteht man die Universität als einen Ort, an dem Menschen mit besonders guten
intellektuellen Voraussetzungen sich eigenständig Wissen aneignen, das sie für eine verantwortungsvolle Tätigkeit vorbereitet,
geht der wünschenswerte Anteil an Universitätsabsolventen eher
in Richtung 20 als 50%. Eine hochselektive Auswahl bei der
Vergabe von Universitätsabschlüssen ist gerechtfertigt, wenn für

Menschen im durchschnittlichen und leicht überdurchschnittlichen Bereich Ausbildungsgänge angeboten werden, welche wissenschaftlich geprägt sind, ohne dass sie die gleiche Eigenständigkeit erfordern wie ein voller Universitätsabschluss. Damit aber ein Land optimal von seinen Universitäten profitieren kann, muss einerseits garantiert sein, dass möglichst die Intelligentesten zum Zug kommen, und andererseits, dass diese bei Eintritt in die Universität möglichst viel an Allgemeinbildung und akademischen Kompetenzen mitbringen. Mit Überlegungen dazu soll das Buch abgeschlossen werden.

Wer darf wann und warum? Die Vorbereitung auf eine akademische Ausbildung in der Sekundarschule

Obwohl wir uns der Tatsache stellen müssen, dass mit der Befruchtung der Rahmen für die Intelligenzentwicklung abgesteckt ist, wird es uns in absehbarer Zeit nicht gelingen, das geistige Potenzial eines Menschen aus dem Genom abzulesen. Es ist davon auszugehen, dass die Intelligenz eines Menschen von sehr vielen, ganz unterschiedlichen Genen gespeist wird, und dass Schlüsselgene hier eine entscheidende Rolle spielen. Erinnern wir uns, dass man selbst bei einem noch relativ übersichtlichen Merkmal wie der Körpergröße nur ganz wenige Gene kennt, die diese determinieren. Vor diesem Hintergrund ist es praktisch ausgeschlossen, dass in den nächsten Jahrzehnten aus der DNA eines Menschen abgelesen werden kann, in welchem Intelligenzbereich er anzusiedeln ist. Wir müssen uns bis auf Weiteres auf die Messung von Intelligenz und Leistung mit Hilfe von Tests verlassen.

Welches Leistungsmaß soll aber herangezogen werden, um zu entscheiden, wem man Zugang zu universitärer Bildung gewährt und wem nicht? Denkbar sind vier Möglichkeiten:

1. Der nicht-sprachliche IQ, 2. der sprachliche IQ, 3. standardisierte Leistungstests und 4. die Schulnoten. In den drei deutschsprachigen Ländern sind für den Übertritt auf das Gymnasium die
Noten in der Grundschule bzw. Primarschule entscheidend. Wie
problematisch Lehrerurteile als Grundlage für Bildungsentscheidungen sind, wurde in den letzten Jahren mehrfach insbesondere
von den beiden Bildungsforschern Ulrich Trautwein und Franz
Baeriswyl (2007) für deutsche und Schweizer Schüler gezeigt.
Die Korrelation zwischen Schulnoten und Leistungstests liegt
zwischen r=.3 und r=.5, was vor dem Hintergrund der Tatsache,
dass eigentlich beide das gleiche intellektuelle Potential messen
sollten, eher niedrig ist. Während innerhalb der Klassen die Korrelation etwas höher ist (etwa r=.6), sind Noten zwischen den
Klassen nur bedingt vergleichbar, weil es einen starken Lehrer-
effekt gibt. Mit anderen Worten: Lehrer unterscheiden sich darin,
wie streng sie benoten. Hinzu kommt, dass das Leistungsniveau
der Klasse einen deutlichen Einfluss auf die Benotung hat. So
wird ein Kind, dessen Leistungsstärke im mittleren Bereich liegt,
in einer leistungsschwachen Klasse eine bessere Note bekommen
als in einer leistungsstarken. Wenn wir uns bei Bildungsentscheidungen allein auf die Beurteilungen der Lehrpersonen verlassen,
muss mit einem beachtlichen Anteil von Fehlurteilen gerechnet
werden: Zum einen werden Kinder für einen akademischen Bil-
dungsweg empfohlen, die eigentlich nicht die Voraussetzungen
dafür mitbringen, zum anderen werden Kinder übersehen, die
die intellektuellen Voraussetzungen mitbringen.

Sollte man angesichts der ernüchternden Resultate statt Noten
also lieber den IQ als Entscheidungsgrundlage heranziehen? Sollen somit die zuständigen Behörden Psychologen engagieren,
die in Schulen Intelligenztests durchführen, um sicherzustellen,
dass alle die Kinder, die einen Wert haben, der eine Standardabweichung über dem Mittelwert liegt, auf ein Universitätsstudium vorbereitet werden? Da es sich dabei nur um die besten
15 % handelt, und selbst in der Schweiz die erwünschte Univer-

sitätsquote höher liegt, wird es darüber hinaus noch Kapazitäten für Kinder geben, die einen leicht überdurchschnittlichen IQ haben. Und wenn man aufgrund von Intelligenztests entscheidet, soll man dann einen sprachbasierten Test verwenden oder eher einen wenig sprachabhängigen Matrizentest? Mit Intelligenztests, insbesondere mit solchen, die nicht an die Sprache gebunden sind, könnte man auch die Kinder beziehungsweise Jugendlichen entdecken, bei denen die Schulleistungen hinter dem Potenzial zurückbleiben.

Eine Zulassung zur Universität allein auf der Grundlage eines nicht-sprachlichen Intelligenztests wie dem Raven-Test (vgl. Kapitel 1) wäre allerdings nicht gerechtfertigt. Wer seine Intelligenz nicht in Wissen und akademische Kompetenzen umgesetzt hat, wird an einer Universität mit Qualitätsansprüchen scheitern. Die für die meisten Studienfächer benötigten Englisch- und Mathematikkenntnisse sowie die Fähigkeit, gute Texte zu verfassen, erfordern Zeit und sind parallel zu einem Fachstudium nicht zu bewältigen. Die Universität kann zu Recht erwarten, dass überdurchschnittlich intelligente junge Menschen, die bis zum frühen Erwachsenenalter ein Gymnasium besuchen, gute Kompetenzen im Schreiben mitbringen.

Der Einsatz nicht-sprachlicher Intelligenztests eignet sich dazu, gewisse Fehler bei der Auswahl zu vermeiden. Dies trifft allerdings nur dann zu, wenn sie so rechtzeitig vorgegeben werden, dass die Intelligenz noch in Wissen umgesetzt werden kann. Mit nicht-sprachlichen Intelligenztests wie dem Matrizentest würde man mit Sicherheit einige Kinder entdecken, die aufgrund der Tatsache, dass ihre Muttersprache von der Landessprache abweicht, in ihrer Schulleistung hinter ihrem Potenzial zurückgeblieben sind. Eine Empfehlung, zu der wir uneingeschränkt stehen, ist deshalb, solchen Familien die Möglichkeit zu geben, spätestens in der dritten oder vierten Schulstufe die nicht-sprachliche Intelligenz ihrer Kinder zu messen, weil dann für die Schüler mit hohem kognitiven Potenzial noch vier bis fünf

Jahre bleiben, um sie in einer begabungsfördernden Gesamt-
schule auch wissensmäßig an ihr Potenzial heranzuführen. Mit
Einwilligung der Eltern sollte das Ergebnis der Schule mitgeteilt
werden, damit diese die Kinder, deren Intelligenz höher ist, als
dies die Schulleistung erwarten lässt, rechtzeitig fördern kann.
Im Prinzip könnte man dieses Angebot aber auch auf mutter-
sprachliche Kinder ausweiten. Die Schule sollte allerdings nur
über Kinder informiert werden, deren Intelligenz nach oben von
der Schulleistung abweicht. Jedes Kind hat das Recht, bessere
Schulleistungen zu bringen, als man aus der Intelligenz vorhersagen würde. Steht man unmittelbar vor der Bildungsentschei-
dung über die Zulassung zur Sekundarschule ab 15, so sollte man
nicht nur die nicht-sprachliche, sondern auch die sprachliche
Intelligenz erfassen. In diesem Alter wollen wir auch wissen, in
welchem Maße die Intelligenz in das für eine Kultur relevante
Wissen umgesetzt wurde, um dann auf diesem Wissen aufzubauen. Inwieweit ein junger Mensch in der neuen Sekundarschule ab 15 den dort dargebotenen komplexen Inhalten folgen
können wird, erfordert eine umfassende Intelligenzdiagnostik,
die sowohl sprachliche, mathematisch-numerische als auch
visuell-räumliche Fähigkeiten umfasst. Dabei können kleinere
Defizite in Teilbereichen durchaus akzeptiert werden, da wir ja
auch wissen, dass in Grenzen ein Weniger an Intelligenz teilweise durch ein Mehr an Fleiß und Einsatz kompensiert werden
kann (vgl. Neubauer & Stern, 2007). Allerdings hilft es Schülern,
darüber Bescheid zu wissen, so dass sie auf diese kompensatorische Anstrengung ein besonderes Augenmerk legen können.
Primär sollte man sich aber ab dem Alter von 15 Jahren auf
seine Stärken besinnen und diese auszubauen versuchen. Eine
gute Sekundarschule mit hochmotiviertem Lehrpersonal, das
über Fachwissen auf hohem Niveau ebenso verfügt wie über
pädagogische Kompetenz, wird das leisten können: Sie wird die
(identifizierten) Talente der Schüler bestmöglich fördern und sie
gleichzeitig im Bereich kleinerer Defizite an das Mindestniveau

heranführen, das später praktisch für jedes Universitätsstudium notwendig ist. Aber auch für den Bereich berufspraktischer Ausbildungen (Lehrberufe u. a.) können Intelligenztests in Kombination mit spezielleren Begabungstests, z. B. für praktisch-technisches Verständnis, für soziale Kompetenzen, für Kreativität, und mit Interessens- und Neigungstests wertvolle Hinweise dafür liefern, welche Richtung es sich empfiehlt einzuschlagen bzw. in welchen Berufsfeldern man voraussichtlich Erfolg haben wird. Auch ein Automechaniker oder ein Tischler benötigt bestimmte intellektuelle Voraussetzungen (vor allem räumliches Vorstellungsvermögen), die sich beispielsweise von denen eines Einzelhandelskaufmanns oder Friseurs oder Floristen unterscheiden. Ein Automechaniker, der sich schwer mit mentaler Rotation tut, braucht viel kompensatorische Anstrengung, ebenso wie eine Einzelhandelskauffrau, der Rechnen nicht so sehr liegt.

Aus dem bisher Gesagten wird deutlich: Intelligenztests (und ggf. weitere Begabungstests) sollten bei Bildungsentscheidungen herangezogen werden, um Versäumnisse in der Schulbildung auszugleichen. In einem Land, in dem es sozusagen von Kindesbeinen an gelingt, Menschen entsprechend ihrer intellektuellen Voraussetzungen zu fördern, kann man weitgehend auf den Einsatz von Intelligenztests verzichten und stattdessen bereichsspezifische Leistungstests einsetzen, welche nicht nur gelerntes Wissen abfragen, sondern auch die Anwendung von Wissen in neuen Kontexten erfordern. Die Zulassung zur Universität im Allgemeinen oder zu bestimmten Studiengängen kann über Tests wie den berühmten SAT (Scholastic Aptitude Test, siehe auch http://sat.collegeboard.org/home) erfolgen, ohne dass man befürchten muss, intelligente Jugendliche aus bildungsfernen Schichten zu übersehen. In Finnland ist man bei der Zulassung zum Universitätsstudium hochselektiv. Aber auch dort zeigt sich, dass der Anteil der Akademikerkinder an Universitäten klar überrepräsentiert ist, was bereits die eine oder andere hämische

Bemerkung wie »Offensichtlich ist es mit der Bildungsgerechtigkeit in Finnland doch nicht ganz so weit her« hervorgerufen hat. Wir hoffen jedoch sehr, dass die Leser dieses Buches, die es bis hierher geschafft haben, verstanden haben, dass man Finnland unrecht tut. Wenn alle Kinder gefördert werden, aber Akademikerkinder im Durchschnitt die besseren Testleistungen erbringen, dann ist es sowohl für die Individuen gerecht als auch für die gesamte Gesellschaft gewinnbringend, wenn die Leistungsstärksten Zugang zum Universitätsstudium bekommen. Entscheidend für den langfristigen Erfolg einer Gesellschaft ist nur, dass nicht die weniger leistungsfähigen Akademikerkinder einen privilegierten Zugang zu Universitäten haben und sich solche Strukturen verfestigen. Zu den zukünftigen Herausforderungen in entwickelten Ländern gehört es, damit umzugehen lernen, dass längst nicht jedes Akademikerkind einen Anspruch auf eine Universitätsbildung geltend machen kann. Auch hier können Intelligenztests wichtige Entscheidungshilfen sein, wenn die Schulleistungen von Kindern hinter den Erwartungen der Eltern zurückbleiben.

Welche Rolle Intelligenztests bei Bildungsentscheidungen spielen sollten, hängt also von der Bildungsgerechtigkeit eines Landes ab. Hat die soziale Herkunft einen starken Effekt auf die Bildungschancen, können Intelligenztests zur Reduktion von Fehlurteilen beitragen: Kinder, die keine ausreichende Chance erhalten haben, ihre Intelligenz in Schulleistung umzusetzen, können identifiziert werden. In Ländern mit hoher Bildungsgerechtigkeit hingegen, in denen die Intelligenzreserven des gesamten sozialen Spektrums weitgehend in Leistung umgesetzt werden, können Intelligenztests dazu beitragen, nicht ausgerechnet die Kinder auf eine akademische Ausbildung vorzubereiten, denen die dafür nötigen Voraussetzungen fehlen.

Zum Schluss stellt sich die Frage, ab welchem Alter begabte Jugendliche an die Universität gehen sollten. Weiter oben wurde ausgeführt, dass nach etwa acht Schuljahren bei begabten jungen Leuten Inhalte auf dem Lehrplan stehen sollten, welche die große Mehrheit der Schülerinnen und Schüler überfordern würde. Bevor jedoch die Entscheidung für ein spezialisiertes Universitätsstudium fällt, sollten junge Menschen über eine breite Allgemeinbildung verfügen, auf deren Grundlage sie Entscheidungen treffen können. Weiterhin sollten Kompetenzen verfügbar sein, die in jeder akademischen Disziplin gefordert sind. Dazu gehören das Erstellen von unterschiedlichen Textarten, Englischkenntnisse sowie die Nutzung mathematischer Modelle. Sinnvollerweise sollten junge Leute auch schon Wahlangebote erhalten, die sie auf bestimmte Studienrichtungen vorbereiten können. Dazu gehören beispielsweise weitere Fremdsprachen, darunter auch Latein und Griechisch. Diese Angebote müssen so herausfordernd sein, dass die Schüler Gelegenheit erhalten, an ihre eigenen Grenzen zu kommen und den Aufwand abschätzen können, der mit einer vertieften geistigen Auseinandersetzung mit einem anspruchsvollen Thema einhergeht. Die Frage, die es abschließend zu behandeln gilt, ist, wie das Bildungsangebot für besonders begabte junge Leute zwischen 15 und 19 Jahren aussehen und wie es institutionell eingebunden werden sollte.

Was die Vorbereitung auf ein Universitätsstudium angeht, gibt es große Unterschiede zwischen entwickelten Ländern. In den drei deutschsprachigen Ländern, aber auch in vielen anderen kontinentaleuropäischen Ländern, erfolgt der Eintritt in die Universität relativ spät. Die Matura beziehungsweise das Abitur wird mit 18 oder 19 Jahren erworben, danach entscheidet man sich für ein spezialisiertes Studium. In den angloamerikanischen Ländern erfolgt der Eintritt in das College, das im Allgemeinen Teil einer Universität ist, bis zu zwei Jahre früher. Die jungen Leute erhalten dort eine eher breite Ausbildung, die in Teilen den in der gymnasialen Oberstufe behandelten Inhalten entspricht. Wie immer, wenn es um Bildungsfragen geht, ist die organisatorische Struktur zweitrangig. Entscheidend ist die Qualifikation und die Zielsetzung der für die Lehre verantwortlichen Perso-

nen. Die Vorbereitung auf ein Universitätsstudium – egal ob
am College oder am Gymnasium – sollte durch Personen erfolgen, die über profundes Fachwissen verfügen und in der Lage
sind, dieses in einen breiteren Kontext einzubetten. Wie bereits
erwähnt, wurde traditionell die Lehre am Gymnasium als Alternative (oder Rückfallposition) zur wissenschaftlichen Laufbahn
gesehen. Der habilitierte Gymnasiallehrer, der nebenbei seine
wissenschaftlichen Arbeiten fortführte, war keine Seltenheit. In
der Schweiz verhält es sich heute noch so. Dort haben Gymna-
siallehrpersonen ein Masterstudium in ihrem Fach absolviert,
und in der Regel unterrichten sie nur dieses. In einem universitären Vorbereitungsprogramm, das einen Arbeitsaufwand von
einem Jahr umfasst, werden sie auf die Lehrtätigkeit vorbereitet.
Da das Schweizer Gymnasium frühestens mit 12 Jahren und
in vielen Fällen erst mit 14 Jahren beginnt, können die Lehrer
ihre profunden Fachkenntnisse in einem anspruchsvollen, aber
gleichzeitig eher allgemeinbildenden Unterricht umsetzen.

Man muss sich zu Recht fragen, ob ein Bildungssystem nach
angloamerikanischem Muster wirklich besser als ein Gymnasial-
system ist. Im angloamerikanischen System werden sehr intelligente Jugendliche bis zum 17. Lebensjahr in allgemeinbildenden
Schulen von Lehrpersonen mit einer vergleichsweise geringen
fachlichen Ausbildung unterrichtet. Wenn sie erst ab 17 vorwiegend mit Personen zu tun haben, für die die Forschung im Mittelpunkt steht, entgeht ihnen möglicherweise eine anspruchsvolle Allgemeinbildung, auf deren Vermittlung Gymnasiallehrer
spezialisiert sind. Besonders begabten jungen Leuten zu ermöglichen, sich im geschützten Raum an anspruchsvollen Themen
versuchen zu können, wäre ein Vorteil, den ein reines Oberstu-
fengymnasium von 15 bis 18 Jahren bieten könnte. Wie erfolgreich ein solcher Schultyp in Zukunft sein könnte, wird ganz
wesentlich davon abhängen, wie gut es gelingen wird, Lehrpersonen zu gewinnen, die gleichermaßen fachliche Kompetenz
und pädagogisches Sendungsbewusstsein mitbringen. Lehrer an

diesem neuen Typus des Oberstufengymnasiums sind idealerweise Menschen mit einem hervorragenden Studienabschluss, die die Verbreitung des Fachwissens einer Spezialisierung als Wissenschaftler vorziehen. Wenn wir die Ressourcen besonders begabter junger Leute nutzen und optimieren wollen, dann müssen wir sicherstellen, dass sie in dem Lebensabschnitt zwischen dem Erreichen der allgemeinbildenden Lernziele und der Entscheidung für ein spezialisiertes Studium, also zwischen dem 15. und 19. Lebensjahr, durch fachlich wie pädagogisch besonders qualifizierte Personen gefördert werden.

Wichtige Lebenszeit wird hingegen verschwendet, wenn begabte junge Leute in diesem Lebensabschnitt Lehrern ausgesetzt sind, welche den Beruf nur gewählt haben, weil ihnen aufgrund ihrer schwachen fachlichen Studienleistungen andere Optionen verschlossen waren. Im günstigsten Fall werden junge begabte Menschen, die schlechte Lehrer haben, wenig dazulernen. Im schlechtesten Falle lassen sie sich von der negativen Stimmung anstecken und entwickeln fächerübergreifend eine Lernhaltung, die nur auf das Bestehen von Prüfungen, aber nicht auf den Erwerb von Kompetenzen und sinnstiftendem Wissen abzielt. Wenn wir also das Potenzial besonders begabter Menschen nutzen wollen, dann sollten nur besonders begabte Menschen Gymnasiallehrer werden. Von einem Lehrer unterrichtet zu werden, der in seinen geistigen Fähigkeiten weit hinter denen seiner Schüler zurückbleibt, ist für beide Seiten eine unzumutbare Qual.

Dafür zu sorgen, dass der Lehrerberuf attraktiv bleibt für Menschen, die selbst überdurchschnittlich intelligent sind, ist eine Herausforderung, der sich jede Wissens- und Informationsgesellschaft stellen muss. Nur Menschen, die selbst eine positive Einstellung zum Lernen haben und sich gern geistigen Herausforderungen stellen, können eine Schulkultur schaffen, in der die Ressource Intelligenz optimal in geistige Kompetenzen umgesetzt wird.

Literatur

Kapitel 1

Colom, R., Abad, F. J., Quiroga, M. A., Shih, P. C., und Flores-Mendoza, C. (2008): Working memory and intelligence are highly related constructs, but why? In: *Intelligence*, 36, S. 584–606.

Dehaene, S. (1999): *Der Zahlensinn oder Warum wir rechnen können.* Berlin: Birkhäuser.

Engle, R. W., Zuholski, S. W., Laughlin, J. E., und Conway, A. R. A. (1999): Working memory, short-term memory and general fluid intelligence: A latent variable approach. In: *Journal of Experimental Psychology*, General, 128, S. 309–331.

Helmke, A., und Weinert, F. E. (1997): Bedingungsfaktoren schulischer Leistungen. In: F. E. Weinert (Hrsg.): *Psychologie des Unterrichts und der Schule. Enzyklopädie der Psychologie.* Themenbereich D, Serie I, Bd. 3. Göttingen: Hogrefe.

Malda, M., van de Vijver, F., und Termane, Q. (2010): Rugby versus Soccer in South Africa: Content familiarity contributes to cross-cultural differences in cognitive test scores. In: *Intelligence*, 38, S. 582–595.

Mevarech, Z., und Stern, E. (1997): Interaction between knowledge and contexts on understanding abstract mathematical concepts. In: *Journal of Experimental Child Psychology*, 65, S. 68–95.

Miller, G. A. (1956): The magical number seven, plus or minus two: Some limits on our capacity for processing information. In: *Psychological Review*, 63 (2), S. 81–97.

Renkl, A., und Stern, E. (1994): Die Bedeutung von kognitiven Eingangsbedingungen und schulischen Lerngelegenheiten für das Lösen von einfachen und komplexen Textaufgaben. In: *Zeitschrift für Pädagogische Psychologie*, 8, S. 27–39.

Rindermann, H., und Thompson, J. (2011): Cognitive capitalism: The effect of cognitive ability on wealth, as mediated through scientific achievement and economic freedom. In: *Psychological Science*, 22 (6), S. 754–763.

Staub, F. C., und Stern, E. (1997): Abstract reasoning with mathematical constructs. In: *International Journal of Educational Research*, 27 (1), S. 63–75.

Staub, F. C., und Stern, E. (2002): The nature of teachers' pedagogical content beliefs matters for students' achievement gains: quasi-experimental evidence from elementary mathematics. In: *Journal of Educational Psychology*, 93, S. 144–155.

Stern, E. (1993): What makes certain arithmetic word problems involving the comparison of sets so hard for children? In: *Journal of Educational Psychology*, 85, S. 7–23.

Stern, E. (1997): Mathematik. In F. E. Weinert (Hrsg.): *Enzyklopädie der Psychologie: Psychologie in Schule und Unterricht*, Bd. 3, S. 397–426. Göttingen: Hogrefe.

Stern, E. (1998): *Die Entwicklung des mathematischen Verständnisses im Kindesalter*. Lengerich: Pabst.

Stern, E. (2005): Kognitive Entwicklungspsychologie des mathematischen Denkens. In: M. van Aster (Hrsg.): *Dyskalkulie*, S.137–149. Bern: Huber.

Weinert, F. E., und Helmke, A. (1997): *Entwicklung im Grundschulalter*. Weinheim: Psychologie Verlags Union.

Zelazo, P. D., Muller, U., Frye, D., und Marcovitch, S. (2003): The development of executive function in early childhood. In: *Monographs of the Society for Research in Child Development*, 68 (3), S. 1–27.

Kapitel 2

Amthauer, R. (1970): *Intelligenz-Struktur-Test*. Göttingen: Hogrefe.

Binet, A., und Simon, T. (1905): Méthodes nouvelles pour le diagnostique du niveau intellectuel des anormaux. In: *Année Psychologique*, 11, S. 191–244.

Boring, E. G. (1923): Intelligence as the Tests Test It. In: *New Republic*, 36, S. 35–37.

Deary, I. J., Whalley, L. J., Lemmon, H., Crawford, J. R., und Starr, J. M. (2000): The stability of Individual Differences in Mental Ability from Childhood to Old Age: Follow-up of the 1932 Scottish Mental Survey. In: *Intelligence*, 28 (1), S. 49–55.

Deary, I. J., Whiteman, M. C., Starr, J. M., Whalley, L. J., und Fox, H. C. (2004): The impact of childhood intelligence on later life: Following up the Scottish Mental Surveys of 1932 and 1947. In: *Journal of Personality and Social Psychology*, 86, S. 130–147.

Gardner, H. (1993): *Multiple intelligences: The theory in practice*. New York: Basic Books.

Gottfredson, L. S. (1997): Why g matters: The complexity of everyday life. In: *Intelligence*, 24, S. 79–132.

Jensen, A. R. (1998): *The g Factor: The Science of Mental Ability*. Westport: Praeger.

Neisser, U., Boodoo, G., Bouchard, T. J., Boykin, A. W., Brody, N., Ceci, S. J., Halpern, D. F., Loehlin, J. C., Perloff, R., Sternberg, R. J., und Urbina, S. (1996): Intelligence: Knowns and Unknowns. In: *American Psychologist*, 51, S. 77–101.

Neubauer, A., und Stern, E. (2007): *Lernen macht intelligent. Warum Begabung gefördert werden muss*. München: Deutsche Verlags-Anstalt.

Rost, D. (2009): *Intelligenz – Fakten und Mythen*. Weinheim: Beltz.

Salthouse, T. A. (1996a): Constraints on theories of cognitive aging. In: *Psychonomic Bulletin and Review*, 3, S. 287–299.

Salthouse, T. A. (1996b): The processing-speed theory of adult age differences in cognition. In: *Psychological Review*, 103, S. 403–428.

Spearman, C. (1927): *The abilities of man: Their nature and measurement*. New York: Macmillan.

Tewes, U., Rossmann, P., und Schallberger, U. (1999): *Hamburger-Wechsler-Intelligenztest für Kinder (HAWIK-III)*. Bern: Huber.

Tochtermann, K., Dösinger, G., und Willfort, R. (2007): Innovation und Kreativität in der Wissensgesellschaft. In: R. Willfort, K. Tochtermann und A. Neubauer (Hrsg.): *Creativity@Work*, S. 5–15. Aachen: Shaker.

Weinert, F. E., und Hany, E. A. (2003): The stability of individual differences in intellectual development: Empirical evidence,

theoretical problems, and new research questions. In: R. J. Sternberg, J. Lautrey und T. I. Lubart (Hrsg.): *Models of intelligence,*
S. 169–181. Washington, DC: American Psychological Association.

Kapitel 3

Deary, I. J., Johnson, W., und Houlihan, L. M. (2009): Genetic
foundations of human intelligence. In: *Human Genetics,* 126 (1),
S. 215–232.
Franklin, T., Russig, H., Weiss, I. C., Gräff, J., Linder, N., Michalon,
A., Vizi, S., und Mansuy, I. M. (2010): Epigenetic transmission of
the impact of early stress across generations. In: *Biological Psychology,* 68, S. 408–415.
Johnson, W., Deary, I. J., Silventoinen, K., Tynelius, P., und Rasmus-
sen, F. (2010): Family Background Buys an Education in Minnesota but Not in Sweden. In: *Perspectives on Psychological Science,*
21 (9), S. 1266–1273.
Lango-Allen, H. L., et al. (2010): Hundreds of variants clustered in
genomic loci and biological pathways affect human height. In:
Nature, 467, S. 832–838.
Maher, B. (2008): Personal genomes: The case of the missing heritability. In: *Nature,* 456, S. 18–21.
Ridley, M. (2003): *Nature via nurture: Genes, experience, und what
makes us human.* New York: Harper Collins.
Rost, D. (2009): *Intelligenz – Fakten und Mythen.* Weinheim: Beltz.
Spearman, C. (1904): The proof and measurement of association
between two things. In: *American Journal of Psychology,* 15,
S. 72–101.
Turkheimer, E., Haley, A., D'Onofrio, B., Waldron, M., und Gottes-
man, I. I. (2003): Socioeconomic status modifies heritability of IQ
in young children. In: *Psychological Science,* 14, S. 623–628.
Van der Maas, H. L. J., Dolan, C. V., Grasman, R. P. P. P. , Wicherts,
J. M. , Huizenga, H. M., und Raijmakers, M. E. J. (2006): A
dynamical model of general intelligence: the positive manifold

of intelligence by mutualism. In: *Psychological Review,* 113 (4), S. 842–861.

Watson, J. B. (1930): *Behaviorism* (Revised edition). Chicago: University of Chicago Press.

Kapitel 4

Almond, D., Edlund, L., und Palme, M. (2009): Chernobyl's Subclinical Legacy: Prenatal Exposure to Radioactive Fallout and School Outcomes in Sweden. In: *The Quarterly Journal of Economics,* 124 (November 2009), S. 1729–1772.

Barnett, W. S. (2010): Universal and targeted approaches to preschool education in the United States. In: *International Journal of Child Care and Education Policy,* 4 (1), S. 1–12.

Becker, M., Lüdtke, O., Trautwein, U., Köller, O., und Baumert, J. (2012): The Differential Effects of School Tracking on Psychometric Intelligence: Do academic-track schools make students smarter? In: *Journal of Educational Psychology.*

Canter, S. (1973): Personality traits in twins. In: G. Claridge, S. Canter und W. I. Hume (Hrsg.): *Personality differences and biological variations,* S. 21–51. Oxford: Pergamon Press.

Carroll, J. B. (1989): Intellectual abilities and aptitudes. In: A. Lesgold und R. Glaser (Hrsg.): *Foundations for a psychology of education,* S. 137–197. Hilldale, Nj: Erlabum.

Caspi, A., Moffitt, T. E., Cannon, M., McClay, J., Murray, R., und Harrington, H. (2005): Moderation of the effect of adolescent-onset cannabis use on adult psychosis by a functional polymorphism in the catechol-o-methyltransferase gene: Longitudinal evidence of a gene X environment interaction. In: *Biological Psychiatry,* 57 (10), S. 1117–1127.

Caspi, A., et al. (2007): Moderation of breastfeeding effects on the IQ by genetic variation in fatty acid metabolism. In: *Proceedings of the National Academy of Sciences of the United States of America,* 104, S. 47.

Caspi, A., Hariri, A. R., Holmes, A., Uher, R., und Moffitt T. E. (2010): Genetic sensitivity to the environment: the case of the serotonin transporter gene and its implications for studying complex diseases and traits. In: *American Journal of Psychiatry*, 167, S. 509–527.

Ceci, S. J. (1991): How much does schooling influence general intelligence and its cognitive components? A reassessment of the evidence. In: *Developmental Psychology*, 27, S. 703–722.

Cropley, A. J., und Reuter, M. (2010): Kreativität und Kreativitätsförderung. In: D. H. Rost (Hrsg.): *Handwörterbuch Pädagogische Psychologie*, 4., überarbeitete und erweiterte Auflage, S. 402–413. Weinheim: Beltz.

DeLoache, J. S., Chiong, C., Sherman, K., Islam, N., Vanderborght, M., Troseth, G. L., Strouse, G. A., und O'Doherty, K. (2010): Do babies learn from baby media? In: *Psychological Science*, 21, S. 1570–1574.

Der, G., Batty, G. D., und Deary, I. J. (2006): Effect of breast feeding on intelligence in children: prospective study, sibling pairs analysis, and meta-analysis. In: *BMJ*, 4. November 2006, 333, S. 945–951.

Douglas, A., Edlund, L., und Palme, M. (2009): Chernobyl's Subclinical Legacy: Prenatal Exposure to Radioactive Fallout and School Outcomes in Sweden. In: *The Quarterly Journal of Economics*, 124 (4), S. 1729–1772.

Fox, N. A., Nichols, K. E., Henderson, H. A., Rubin, K. H., Schmidt, L. A., Hamer, D. H., Ernst, M., und Pine, D. S. (im Druck): Evidence for a gene environment interaction in predicting behavioral inhibition in middle childhood. In: *Psychological Science*.

Fox, N. A. und Rutter, M., (2010): The effects of early experience on development: Special section. In: *Child Development*, 81, S. 23–27.

Hirsh-Pasek, K., Michnick Golinkoff, R., Eyer, D. (2003): *Einstein never used flash cards: How our children really learn – and why they need to play more and memorize less*. Emmaus: Rodale Press.

Köller, O. (2008): Bildungsstandards – Verfahren und Kriterien bei der Entwicklung von Messinstrumenten. In: *Zeitschrift für Pädagogik*, 54, S. 163–173.

Kovas, Y., Harlaar, N., Petrill, S. A., und Plomin, R. (2011): The etiology of mathematical self-evalutation and mathematics achievement: understanding the relationship using a cross-lagged twin study from age 9 to 12. In: *Learning and individual differences,* 21 (6), S. 710–718.

Mampe, B., Friederici, A. D., Christophe, A., und Wermke, K. (2009): Newborns' cry melody is shaped by their native language. In: *Current Biology,* 19, S. 1944–1997.

Nichols, R. C. (1987): Twins studies of ability, personality and interests. In: *Homo,* 29, S. 158–173.

Ramsden, S., Richardson, F. M., Josse, G., Thomas, M. S. C., Ellis, C., Shakeshaft, C., et al. (2011): Verbal and non-verbal intelligence changes in the teenage brain. In: *Nature,* 479, S. 113–116.

Rindermann, H., und Ceci, S. J. (2009): Educational policy and country outcomes in international cognitive competence studies. In: *Perspectives in Psychological Science,* 4, S. 551–577.

Salthouse, T. A. (2012): Does the direction and magnitude of cognitive change depend on initial level of ability? In: *Intelligence,* 40, S. 352–361.

Sauter, A., und Gerlinger, K. (2012): *Der pharmakologisch verbesserte Mensch.* Berlin: Edition Sigma.

Schneider, W., und Bullock, M. (2009): *Human Development from Early Childhood to Early Adulthood: Findings from a 20 Year Longitudinal Study.* New York, NY: Psychology Press.

Siegler, R. S., und Ramani, G. B. (2008): Playing linear numerical board games promotes low-income children's numerical development. In: *Developmental Science,* Special Issue on Mathematical Cognition, 11, S. 655–661.

Spinath, B., Spinath, F. M., Harlaar, N., und Plomin, R. (2006): Predicting school achievement from general cognitive ability, self-perceived ability, and intrinsic value. In: *Intelligence,* 34 (4), S. 363–374.

Staub, F., und Stern, E. (2002): The nature of teachers' pedagogical content beliefs matters for students' achievement gains: quasi-experimental evidence from elementary mathematics. In: *Journal of Educational Psychology,* 93, S. 144–155.

Stein, Z., Susser, M., Saenger, G., und Marolla, F. (1972): Nutrition and mental performance. In: *Science 1972,* 178, S. 708–713.

Stevens, C., Lauinger, B., und Neville, H. (2009): Differences in the neural mechanisms of selective attention in children from different socioeconomic backgrounds: An even-related brain potential study. In: *Developmental Science,* 12 (4), S. 634–646.

Tewes, U. (1983): HAWIK-R. Hamburg-Wechsler-Intelligenztest für Kinder, Revision 1983. In: *Handbuch und Testnormen,* 3. Auflage. Bern: Huber.

Tewes, U., Rossmann, P., und Schallberger, U. (1999): *Hamburger-Wechsler-Intelligenztest für Kinder (HAWIK-III).* Bern: Huber

Tomasello, M., Carpenter, M., Call, J., Behne, T., und Moll, H. (2005): Understanding and sharing intentions: The origins of cultural cognition. In: *Behavioral and Brain Sciences,* 28, S. 675–691.

Vernon, P. A., Petrides, K. V., Bratko, D., und Schermer, J. A. (2008): A Behavioral Genetic Study of Trait Emotional Intelligence. In: *Emotion,* 8 (5), S. 635–642.

Weinert, F., und Schneider, W. (1999): *Individual Development from 3 to 12: Findings from the Munich longitudinal study.* Cambridge: Cambridge University Press.

Weisberg, R. W. (1986): *Creativity. Genius and other myths.* New York: Freeman.

Zuckerman, M. (1979): *Sensation seeking: Beyond the optimal level of arousal.* Hillsdale, NJ: Erlbaum.

Kapitel 5

Draganski, B., Gaser, C., Busch, V., Schuierer, G., Bogdahn, U., und May, A. (2004): Neuroplasticity: Changes in grey matter induced by training. In: *Nature,* 427, S. 311–312.

Draganski. B., Gaser, C., Kempermann, G., Kuhn, H. G., Winkler, J., Buchel, C., und May, A. (2006): Temporal and Spatial Dynamics of Brain Structure Changes during Extensive Learning. In: *The Journal of Neuroscience,* 26 (23), S. 6314–6317.

Ertl, J. P., und Schafer, E. W. P. (1969): Brain Response Correlates of Psychometric Intelligence, In: *Nature,* 223, S. 421–422.

Gaser, C., und Schlaug, G. (2003): Brain Structures differ between Musicians and Non-Musicians. In: *The Journal of Neuroscience,* 23 (27), S. 9240–9245.

Gignac, G., Vernon, P. A., und Wickett, J. C. (2003): Factors influencing the relationship between brain size and intelligence. In: H. Nyborg (Hrsg.): *The scientific study of general intelligence: Tribute to Arthur R. Jensen,* S. 93–106. New York: Pergamon.

Gläscher, J., Rudrauf, D., Colom, R., Paul, L. K., Tranel, D., Damasio, H., und Adolphs, R. (2010): Distributed neural system for general intelligence revealed by lesion mapping. In: *PNAS,* 107 (10), S. 4705–4709.

Grabner, R., Stern, E., und Neubauer, A. C., (2003): When intelligence loses its impact: neural efficiency during reasoning in a familiar area. In: *International Journal of Psychophysiology,* 49, S. 89–98.

Haier, R. J., Siegel, B. V., Nuechterlein, K. H., Hazlett, E., Wu, J. C., Paek, J., et al. (1988): Cortical glucose metabolic rate correlates of abstract reasoning and attention studied with positron emission tomography. In: *Intelligence,* 12, S. 199–217.

Hebb, D. O. (1949): *The organization of behavior.* New York: Wiley & Sons.

Huarte de San Juan, J., Lessing, G. E. und Franzbach, M. (1968): *Prüfung der Köpfe zu den Wissenschaften.* München: Willhelm Fink Verlag.

Hulshoff Pol, H. E., Schnack, H. G., Posthuma, D., Mandl, R. C., Baare, W. F., van Oel, C., van Haren, N. E., Collins, L., Evans, A. C., Amunts, K., Burgel, U., Zilles, K., de Geus, E. J., Boomsma, D. I., und Kahn, R. S. (2006): Genetic contributions to human brain morphology and intelligence. In: *Journal of Neuroscience,* 26, S. 10235–10242.

Jung, R. E., und Haier, R. J. (2007): The Parieto-Frontal Integration Theory (P-FIT) of intelligence: Converging neuroimaging evidence. In: *Behavioral and Brain Sciences,* 30, S. 135–187.

Kelly, A. M. C., und Garavan, H. (2005): Human functional neuroimaging of brain changes associated with practice. In: *Cerebral Cortex,* 15, S. 1089–1102.

Maguire, E. A., Gadian, D. G., Johnsrude, I. S., Good, C. D., Ashburner, R. S., Frackowiak, R. S., und Frith, C. D. (2000): Navigation-related structural change in the hippocampi of taxi drivers. In: *Proceedings of the National Academy of Sciences*, 97, S. 4398–4403.

Mechelli, A., Crinion, J. T., Noppeney, U., O'Doherty, J., Ashburner, J., Frackowiak, R. S., und Price, C. J. (2004): Neurolinguistics: Structural plasticity in the bilingual brain. In: *Nature*, 431, S. 757.

Miller, E. M. (1994): Intelligence and brain myelination: a hypothesis. In: *Personality and Individual Differences*, 17, S. 803–832.

Neubauer, A. C., Grabner, R. H., Freudenthaler, H. H., Beckmann, J. F., und Guthke, J. (2004): Intelligence and individual differences in becoming neurally efficient. In: *Acta Psychologica*, 116, S. 55–74.

Neubauer, A., und Stern, E. (2007): *Lernen macht intelligent. Warum Begabung gefördert werden muss.* München: Deutsche Verlags-Anstalt.

Neubauer, A. C., und Fink, A. (2009): Intelligence and neural efficiency. In: *Neuroscience and Biobehavioral Reviews*, 33 (7), S. 1004–1023.

Nichols, M. J., und Newsome, W. T. (1999): The neurobiology of cognition. In: *Nature*, 402, S. C35–C38.

Spearman, C. (1927): *The abilities of man: Their nature and measurement.* New York: Macmillan.

Thompson, P. M., Cannon, T. D., Narr, K. L., van Erp, T., Poutanen, V. P., Huttunen, M., Lonnqvist, J., Standertskjold-Nordenstam, C. G., Kaprio, J., Khaledy, M., Dail, R., Zoumalan, C. I., und Toga, A. W. (2001): Genetic influences on brain structure. In: *Nature Neuroscience*, 4, S. 1253–1258.

Kapitel 6

Benbow, C. P. (1988): Sex differences in mathematical reasoning ability in intellectually talented preadolescents: Their nature, effects, and possible causes. In: *Behavioral and Brain Sciences*, 11 (2), S. 169–183.

Berry, J. W. (1976): Sex differences in behaviour and cultural complexity. In: *Indian Journal of Psychology*, 51 (2), S. 89–97.

Brody, N. (1992): *Intelligence*. San Diego, CA: Academic Press.

Brody, N. (1999): What is Intelligence? In: *International Review of Psychiatry*, 11, S. 19–25.

Burks, S. V., Carpenter J. P., Goette, L., und Rustichini, A. (2009): Cognitive skills affect economic preferences, strategic behavior, and job attachment. In: *Proceedings of the National Academy of Sciences*, 106 (19), S. 7745.

Carretta, T. R., und Ree, M. J. (2000): General and specific cognitive and psychomotor abilities in personnel selection: The prediction of training and job performance. In: *International Journal of Selection and Assessment*, 8, S. 227–236.

Carretta, T. R., und Ree, M. J. (2001): Pitfalls of Ability Research. In: *International Journal of Selection and Assessment*, 9 (4), S. 325–335.

Ceci, S. J., und Williams, W. M. (1997): Schooling, intelligence, and income. In: *American Psychologist*, 52, S. 1051–1058.

Cliffordson, C., und Gustafsson, J.-E. (2008): Effects of age and schooling on intellectual performance: Estimates obtained from analysis of continuous variation in age and length of schooling. In: *Intelligence*, 36 (2), S. 143–152.

Cohen, J. (1992): A power primer. In: *Psychological Bulletin*, 112 (1), S. 155–159.

Deary, I. J., Strand, S., Smith, P., und Fernandes, C. (2007): Intelligence and Educational Achievement. In: *Intelligence*, 35 (1), S. 13–21.

Deary I. J. (2009): Introduction to the special issue on cognitive epidemiology. In: *Intelligence*, 37 (6), S. 517–519.

Goleman, D. (1997): *EQ. Emotionale Intelligenz*. München: Deutscher Taschenbuch Verlag.

Gottfredson, L. S. (1997): Why g Matters: The Complexity of Everyday Life. In: *Intelligence*, 24 (1), S. 79–132.

Gottfredson, L. S., und Deary, I. J. (2004): Intelligence predicts health and longevity, but why? In: *Current Directions in Psychological Science*, 13, S. 1–5.

Hambrick, D. Z., und Meinz, E. J. (2011): Limits on the predictive power of domain-specific experience and knowledge in skilled performance. In: *Current Directions in Psychological Science,* 20, S. 275–279.

Jensen, A. R. (1980): *Bias in mental testing.* New York: Free Press.

Kramer, J. (2009): Allgemeine Intelligenz und beruflicher Erfolg in Deutschland: Vertiefende und weiterführende Metaanalysen. In: *Psychologische Rundschau,* 60, S. 82–98.

Kuncel, N. R., Hezlett, S. A., und Ones, D. S. (2004): Academic performance, career potential, creativity and job performance: Can one construct predict them all? In: *Journal of Personality and Social Psychology,* 86, S. 148–161.

Kuncel, N. R., und Hezlett, S. A. (2007): Standardized Tests Predict Graduate Students' Success. In: *Science,* 315, S. 1080–1081.

Kuncel, N. R., und Hezlett, S. A. (2010): Fact and Fiction in Cognitive Ability Testing for Admissions and Hiring Decisions. In: *Current Directions in Psychological Science,* 19 (6), S. 339–345.

Lubinski, D., und Humphreys, L. (1992): Some bodily and medical correlates of mathematical giftedness and commensurate levels of socioeconomic status. In: *Intelligence,* 16, S. 99–115.

Lubinski, D., und Benbow, C. P. (2006): Study of Mathematically Precocious Youth After 35 Years: Uncovering Antecedents for the Development of Math-Science Expertise. In: *Perspectives on Psychological Science,* 1 (4), S. 316–343.

Lubinski, D. (2009): Cognitive epidemiology: With emphasis on untangling cognitive ability and socioeconomic status. In: *Intelligence,* 37, S. 625–633.

Meyer, G., Finn, S. E., Eyde, L. D., Kay, G. G., Moreland, K. L., Dies, R. R., et al. (2001): Psychological testing and psychological assessment: A review of evidence and issues. In: *American Psychologist,* 56, S. 128–165.

Neubauer, A., und Stern, E. (2007): *Lernen macht intelligent. Warum Begabung gefördert werden muss.* München: Deutsche Verlags-Anstalt.

Neubauer, A. C., Bergner, S., und Schatz, M. (2010): Two- vs. three-dimensional presentation of mental rotation tasks: Sex differences and effects of training on performance and brain activation. In: *Intelligence,* 38, S. 529–539.

O'Boyle, E. H., Humphrey, R. H., Pollack, J. M., Hawver, T. H., und Story, P. A. (2011): The relation between emotional intelligence and job performance: A meta-analysis. In: *Journal of Organizational Behavior*, 32 (5), S. 788–818.

Sackett, P. R., Kuncel, N. R., Arneson, J. J., Cooper, S. R., und Waters, S. D. (2009): Does Socioeconomic Status Explain the Relationship Between Admissions Tests and Post-Secondary Academic Performance? In: *Psychological Bulletin*, 135 (1), S. 1–22.

Salgado, J. F., Viswesvaran, C., und Ones, D.S. (2001): Predictors used for personnel selection: An overview of constructs, methods, and techniques. In: N. Anderson, D. Ones, H. Sinangil und C. Viswesvaran (Hrsg.): *Handbook of industrial, work, and organizational psychology*, S. 165–199. London: Sage.

Salgado, J. F., und Anderson, N. (2003): Validity generalization of GMA tests across countries in the European Community. In: *European Journal of Work and Organizational Psychology*, 12, S. 1–17.

Schmidt, F. L., und Hunter, J. E. (1998): The validity and utility of selection methods in personnel psychology: Practical and theoretical implications of 85 years of research findings. In: *Psychological Bulletin*, 124, S. 262–274.

Schmidt, F. L., und Hunter, J. (2004): General Mental Ability in the World of Work: Occupational Attainment and Job Performance. In: *Journal of Personality and Social Psychology*, 86 (1), S. 162–173.

Simonton, D. K. (1994): *Greatness: Who makes history and why.* New York: The Guilford Press.

Simonton, D. K. (2006): Presidential IQ, Openness, Intellectual Brilliance, and Leadership: Estimates and Correlations for 42 U.S. Chief Executives. In: *Political Psychology*, 27 (4), S. 511–526.

Strenze, T. (2007): Intelligence and socioeconomic success: A meta-analytic review of longitudinal research. In: *Intelligence*, 35, S. 401–426.

Süss, H.-M. (2001): Prädiktive Validität der Intelligenz im schulischen und außerschulischen Bereich. In: Elsbeth Stern und Jürgen Guthke (Hrsg.): *Perspektiven der Intelligenzforschung*, S. 109–135. Lengerich: Pabst.

Watkins, M. W., Lei, P.-W., und Canievez, G. L. (2007): Psychometric intelligence and achievement: A cross-lagged panel analysis. In: *Intelligence,* 35, S. 59–68.

Kapitel 7

Ackerman, P. L., und Heggestad, E. D. (1997): Intelligence, Personality, and Interests: Evidence for Overlapping Traits. In: *Psychological Bulletin,* 121 (2), S. 219–245.

Ackerman, P. L., und Rolfhus, E. L. (1999): The Locus of Adult Intelligence: Knowledge, Abilities, and Nonability Traits. In: *Psychology and Aging,* 14 (2), S. 314–330.

Csíkszentmihályi, M. (2008): *Flow: Das Geheimnis des Glücks.* Stuttgart: Klett-Cotta.

Chua, A. (2011): *Die Mutter des Erfolgs. Wie ich meinen Kindern das Siegen beibrachte.* Zürich: Nagel & Kimche.

Duckworth, A. L., und Seligman, M. E. P. (2005): Self-Discipline Outdoes IQ in Predicting Academic Performance of Adolescents. In: *Psychological Science,* 16 (12), S. 939–944.

Freudenthaler, H. H., Neubauer, A. C., und Becker, M. (2006): Entwicklung und Validierung eines scenario-basierten Performanztests zur Erfassung der emotionalen Kompetenz bei Jugendlichen (TEK-J). In: B. Gula, R. Alexandrowicz, S. Strauß, E. Brunner, B. Jenull-Schiefer und O. Vitouch (Hrsg.): *Perspektiven psychologischer Forschung in Österreich,* S. 415–422. Lengerich: Pabst.

Freund, P. A., und Holling, H. (2008): Creativity in the classroom: A multilevel analysis investigating the impact of creativity and reasoning ability on scholastic achievement. In: *Creativity Research Journal,* 20, S. 309–318.

Getzels, J. W., und Jackson, P. J. (1962): *Creativity and Intelligence: Explorations with Gifted Students.* New York: John Wiley & Sons.

Gladwell, M. (2008): *Überflieger. Warum manche Menschen erfolgreich sind – und andere nicht.* München: Piper.

Goleman, D. (1997): *EQ. Emotionale Intelligenz.* München: Deutscher Taschenbuch Verlag.

Gottfredson, L. S. (1997): Mainstream science on intelligence: An editorial with 52 signatories, history, and bibliography. In: *Intelligence*, 24 (1), S. 13–23.

Hasan, P., und Butcher, H. J. (1966): Creativity and Intelligence. A Partial Replication with Scottish Children of Getzels' and Jackson's study. In: *British Journal of Psychology*, 57, S. 129–135.

Holland, J. L. (1997): *Making vocational choices: A theory of vocational personalities and work environments*. Odessa, FL: Psychological Assessment Resources.

Humphreys, L. G., und Yao, G. (2002): Prediction of graduate major from cognitive and self-report test scores obtained during the high school years. In: *Psychological Reports*, 90, S. 3–30.

Klauer, K. J., und Leutner, D. (2007): *Lehren und Lernen: Einführung in die Instruktionspsychologie*. Weinheim: Beltz.

Kuncel, N. R., Hezlett, S. A., und Ones, D. S. (2004): Academic performance, career potential, creativity and job performance: Can one construct predict them all? In: *Journal of Personality and Social Psychology*, 86, S. 148–161.

Proyer, R. T. (2006): The relationship between vocational interests and intelligence: Do findings generalize across different assessment methods? In: *Psychological Science*, 48 (4), S. 463–476.

Schmidt, F. L., und Hunter, J. E. (1998): The validity and utility of selection methods in personnel psychology: Practical and theoretical implications of 85 years of research findings. In: *Psychological Bulletin*, 124, S. 262–274.

Rindermann, H. (2011): Persönlichkeit in Lehr-Lern-Kontexten der Schule und Hochschule. In: L. F. Hornke, M. Amelang und M. Kersting (Hrsg.): *Grundfragen und Anwendungsfelder psychologischer Diagnostik* (Kapitel 7). Göttingen: Hogrefe.

Roth, P. L., BeVier, C. A., Switzer, F. S., und Schippmann, J. S. (1996): Meta-analyzing the relationship between grades and job performance. In: *Journal of Applied Psychology*, 81 (5), S. 548–556.

Roth, P. L., und Clarke, R. L. (1998): Meta-analyzing the relation between grades and salary. In: *Journal of Vocational Behavior*, 53, S. 386–400.

Salovey, P., und Mayer, J. D. (1990): Emotional intelligence. In: *Imagination, Cognition, and Personality, 9,* S. 185–211.

Simonton, D. K. (1994): *Greatness: Who makes history and why.* New York: The Guilford Press.

Westby, E. L., und Dawson, V. L. (1995): Creativity: Asset or burden in the classroom. In: *Creativity Research Journal, 8,* S. 1–10.

Weisberg, R. W. (1986): *Creativity. Genius and other myths.* New York: Freeman.

Zhu, Y., und Leung, F. K. S., (2011): Motivation and Achievement: Is there an East Asian Model? In: *International Journal of Science and Mathematics Education, 9* (5), S. 1189–1212.

Ziegler, M., Schmukle, S., Egloff, B., und Bühner, M. (2010): Investigating Measures of Achievement Motivation(s). In: *Journal of Individual Differences, 31* (1), S. 15–21.

Kapitel 8

Bertelsmann Stiftung und Institut für Schulentwicklungsforschung (Hrsg.) (2012): *Chancenspiegel. Zur Leistungsfähigkeit und Chancengerechtigkeit der deutschen Schulsysteme.* Gütersloh: Verlag Bertelsmann Stiftung.

Hattie, J. (2005): What is the nature of evidence that makes a difference to learning? In: *Australian Council for Educational Research (ACEResearch)*

Mevarech, Z. R., und Kramarski, B. (2003): The effects of metacognitive training versus worked-out examples on students' mathematical reasoning. In: *British Journal of Educational Psychology, 73* (4), S. 449–471

Neubauer, A., und Stern, E. (2007): *Lernen macht intelligent. Warum Begabung gefördert werden muss.* München: Deutsche Verlags-Anstalt.

Sahlberg, P. (2011): *Finnish Lessons.* New York: Teachers College Press.

Schaarschmidt, U., und Kieschke, U. (2007): Beanspruchungsmuster im Lehrerberuf. Ergebnisse und Schlussfolgerungen aus der

Potsdamer Lehrerstudie. In: M. Rothland (Hrsg.): *Belastung und Beanspruchung im Lehrerberuf. Modelle – Befunde – Interventionen,* S. 81–98. Wiesbaden: VS Verlag für Sozialwissenschaften.

Schneider, W., und Bullock, M. (2009): *Human development from early childhood to early adulthood: Evidence from the Munich Longitudinal Study on the Genesis of Individual Competencies (LOGIC).* Mahwah, NJ: Erlbaum.

Snow, R. E. (1997): Aptitudes and Symbol Systems in Adaptive Classroom Teaching. In: *Phi Delta Kappan,* 78 (5), S. 354–360.

Staub, F., und Stern, E. (2002): The nature of teachers' pedagogical content beliefs matters for students' achievement gains: quasi-experimental evidence from elementary mathematics. In: *Journal of Educational Psychology,* 93, S. 144–155.

Trautwein, U., und Baeriswyl, F. (2007): Wenn leistungsstarke Klassenkameraden ein Nachteil sind. Referenzgruppeneffekte bei Übertrittsentscheidungen. In: *Zeitschrift für Pädagogische Psychologie,* 21 (2), S. 119–133.

Weinert, F. E. (2001): *Leistungsmessung in Schulen.* Weinheim: Beltz.

Ziegler, E. und Stern, E. (unter Begutachtung): Delayed benefits of learning elementary algebraic transformations by contrasted comparisons.

Abbildungsnachweis

Abb. 2.2: nach Joachim Funke, www.psychologie.uni-heidelberg.de/ ae/allg/mitarb/jf/intelligenz.pdf. Abdruck mit freundlicher Genehmigung von Prof. Joachim Funke, Psychologisches Institut der Universität Heidelberg. Grafik: © Peter Palm, Berlin.

Abb. 5.1: Quelle: http://de.wikipedia.org/wiki/Bild:Neuron_ %28deutsch%29-1.svg [Zugriffsdatum: 10. Januar 2013]

Abb. 5.2 oben: Quelle: http://upload.wikimedia.org/wikipedia/ commons/f/fa/Phrenology1.jpg aus: Friedrich Eduard Bilz (1895): *Das neue Naturheilverfahren.* Leipzig.

Abb. 5.2 unten: nach Nichols, M. J., und Newsome, W. T.: The neurobiology of cognition. In: *Nature,* 402 (2.12.1999). Abdruck mit freundlicher Genehmigung von Macmillan Publishers Ltd.

Abb. 5.3: Grafik: © Peter Palm, Berlin

Abb. 5.4: Quelle: Haier, R. J., Siegel, B.V., Nuechterlein, K. H., Hazlett, E., Wu, J. C., Paek, J., Browning, H. L., und Buchsbaum, M. S. (1988): Cortical glucose metabolic rate correlates of abstract reasoning and attention studied with positron emission tomography. In: *Intelligence,* 12, S. 199–217. Abdruck mit freundlicher Genehmigung von Elsevier und R. J. Haier.

Abb. 5.5: nach http://en.wikipedia.org/wiki/File:Lobes_of_the_brain_ NL.svg. Grafik: © Peter Palm, Berlin.

Abb. 6.1: nach Kuncel, N. R., und Hezlett, S. A. (2007): Standardized Tests Predict Graduate Students' Success. In: *Science,* 315 (23.2.2007), S. 1080–1081. Abdruck mit freundlicher Genehmigung von AAAS. Grafik: © Peter Palm, Berlin.

Abb. 8.1 und 8.2: Grafik: © Peter Palm, Berlin.

Das Copyright aller anderen Abbildungen liegt, wenn vorne nicht anders angegeben, bei den Autoren.

Register

Ackerman, Phillip 216, 220
Adoptionsstudien 83f., 86ff., 95, 99, 135f., 233
Allele 75, 77, 84f., 87f., 94f., 97, 103, 106, 234
Alzheimer 151
Amygdala 171
Analogieaufgaben 52f.
Analysen, historiometrische 136, 193, 207, 226, 228
Aptitude-Treatment-Interaktion (ATI) 257, 259
Arbeitsgedächtnis 15f., 34–38, 51, 67, 101, 145, 158, 163, 168, 170, 231ff.
Assessment-Center 221, 229
Astrologie 192
ATI *siehe* Aptitude-Treatment-Interaktion
Aufgabengruppen *siehe* Subtests
Aufmerksamkeitssteuerung 36f., 120, 122ff., 234
Autismus 96
Axon 74, 143f., 167f., 175

Bachelor-Abschluss 245
Baeriswyl, Franz 266
Barnett, W. Steven 124
Basenpaare (in der DNA) 74f.
Becker, Michael 131
Begabung 9, 10, 45–48, 54–57, 65f., 73, 88, 95, 106, 136f., 150, 158f., 169f., 174, 178f., 199f., 205, 207ff., 213, 215f., 218–221, 223, 225, 227, 236, 239, 249, 255, 264
Begabungsforschung 47f., 56, 67f., 149, 193, 255
– tests 178, 183, 197, 208, 219, 221ff., 269
Belohnungsaufschub 213
Benbow, Camilla 193, 206
Berger, Hans 146
Berry, John W. 199
Berufsgruppen 68f., 192, 216
Berufswahl 69, 85, 208, 216, 218–221
Bewusstheit, phonologische 120, 241
Bias, prädiktiver 197f.
Big Five (Persönlichkeitsmerkmale) 176
Bildung, universitäre 237, 240, 244, 248, 265
Bildungsabschluss 191, 236
– chancen 28, 64, 93, 270
– institutionen 183, 187, 231, 236, 239, 247
– ökonomie 40, 42, 248
– system 88, 93f., 142, 236, 253, 272
Bilinguale 152f.
Binet, Alfred 52

Binet-Simon-Test *siehe* Binet-
Test
Binet-Test 52
binomial effect size display 194
blue-collar worker 67, 70
Boring, Edwin 50
Bos, Wilfried 251f.
Brain-Enhancer 134
Brody, Nathan 176

Caspi, Avshalom 116, 133
Cattell, Raymond 28f.
Ceci, Stephen J. 127, 131, 183
child directed speech 114
Chua, Amy 213
Corpus Callosum 171
Csíkszentmihályi, Mihály 228

Darwin, Charles 98
Darwin'sche Theorie 98
de San Juan, Juan Huarte 143
Deary, Ian 62, 88, 93, 169,
176, 185, 201f.
Dehaene, Stanislas 17
DeLoache, Judy 119
Delta-6-Desaturase 116f.
Demyelinisierung 167
Dendriten 143f., 152f., 156,
164ff., 168
Denken, deduktives 13, 51
–, induktives *siehe* Denken,
schlussfolgerndes
–, logisches 28–31, 47, 126,
129
–, schlussfolgerndes 13, 30, 32,
45, 47, 50f., 126, 132, 173, 254

Deutschland 40f., 127, 179,
188, 241–249, 254ff., 262f.
DNA 74f., 99, 106, 235, 265
Draganski, Bogdan 156
Drucker, Peter 67
Duckworth, Angela 212f.,
215, 219

EEG *siehe* Elektroenzephalo-
graphie
Effekte, additive 97, 103
–, reziproke 184
Effizienz, neurale 153, 158,
162–165, 167, 173f.
EI *siehe* Intelligenz, emotionale
Eigenschaft, emergente 101
Eingangsvoraussetzungen
22, 24, 26, 238, 260
Elektroenzephalographie (EEG)
122, 124, 146–149, 156,
160–163
Emergenz 102f.
Engle, Randall W. 36
Entwicklung, differentielle
61, 63
–, kognitive 115, 231
–, pränatale 109f.
EP *siehe* Evoziertes
Potenzial
Epidemiologie 200, 206
Epigenetik 98
Epistase 97
EP-Latenz 160
Erblichkeitskoeffizient 84, 141
– schätzungen 84, 86, 88f.,
99f., 140f., 171f., 215